使泰二十年

沈克勤著

臺灣學生書局印行

自序

我兩次奉派到泰國工作，第一次是自一九六六到一九七一年，任中華民國駐泰大使館領事，主管華僑事務。第二次是自一九七五到一九八九年，首任駐泰代表，主管政務外交，前後達二十年。

我於中泰斷交後，赴泰履新。中泰邦誼，不退反進。此無他，國與國間的邦交，不外人與人間的交誼。我以誠信待人，久之終可獲得他人的信任，互信既立，則可突破人爲的一切障礙。政府間有任何交涉，均可迎刃而解，順利達成任務。

中國人受傳統觀念的約束，安土重遷，不願離鄉背井，其所以移居國外，大多數是受國內天災人禍的影響，不得已而出國謀生，憑著赤手空拳，在重重艱難困苦的環境中，拼命竭盡一己之勞力與血汗，在異域開創出一片新天地。在我與泰國僑胞頻繁的交往中，對於他們在海外艱苦奮鬥的生涯，深表同情與關愛；對於他們一生奮鬥所獲得的輝煌成就，由衷敬佩。我深切體認到僑胞遠適異邦，愛國情殷，他們對於國家的貢獻，多於祖國對他們的照顧。我在泰國，普遍為僑胞服務，與許多僑領有深厚友誼，泰國已成為我的第二故鄉。退休居美，翹企雲天，不勝感舊懷人之想念。

我出身農家，幼受父母養育，師友教導。及出校門，幸獲長官培植，同事扶持。在泰工作，多承中泰友人相助，迄無隕越。內心感激，無以為報。是以我以感恩的心情，寫出對他們的懷念。

在寫作過程中，曾得到老長官張佛千先生的鼓勵與指導，老友饒迪華、劉壆、馬全忠、張紹軍諸兄核正文稿，泰華老教育家許善楨校長是名作家撰寫序文，泰國大企業家黃彰任先生是中國書法名家題寫書名，使本書增色添光，衷心銘感。

老來記憶衰退，過去經辦的事，及與人的交往，逐漸淡忘。白頭宮女，所述往事，不免錯失，欠周之處，尚祈賢達指正。

沈克勤

二〇〇二年三月八日於舊金山矽谷仲軒樓

許善楨先生序：歷史文獻價值觀

前國府駐泰「代表處」首任代表沈克勤先生，是歷屆駐泰賢能的長官之一，繼前年《孫立人傳》出版之後，即著手撰寫《使泰二十年》。皇皇一鉅冊，勞神費思！一個公務員退休之後，而能抱著積極態度，於立德、立功之餘，繼以立言，完成「三不朽」傑作的，在芸芸眾生中能有幾人？

沈氏學貫中西，爲一不可多得人才。十餘年來，退休歸「隱」，即移居美國，來也匆匆，去也匆匆。古人有言：「遠適異國，昔人所悲！」沈先生富於情感，洞燭機先，離鄉他去，能無耿耿于懷？埋首寫作，一而再，再而三，從無倦容，用以排遣歲月，似有不得已的離情別緒，正待紓解，非他人所得而知，也形勢所使然！

現在，著書立說，顯已成爲沈先生居常生活一大雅興，年來完成著作，爲數甚多！《孫立人傳》、與《使泰二十年》，是比較具有代表性的人物推介。由於個人閱歷、經驗豐富，「人物」素描，栩栩如生！《使泰二十年》，爲一章回小說體裁，像已見諸報章（世界日報）

發表的：第一章爲泰皇陛下「御計畫」的制訂、施行，旨在闡揚皇恩寵錫，仁德聖意！第二章爲「亞洲理工學院」的創立，目的在說明各成員國爲經貿培才、儲才，眼光深遠，值得欽佩！第三章爲「報德善堂與鄭午樓先生」。目的在表彰個人對社會的貢獻，使人有「見賢思齊」意念！這都是有益於世道人心的作品。

「無僑教即無僑務」，沈氏繼志承先，在歷屆僑務首長策勵之下，發揚光大，留駐泰國任所長達二十年之久，與各僑校保持密切聯絡，水乳交融！所可惜的是：當時泰國教育政策，似不希望華校的過度「膨脹」，而多加防範，辦理至爲吃力！「遠東商務處」，不無憂患意識，倍加奮勉！僑務當局，每年例有一批圖書、教具，甚至錄影帶、唱片、幻燈片、掛圖等，贈送各校，充實圖書館，爲各校補充課外讀物。此中還有一項最爲人津津樂道的是：國府特別命令此間「中國銀行」，允以泰幣壹佰伍拾萬銖鉅款（註），廉息貸予各校，「救困濟貧」，受惠僑校，最爲感動！因之，客觀環境雖然如何限制，各校仍願主動撐持而不停辦，此沈氏使泰二十年，共體時艱的另一表現。

一個人的成功，總脫離不了二大條件的綜合，其一是：能對社會提供正面的貢獻；其二是：個人的成就，能得到社會或別人的肯定。今天，沈氏新書《使泰二十年》行將出版，正足以體現當時他的留駐任所，業務運作，已發揮了無限潛能，表彰了明顯業績！無須乎我們使用任何讚美詞句，而他的「質璞晶瑩」，自然表露無遺，令人欣賞讚嘆！那麼，不管其時間、空間、距離多久多遠，它的歷史文獻價值，依然是值得重視、值得珍藏。

「備註」當時「中國銀行」撥款壹佰伍拾萬銖，廉息貸與僑校紓困，依照四十年後的今天幣值十倍計之，可得壹千伍佰萬銖，數目不為不多，殊為難得！

二〇〇一年（佛曆二五四四年）十二月廿八日於拍他耶海屋

使泰二十年

沈克勤　著

目　次

肆　國際最高科技學府亞洲理工學院……一八三

壹　泰王山地計畫

一九七五年七月一日，中華民國與泰國斷絕邦交，駐泰大使馬紀壯將軍下旗撤館歸國。惟兩國並未斷航，中華航空公司與泰國航空公司客機仍照常飛行，因雙方沒有辦理簽證處所，致乘客驟減。中泰兩國政府爲便利人民交往，經一個多月的協商，雙方同意互設辦事處，爲旅客辦理簽證業務。我國決定在曼谷設立中華航空公司駐泰代表辦事處，八月二十八日，外交部長沈昌煥派我爲駐泰代表，稍作數日準備，於九月七日偕同館員吳明彥等六人飛抵曼谷，華航曼谷分公司經理方善聞在機場迎接，經與商妥，九月十日，即在華航曼谷分公司辦事處，開始辦理簽證業務，進行尚屬順利。

依照國際慣例，兩國有正式邦交，一國大使於履任之初，須向駐在國元首呈遞到任國書，始能行使職權。現今中泰已無邦交，我這個代表，不但不能向泰王呈遞國書，甚至泰國外交部官員也有意與我疏遠，恐怕影響它與中共的關係。我爲了展開與泰方的關係，不得不另闢蹊徑。

一、呈獻御覽亭

中泰斷交時，泰王蒲美蓬（Bhumibol Adulyady）在皇宮設宴爲馬紀壯大使餞行，希望我國能繼續支援泰國北部山地農業開發計畫，不要因爲斷交而停止。馬大使歸國後，曾向當局報告我國支援泰王山地計畫對於兩國關係的重要性，經政府核准，繼續予以支援。

我履任後，十月二十一日，泰王山地計畫主持人畢沙迪親王（M. C. Baisadey Rajani）前來晤談，探詢我國對於支援泰北山地農業計畫的意向。我答以匆促履任，對於該項計畫實際情況不甚瞭解。他遂約我於十二月六日同赴泰北清邁察看山地農業計畫進行情形。

六日清晨九時，我們從曼谷廊曼機場搭乘泰航客機飛往清邁，十時許抵達，旋即乘車前往清邁皇宮附近之大埔農場（Doi Pui Station），看到我國出資在大埔果園興建的一座中國式八角亭業已竣工。當與畢沙迪親王研商，請他安排呈獻給泰王的日期，親王允予辦理。次日隨同親王搭乘泰國軍方提供之直昇機，飛抵泰緬交界之安康農場（Ang Khang Station）。農場位於海拔一千四百公尺的群山環抱之中，面積廣達一百六十多公頃，荒山原野，景色壯麗。同行有泰國農業大學教授巴文等十數人，他們分別是水利、土壤、園藝、果樹、花卉、病蟲害的專家，志願前來義務協助泰王發展山地農業。我們到達後，同去察看果苗的生長情形。時值冬季，高山上氣候寒冷，祇見到桃李果樹均已落葉，工人在開荒闢土。當晚大家都睡在草棚內，夜間雖有老鼠侵擾，因爲經過一天的勞累，多已呼呼入睡，有膽小的則不能入眠。軍方直昇機不許在山間停留，回程沒有飛機可乘。第二天清晨，畢沙迪親王揹負起自己隨身所用的背包，領我們步行下山，循著蜿蜒曲折的山間小徑，走了六、七個小時，才到芳縣，改搭汽車，傍晚回到清邁，此行雖極艱苦，但我結識了畢沙迪親王與泰王山地計畫執行人巴文教授（Prof. Pavin Punsri），對我今後在泰工作有很多幫助。

一九七六年二月二十二日，我代表政府，向泰王呈獻御覽亭。當天午飯後，我偕同館員王中義與清邁忠貞僑領羅國英上山，先到蒲屏行宮附近的御覽亭中恭侯，下午二時，泰王偕詩麗吉（Sirikit）皇后駕到，我趨前迎接。泰王偕后步下

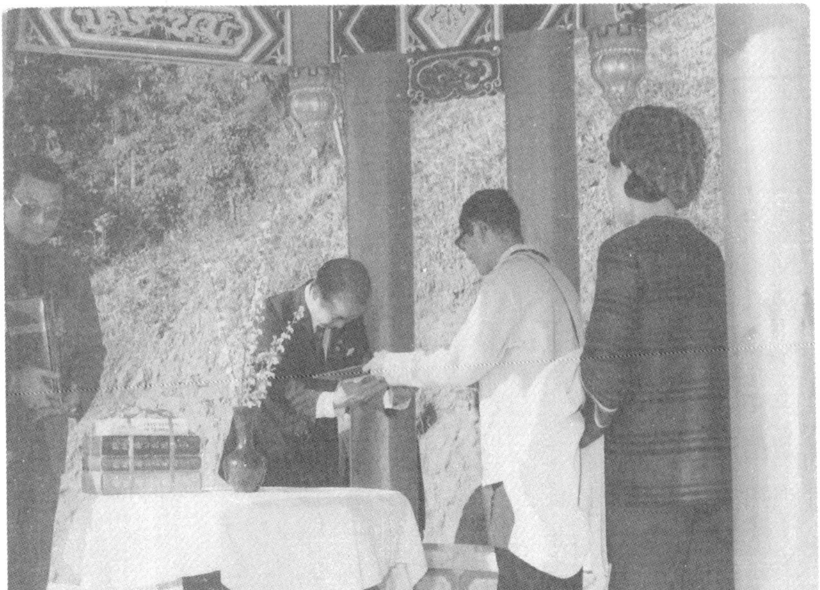

沈克勤代表向泰王呈獻中國式御覽亭，詩麗吉皇后（右一）僑領羅國英（左一）

石階，走到亭中站立，我當即奉上呈獻書，說明我國自一九七〇年，派遣農業專家，在此開闢大埔果園，並有顯著成效。茲特建立中國式的八角亭一座，供泰王陛下休憩與觀覽風光，藉表敬仰，並爲中泰邦誼以及農業技術合作留一永久紀念。泰王欣然接納，對我政府於中泰斷交之後，仍繼續支援開發泰北山地農業，表示感謝。並囑此項農業合作計畫，應在靜靜中進行，以免受外來干擾。

呈獻儀式完畢，我引介隨員晉見泰王及皇后，泰王及皇后一一與之握手。僑領羅國英在泰居留數十年，已經取得泰國國籍，成爲泰王階下的子民。依照泰國傳統習俗，泰國臣民晉見國王及皇后，須叩首跪拜，不得與皇后握手。羅國英首次得與國王及皇后握手，一時心喜，握著皇后玉手不放，我內心深恐有失禮儀，趕緊上前邀請泰王及后觀覽果園四週風光，爲時約三十分鐘。泰王臨走時，我跟在身後恭送，才看到泰王步上吉普車，皇后坐在他的身旁，由他親自駕車，在崎嶇山道上行駛。走了數十分鐘，到達另一個山野鄉村，他下車大步爬上山坡察看山民生活，隨行官員緊緊跟在後面。我看到皇后落在人群後邊，便走過去陪同皇后慢慢爬山。皇后說她每次陪同泰王視察山地農村時，泰王逕自大步上山，她則落在後邊緊緊追趕，甚感辛苦。詩麗吉皇后天生麗質，風姿綽約，與她短暫的對話，她那高貴親切的風範，留下深刻印象。

當晚泰王在清邁行宮設宴答謝國內外支援山地計畫人員，我首次應邀參加，中午上山，穿的是夏天單薄西裝，夜間皇宮中並無暖氣設備，寒氣襲人。席間泰王與賓客暢談農田水利，興趣甚濃，迄至夜深始散，我又不便中途離去，感到有點吃不消。

二、泰王山地計畫緣起

泰國自一九三二年實施君主立憲制度，國王不管實際政務。蒲美蓬陛下自一九四六年即位以來，親民愛民，深得全國臣民愛戴。他極爲關懷人民生活艱苦，經常親往泰北山區探視山民耕作情況。對於山地居民砍伐樹林種植鴉片的積習，深惡痛絕，但又不忍命令軍警強行剷除煙苗，使得山民無有生計。他想教導山民改種高經濟價值的農作物，以取代鴉片，但又不知何種農作物適合泰北山地生長。一九六九年，泰王邀請駐泰各國使節前往泰北山地實地考察，共同研商解決這一難題。嗣後英、美、日、韓等國曾選派農業專家，前往泰北山地考察研究，提供建議，並贈送溫帶果苗五百餘株，在大埔農場試種了兩年，果苗生長良好，就是不開花結果，白費了一番辛勞，原先的構想，幾乎要放棄。

一九七〇年一月三十一日上午十一時，泰王在清邁蒲屛行宮，接見我國駐泰沈昌煥大使及陸軍總司令于豪章將軍，談及泰國山民種植鴉片，爲害人類，倘全部予以剷除，山民又無生計，曾成立「御助泰北山族發展農業計畫」，自籌經費，邀請泰國農業專家學者，開始研究，試行辦理。他聽說我國在高山上種植落葉果樹曾獲成功，商請我國政府予以支援。沈大使遂向政府建議，請求予以支援。

沈克勤（左）宋慶雲（右）在安康農場合影

我政府鑑於國軍退除役官兵在臺灣中部山區栽種溫帶果樹曾獲成功，遂指令行政院退除役官兵輔導委員會負責進行此項援泰工作。輔導會接受此項任務後，遂選派有栽培溫帶果樹豐富經驗的福壽山農場副場長宋慶雲前往泰國，實地勘察此項計畫的可行性。

宋慶雲，山東蓬萊縣人，自幼在家鄉種植蘋果，對種植溫帶果樹有豐富的經驗。一九四九年隨軍來臺，後參加福壽山農場興建工作。他認爲臺中高山上的寒冷氣候，適宜種植高價值的溫帶落葉果樹。經呈報輔導會主任蔣經國同意，向農村復興委員會申請資金美金二千元，赴日本購買蘋果苗木，攜回在臺中高山農場試種。當時有些專家學者認爲在亞熱帶的臺灣，種植蘋果桃李溫帶果樹，不會成功。經國先生囑咐宋慶雲說：「這類新興生產事業，你說可以，他說不可以，都屬言之過早。你實實在在用心去做，成功了，則求之不得，即使失敗，花兩千元買個經驗也是好的。」宋慶雲得到這樣的大力支持，便不顧艱難，全力以赴。三年後，桃樹開花結果，四年後有了梨，五年後蘋果出產。由於高山氣候的適宜，蘋果大而味甜，品質凌駕從美國進口的蘋果。後來向臺灣中部山區推廣，教導高山族種植蘋果桃李，他們收入增加，生活獲得普遍改善，因此大家都知道宋慶雲是一位果樹專家。

一九七〇年八月下旬，宋慶雲奉命前往泰國清邁考察，大使館選派臺灣大學畢業的泰國僑生張立明隨同擔任泰文翻譯。他們乘坐泰國皇家提供的直昇機，飛臨泰緬寮三國交界的各主要山地，花了兩週時間，察看各山區的高度、氣候、雨量及植物生長情況。宋認爲在泰緬交界的山谷地區，日夜溫度相差較大，可以種植溫帶落葉果樹，而且桃李結的果實，甜度會更高。

宋慶雲回國撰寫考察報告，建議先在泰緬交界的高山上，設立「安康農場」，試種溫帶落葉果樹。經中泰雙方同意，宋慶雲遂於一九七一年二月，攜帶桃、李、柿、梅、梨、蘋果等樹苗一千二百八十株，及高冷地區蔬菜種籽一批，用騾馬駝運上山。這時安康農場是一片荒野山谷，荊棘叢生，周圍生活環境極爲惡劣，既無人居住，又缺乏飲食。他到達安康的第一天夜晚，就露宿在大樹之下，夜深寒冷，野狼吼叫，不能入眠。第二天，他在附近山頭上，找到三家雲南難胞，經他們介紹，雇用緬甸過來的土人做工。宋慶雲每天早起，就帶領著工人，手持鐮刀斧頭，割草斬棘，開荒挖土，進行艱苦的開闢農場工作。夜間睡在臨時搭蓋的草棚內，每天只有鹹菜蘿蔔塡飽肚子，這樣辛勤開墾了七個月，宋慶雲原本碩壯的身軀，瘦了九公斤，開闢土地有一公頃。他把帶來的各種果苗栽種下去，春天來到，果苗均成活發芽，生長情形良好。經過施肥灌溉，十八個月後，第一批種植的「鶯歌桃」，開花結果，爲在泰北山區種植溫帶果樹，展露出光明的遠景。

宋慶雲是一位忠厚的山東佬，他每天與工人們同作同息，他對待工人像待自己家中的子弟一般，在一起工作久了，每個工人都很喜歡和他開玩笑。他們依照當地人的習俗，尊稱他爲「爸爸宋」。我親身體驗到，隨他工作過的泰國農大畢業生，待他眞像對父親一般的親熱。泰王也很喜歡他，每次見到他時，也隨著眾人稱他「爸爸宋」。長久了，「爸爸宋」，成爲宋慶雲的榮銜。

三、四年開發計畫

一九七一年夏，泰王山地計畫主持人畢沙迪親王率同卡塞薩農業大學（Kasetsart Agriculture University）教授巴文及大埔農場場長西布薩（Seubsak Navachinda）一行來臺灣考察，參觀我國各地農業試驗研究所及各大學農學院的農場，然後循著橫貫公路上山，沿線參觀退除役官兵經營的高山農場。他們對於福壽山農場及梨山一帶高山族人民種植蘋果桃梨的成功，感到驚奇，尤其對於山胞因爲種植果樹而增加了收入，提高了生活水準，讚賞不已。親王當即許下心願，期望有一天，泰國北部山區亦能獲得如梨山一樣的成就，因而對我政府支援泰北山區開發計畫更具信心。

畢沙迪親王返泰後，向我方提出「發展泰國北部山區農業及改善人民生活建議書」，送請前駐泰馬紀壯大使轉請我政府支援。並於同年十一月間，邀請輔導會主任委員趙聚鈺赴泰訪問，由馬大使陪同，晉見泰王，商談中泰雙方長期農業技術合作計畫。趙主任委員回國後，爲配合泰方建議，策訂支援泰北山區農業開發計畫，爲期四年，經呈報政府正式核准。每年由我國選派農業優秀技術人員，常駐泰北山區，指導泰北山地人民種植高經濟價值的溫帶果樹及高冷地蔬菜，增加山民的收入，改善他們的生活，期望徹底肅清煙毒及保

趙聚鈺主任委員（中）與嚴孝章處長（右）沈克勤代表（左）在安康農場合影

護山地森林。

在試驗期間，開闢安康示範農場二十五公頃，遍植桃、李、柿、梅、梨、杏、蘋果等溫帶果苗六千三百株，經過三年多的栽培觀察，這批純種果苗，生長良好，其中桃、梨、梅、柿，結實纍纍，甚具經濟價值。一棵梅樹，可結梅子一二千粒，兩粒梅子，可售泰幣一銖。山地人民一戶種植梅樹十株，年收入可增加五六千銖，當時約值美金三百元，足可維持一家生計，而且種果樹收入比種鴉片爲多，山民自樂於改種果樹。同時爲推廣種植高冷地蔬菜，特在安康農場另開墾土地一公頃，種植運送去的蔬菜二十二個品種。長成的蔬菜，一方面供給安康農場數十位工作人員食用，有了剩餘，分贈給附近山地少數民族，他們嚐到新鮮的中國蔬菜，都覺得好吃，漸漸地他們也學會了栽種。

四、示範與推廣

宋慶雲最初選定高山狹谷的安康作爲農場，目的在於實驗、示範及研究。親自將從我國運來的蘋果、桃、梨、梅、李各種果苗栽種下去。經過灌溉施肥，發芽生長良好，再經過三四年的細心培植，各種果樹都已開花結果。在試種期間，宋場長每年要到安康農場兩三次，每次停留一個月至數十天。他與農業大學各科教授們，在一起研究土壤、水利灌溉、病蟲害、嫁接等項技術問題，並實地觀察果樹生長情形，共同研究改進種植方法。

畢沙迪親王（右四）陪同外交部丁懋時次長（右三）搭直昇機察看泰北山地農業開發計劃與沈代表（右五）、巴文教授、馮漢章技師及駕駛員合影

在安康農場試種溫帶果樹成功之後，接著增闢沙蒙苗圃（Sa Moeng Station），利用塑膠袋培育果苗，並指導工人用果樹枝條嫁接技術，大量繁殖果苗，以供向山地人民推廣。

泰北山地少數民族，有喀倫、苗、傜、目色、戈涼、阿卡、俚索、拉胡及從雲南逃來的難胞。自從英國商人在這裡教他們種植鴉片之後，百年來養成他們的耕作習性，到今天他們祇會種植罌粟，不會種植其他穀物。種植罌粟，對土壤的破壞極大，他們在一個山區種植罌花兩三年後，土壤養份消耗殆盡。因爲他們不知道使用肥料，只有遷移居到另一個山區，重新砍伐森林，開闢新的農地，以供種植罌粟之用。如此不斷砍伐，多年下來，泰北山地森林，幾被完全破壞。及至雨季，山洪爆發，水土流失，釀成泰國平原水災頻仍。泰王看到這種情形，深感憂心。指示畢沙迪親王，把實驗成功的溫帶果樹盡量向山民推廣。

最初送給山地民族的果苗，他們根本不知道桃李爲何物，縱使他們知道安康農場桃李果實的鮮美好吃，要他們栽種下去，須等三五年後，始能開花結果，他們也不感興趣。開始送給他們桃李果苗，他們以幾銖錢一棵，轉售給雲南難胞。雲南人知道果苗的價值，經他們種植成功，以高價出售果實，山地少數民族才對栽種果樹有興趣。他們種下的果苗，因不懂怎樣灌溉施肥技術，果苗生長情形極差。泰方乃請求我方遴派技術人員二三名，經常駐在山區，輪流巡迴至各山村，教導他們種植果樹的各種技術。

爲了向山地少數民族推廣種植溫帶果樹，在泰北各山區，分設通郊、昆旺、通茬等九個推廣站，每個工作站轄區內約有六至十二個村莊，由工作站經常派技術人員至各個村莊，教導山民栽種果樹及蔬菜的技術。經過耐心的教導，他們才能學會種植果苗的技術，還要經過長久的歲月，他們才能改變過去的耕作習性。

五、興建德鄰賓館

我國支援泰王山地第一期四年計畫，於一九七七年六月底到期，泰王認爲實施此項計畫成果顯著，期望我國屆時能以繼續支援，邀請輔導會主任委員趙聚鈺訪泰商談。趙主任委員偕同該會農業處長劉慶生、榮工處長嚴孝章及福壽山農場場長宋慶雲一行於一九七七年三月一日飛抵曼谷，次日我陪同趙主任委員一行人員飛往清邁。三日清晨，我們搭乘皇家直昇機，

外交部丁懋時次長（左三）在德隣（泰中）賓館與畢沙迪親王（右三）沈代表（左二）、巴文教授（左一）、馮漢章專家（右二）張象錡諮議（右一）合影

隨同泰王飛抵安康農場，看到桃李梨梅果樹均已含苞綻放，蔬菜碧綠青翠，一片欣欣向榮景象。山地民族，成群結隊，載歌載舞，前來迎接。泰王暨后看到這樣歡樂情景，大爲喜悅，趨前與山民閒話桑麻，並詢問山民的疾苦。有疾病的，泰王令隨扈醫師爲他們醫治，有重病者運送至清邁醫院治療。我看到泰王這樣親民愛民，內心至爲敬佩。而山地人民對於泰王愛戴的熱情，也是發諸內心，自然流露於外的歡欣喜悅。此情此景，的確令人感動。

當晚泰王在清邁蒲屏皇宮，設宴答謝支援泰北山地農業開發計畫人員。趙主任委員一行是貴賓，坐在首席。我與二公主詩琳通同席。據她告訴我：泰王每次出巡泰北山地，除警衛人員外，分爲三組：一組是醫護人員，隨時隨

地為山地人民醫治疾病。一組是農業水利專家，泰王看到山地人民的農地有缺水的情形，立即指示水利專家予以改善解決。第三組是秘書人員，紀錄泰王巡視時的各項指示，回來予以整理，送請有關單位研究辦理，事後還要追蹤查核辦理情形。二公主說她就是秘書組的負責人，每次隨泰王出巡，回來後，她有許多事要做，甚為忙碌。二公主樸實無華，舉止端方，輔弼泰王，形象清新，深為泰國人民所喜愛。

我國支援泰王山地第二期計畫工作重點，經由畢沙迪親王與計畫執行人巴文教授與本處及輔導會洽談，交換意見，終於達成協議。我方認為此項農業合作，對於維護與泰國王室間的關係及加強中泰人民間的友誼，很有助益，不僅有繼續實施之必要，而且應擴大範圍，向山地人民推廣。第二期支援計畫經呈奉政府核准，自一九七七年七月至一九八一年六月，分四年實施。在此期間，除由我國派果樹專家常駐泰北，指導山地人民種植果樹外，並邀請泰國農業部副部長拉比博士（Dr. Rapee Sagarik）及泰國各農業機構的果樹、蔬菜、加工、土壤肥料等專家及基層技術人員，來我國作短期觀摩及研

沈代表（右一）與世界蘭花協會會長拉比博士（左一）合影於曼谷蘭花中心

習。

拉比博士是世界蘭花協會會長。泰國盛產蘭花，家家戶戶栽種蘭花，均是得自拉比博士的倡導。他在曼谷郊外創辦一座蘭花研究中心，將世界各地挑選來的稀有蘭花品種，用現代科學的繁殖技術，培養出數千棵花苗，分送給花農，並教導他們培育。開花時，由花農剪集花枝，送交蘭花中心，分裝成盒，空運至歐洲各國及日本發售，幫助花農推廣銷售，增加他們的收入。一九八〇年十月二十四日，我曾應邀前往蘭花中心參觀，拉比博士親爲我講述他在泰如何推廣蘭花向歐洲及日本銷售，我對他的愛心與熱忱，衷心敬佩。拉比博士曾任泰國卡塞薩國立農業大學校長，是一位誠篤的君子，他的學生因種蘭花而發財的很多，他卻不爲己身謀，而設法開展國際市場，爲增加花農收入努力不懈，我建議由輔導會派技術人員來泰跟他學習培養蘭花技術，他欣然同意。輔導會派技術員黃榮吉來泰受訓，拉比教授安排住在他的家中，由他親自教授栽培蘭花技術。有人和他說：「臺灣人學會蘭花栽培，將會搶走泰國蘭花的國際市場。」拉比博士認爲臺灣栽培蘭花，現尚在開始階段，要與泰國爭奪蘭花國際市場爲時尚早。他建議輔導會在屏東設立蘭花栽培場，由他教會的技術人員，回國主持。生產的蘭花，在市場出售，主婦們上市場買菜時，順便買一束蘭花，養在家內花瓶中欣賞，增加家庭生活的情趣。今天臺灣普遍可以買到蘭花，拉比博士無私的將培育蘭花的技術，移轉給我國人民，可以說是我國支援泰王山地計畫的回饋。同時，輔導會自泰國引進龍眼、荔枝、芒果、鐵刀木等優良品種九種六十六株，交臺灣省農業試驗所試種。我還建議引進泰國的榴槤、山竹及紅毛丹等有名的水果，泰國願派專家來臺協助，但我國農業專家卻認爲臺灣氣候，不適宜種植此種熱帶水果。

春天來了，安康農場的桃李花盛開，引來許多人上山觀賞。泰國地處熱帶，四季炎熱，人們來到高山上，氣候涼爽，安康農場遂成爲避暑遊覽勝地。國內外農業專家學者，聞名而來此考察研究的人，也絡繹於途。但農場僅有工作人員住的簡陋草棚，容納不了這些新來的客人，因此安康農場亟需一棟招待所，供賓客及員工聚會休憩之用。經由我國協助，提供經費與建材，建造完成一座賓館。一九八〇年趙聚鈺主任委員應邀前來揭幕，命名爲「德鄰賓館」，藉示有德者必有鄰之意，並立碑紀念中泰友誼。二月二十六日中午，趙主任委員與泰王、皇后、兩位公主及畢沙迪親王在此新建的德鄰賓館共進午餐。主委將他攜來的果苗七千株及此新建的賓館，當面獻給泰王。泰王對我國支援山地計畫發展農業之成就，一再稱譽與感謝。

六、造林示範

支援泰北山地農業發展計畫進行順利，中泰雙方工作人員，經過七年多的辛勤耕耘，成果顯著。泰王特邀請輔導會趙聚鈺主任委員再度前來泰北考察實況，趙主任委員偕同該會農業處長劉慶生、榮工處長嚴孝章及福壽山農場場長宋慶雲等一行，於一九八〇年二月二十三日飛抵曼谷。次日，我陪同他們飛往清邁。二十五日清晨，與畢沙迪親王在永康（Rincome）旅館共進早餐，商討泰北農業發展計畫進行情形。二十六日上午十時，搭乘皇家直昇飛機，陪同泰王飛抵安康農場，同行還有奧地利駐泰大使夫婦。泰王暨皇后下機後，受到山地民族熱烈歡迎，接著泰王走到果園，察看果樹生長情形。泰王對於水資源的利用，極爲重視。當他看到一處水籠頭沒有關好，地上有許多積水，大爲生氣，他指示隨行農業專家們說：「水是農家生命的泉源，不得浪費。灌溉果樹蔬菜，可用塑膠水管通到樹根邊，水管週邊只扎針眼大的孔，水由管內一點一點滲滴出來，慢慢滲透到土壤內，才能達到滴水都不浪費。」他說：「以色列農民在沙漠中種果樹，因水源稀少，就是用這種方法，來節省水的資源。」

我國農業專家劉少衡技師（前排右一）向泰王示範果樹剪嫁接枝，站在二宮主詩靈通（前排左一）後面是經濟部張光世部長

後來安康農場，遵照泰王此項指示，也採用這種節省用水的方法。

中午，泰王暨皇后在山邊，席地而坐，與我們共進簡便午餐。泰王談及山地民族爲了日常生活所需，濫砍樹木，影響自然生態，雨季暴風雨侵襲，水土大量流失，後果嚴重。希望我國能夠協助山民種植快生樹木，數年後長成，可供山民作爲柴薪之用。

在安康農場看了一天，下午五時許飛回清邁。當晚七時，泰王暨后在蒲屏皇宮設盛宴款待。席間，泰王對我國派員支援泰北山地發展農業，種植溫帶果樹及高冷地蔬菜，甚爲成功，表示滿意，並向我方致謝。他對於山地民族生活的疾苦，極爲關懷，盼望我方儘量提供果苗及蔬菜種籽，教導山民種植，改善山民的生活。他更殷切盼望我方能派森林專家，前來泰北山地，教導山民種植快生樹木。趙主任委員允回國後，派專家前來泰北山地勘查，研究何種樹木適宜在泰北山地種植。

趙主任委員回國後，經多方研究在泰北山地造林的可行性。他認爲泰王一再向我國提出請求，不便完全拒絕，遂指示輔導會森林開發處負責進行，並選派臺灣林業試驗所生物系主任徐國士博士、郭寶章教授、彭建方技正、蔡鐘鎰技師等人，於一九八〇年十一月四日，前往泰北山地實地考察樹木生態與林相分析，經過他們四次考察研究，最後建議在安康農場發電廠旁邊山地，開闢樹木苗圃一公頃，引進臺灣十種樹木試種，包括可製樂器的泡桐、供車輛和運輸器材用的光臘樹、可作雕刻和造紙的杉木、用來造船的楓香和樟樹，作油漆用的木油樹，及製作農具的扁柏，還有赤楊和苦楝，都具有高經濟價值，後來逐年增加引進臺灣樹種達八十餘種，溫帶果樹二十二種。

一九八一年三月二十日，泰王山地計畫在曼谷舉行成果展覽，我與宋慶雲場長應邀參加。開幕之日，二公主詩琳通蒞臨主持剪綵，泰國朝野人士踴躍前來觀賞。曼谷媒體紛紛報導，對於泰王發展泰北山地農業的遠見與愛心，讚美頌揚。我國支援泰王山地計畫所作貢獻，亦受到泰國朝野人士的重視。

在泰王山地計畫成果展覽期間，畢沙迪親王偕同巴文教授在駐泰辦事處與宋慶雲場長數度研商，要求我政府再度延續援助計畫，我呈報政府核准，第三期支援泰王山地計畫，自一九八一年七月至一九八五年六月，分四年實施。

新增的造林計畫，由輔導會森林開發處處長彭令豐，選派造林專家舒偉烈、簡連春於一九八二年二月來泰，在安康農場開闢一座苗圃。六月雨季來臨，實施造林。並在通郊、昆旺、通莪三個工作站，設置標高不同的造林試驗區，佔地共五·四公頃，試種臺灣樹十種、泰國樹八種。在安康農場內，又設置泡桐示範林區一處。泡桐生長快速，種下兩年，樹高丈許，葉掌寬大，木質輕軟堅固，可做手飾盒、樂器、傢俱各種用品，極具經濟價值。一九八四年二月泰王前來巡視時，發現泡桐生長如此快速，甚感興趣。他對畢沙迪親王說：「我要泡桐樹苗百株，栽種在埔屏皇宮庭院內，親自觀察它的生長情形，希望能推廣到泰國各地山區種植。」造林計畫經過四年初期的實驗，累計完成育苗一七〇、七四〇株，示範造林面積二十八·八七公頃，設置森林防火線三萬八百五十平方公尺。

七、農村發展計畫

爲改善泰北山地少數民族的生活，泰王山地計畫辦事處特選在距邦達農場（Pang-Da Station）不遠的東榮（Tung-Rong）村，設立農村發展示範村。協助村民興建住房，改善他們的居住環境。爲他們規劃農田，指導他們種植果樹蔬菜，增加他們的生產。同時加強推行村民教育，並訓練村內的基層幹部，改進他們的產銷系統，把他們生產的果樹蔬菜，每日派車輛集中運到清邁及曼谷市場銷售，增加他們的收入。此項農村發展計畫所需的費用，由我方支援，泰方選派卡塞薩農業大學生擔任指導工作。經過兩三年的實驗，示範村內山民的生活獲得顯著改善，乃逐漸向鄰近的村莊推廣，目的在使泰王發展農村計畫，普遍到泰北各個山區。

在支援泰王山地計畫下，我國提供泰國農業技術人員來華從事參觀研習，每年約有二十多人，其中雖以果樹蔬菜林業爲主，但也有人來臺灣研習特種作物。泰國國家科學院研究員賽通教授（Siengtong Nutalaya）曾多次來臺研習香菇栽培技術。賽通教授回泰之後，在清邁附近設立香菇培育中心，由我國提供菌種及培育器材，泰國國家科學院提供研究經費，自行培育菌種，分送給山地村民，教導他們種植香菇，作爲副業。香菇市價較貴，收穫期短，效益明顯，容易引起山民種植的興趣。

一九七九年秋天，畢沙迪親王偕同巴文教授來臺灣考察，看到我國農民種植的菊花，色澤嬌艷，在市場展售，受到歡迎。他們回泰後，選在清邁宗通縣海拔約一千公尺的地區，設立茵他暖農場（Inthanon Station），試種菊花、康乃馨、百合、劍蘭、天堂鳥及滿天星各種花卉。花卉生長快速，開花之後，泰王山地計畫在清邁機場內設一專賣店，展售熱帶不能生產的菊花、康乃馨、百合、劍蘭、天堂鳥及滿天星等寒帶花卉，受到泰國仕女的喜愛，登機前，買一束名花回曼谷送給親友。售不完的花卉，農大教授們，研究用人工製成乾燥花，可以常久保存出售。花卉試種成功之後，向附近十六個山地少數民族村推廣，教導他們用塑膠布棚室，培養寒帶各種花卉，具有短期經濟效益，山民在短短的三五個月內，就可得到現金收益，較種果樹收穫更為快速，他們都樂於學習栽種。

二公主詩琳通訪問歐洲，她聽商人說：歐洲人愛吃蘆筍，現今白蘆筍在歐洲市場甚為暢銷，盼望泰國農民多種蘆筍，製成罐頭，運銷歐洲。詩琳通公主帶回這一訊息，經由畢沙迪親王，請求我方派技術人員支援。當時我國政府不許轉移種植蘆筍技術，為了配合外交需求，輔導會申請政府特准後，始派技術專家，前往泰北山區，教導山民栽種蘆筍。我曾前往參觀，適逢大雨，山路崎嶇，坡度陡削，路滑泥深，驚險萬狀。我問我國專家，如何栽培白蘆筍？他說：「蘆筍生長在土內，就是白蘆筍，長出土外，就成綠蘆筍。」因為蘆筍經濟價值高，山民都搶著栽種，不出數年，曼谷市場就有泰北山地生產的蘆筍出售，後來皇家在清邁大學設立食品加工廠，製造水果、蘆筍、蔬菜罐頭，運銷國內外。

八、中泰友情

一九八〇年二月二十三日，輔導會趙聚鈺主任委員應泰王邀請，偕同該會副秘書長劉誠、農業處長洪元屏、榮工處長嚴孝章及宋慶雲場長一行飛抵曼谷。次日，我陪他們前往清邁。二十五日，我們搭皇家直昇機，飛往宗通農場（Jomthong Station）及沙蒙農場（Sa Moeng Station）實地視察農場設施及果苗培育情形。當晚畢沙迪親王伉儷設宴招待我們觀賞泰北山地民族歌舞。大家席地而坐，畢沙迪夫人親手揑糯米飯糰請趙主委品嚐，並邀趙主任委員跳山地舞。這是泰北民俗，主人對貴賓最尊敬的表達。二十六日，我們隨同泰王暨皇后飛往安康農場，視察由臺灣引進的新品種桃、李、柿、梅、梨、蘋果等六千三百株，在二十五頃的山谷裡，生長良好，皆已開花結果。並觀看我國果樹專家錢企越把由臺灣空運來的桃李新枝條移接在土生的桃樹上的方法，當年就可結實生果，大爲讚賞。當晚飛回清邁，泰王在蒲屛行宮款宴趙主委一行人員，答謝我國支援泰北山地開發的友情。泰王說：「國與國之間的邦誼，有時會因情勢的變遷而有所改變，但人與人間的友情是永恆的。中泰斷交之後，中華民國政府繼續支援泰北山地農業開發計畫，普遍贏得泰國人民的的眞誠友誼。」

趙主任委員於二月二十七日，在清邁一家中國餐廳，宴請泰王山地計畫中泰雙方全體工作人員。大家爲著同一目標，在一起辛勤工作長達十年之久，日積月累，培養起工作伙伴的情誼。席間舉杯共飲，無不歡欣鼓舞，感情融洽，猶如一家人。

畢沙迪親王是泰王的堂兄弟，他是泰北山地計畫實際負責人。由於親王以身作則，不避艱險，才克服了許多困難。他談吐幽默風趣，每當他參加聚會時，妙語如珠，與會人士都感到親切溫馨。他說：「回顧中泰兩國的友誼，情同弟兄。臺灣政府猶如兄長似的，在幫忙我們、教導我們、支持我們，並給我們留下了在開發山地農業方面的好榜樣。」畢沙迪感謝說：「皇家山地發展計畫在雙方大力推動下，已造福了上百萬山地居民，使當地農民由種植鴉片改種高經濟作物的蔬菜及水果等產品，對山地居民生活改善有極大幫助。」

畢沙迪親王曾對我說：他每次參加國際農業會議，講述各國援助泰國發展農業，僅限於選派專家，來泰調查，提出各項建議及報告，最後都束之高閣。祇有中華民國派來的專家，深入山村，與泰國人民並肩耕作，胼手胝足，開荒闢土，教導山民栽種蔬菜果樹，現已開花結果，對泰北山地人民生活有顯著的改善，贏得了泰國朝野人士的信賴。我國政府為了感謝畢沙迪親王對我協助推動「泰王山地計畫」的配合，外交部長程建人，曾於二〇〇〇年三月八日頒贈親王「終身成就獎」，以表揚他主持推動改善泰北山地部落人民生活水準的貢獻。

巴文教授是泰王山地計畫實際執行人，他曾引進以色列葡萄在泰國栽種，並研究用葡萄釀製美酒，獲得成功，有泰國「葡萄之父」的尊稱。他為人謙和，文質彬彬，對人從不疾言厲色，對我國駐泰技術人員，愛護備至。他領導泰國農業大學教授、學生及技術人員，從事農業研究、實驗、示範、推廣各項工作，大家和衷相濟，進行非常愉快。

我國支援泰王山地計畫，在這短短十年間，獲有如此顯著的成效，不能不歸功於趙聚鈺

沈代表（右）與巴文教授（左）合影

主任委員的支持。他爲了配合外交，動用輔導會的人員與資源，全力支援此一計畫，使得工作進行極爲順利。他於一九八一年六月突然逝世，我深感哀悼與懷念。輔導會爲紀念他對榮民事業所作的貢獻，特在臺中福壽山農場爲他建立一座銅像。我回國後，特地前往向他銅像行禮致敬，感謝他對泰王山地計畫的大力支持。

鄭爲元將軍接長輔導會後，因他曾任駐美及義大利兩國武官，深知外交的重要，對於支援泰王山地計畫，更加熱心。有一次畢沙迪親王偕同巴文教授在參觀輔導會清境農場時，吃到高山上生長的冬荀，清脆鮮美，讚不絕口，建議我方派這一位廚師到皇宮烹調竹筍，讓泰王暨皇后嚐嚐竹筍的新鮮美味，鄭主任委員欣然同意。他於一九八二年二月二十七日訪泰時，派馮傳勛處長及宋慶雲場長率領廚師小賴，帶著各樣竹筍及配料，先一日抵泰，安排他於三月一日進住清邁皇宮廚房，準備當天泰王的晚宴。因他不懂泰語，宋場長臨時指派江文平技師擔任他的泰文翻譯。當天我與鄭主任委員一行，陪同泰王視察安康農場歸來，泰王對於原爲荒蕪山地的安康農場，現已果木茂盛，結實纍纍，甚感滿意。晚宴席間，嚐到竹筍鮮美可口，不斷讚賞，希望能引進臺灣竹種，在安康農場試種，鄭主任委員表示同意，談話氣氛極爲歡洽。宴會結束，泰王賞給廚師小賴一千美元。事後據江文平說：「小賴進到皇家廚房，看到各種名酒，無人看管，他便開瓶大飲，名酒酒性強烈，竟致酩酊大醉，臥倒不省人事。」及至晚宴開席，江文平技師情急智生，臨時充當廚師，用竹筍做出幾樣家常菜。好在泰王是第一次嚐鮮，未加苛求。我聽到後，倒嚇了一跳，要是在古代，這豈不是犯了欺君之罪。

鄭主任委員回國後，選派專家，在安康苗圃，試種臺灣孟宗竹、金絲竹、綠竹、痲竹、石竹和竹變，使得泰國人今天已能吃到鮮美的臺灣竹筍。

鄭爲元主任委員再度訪泰，是在一九八四年二月二十三日。當泰王偕詩琳通公主乘御用直昇機，飛抵馬鞍山的安康農場。我們先到一步，列隊站在路邊迎接。泰王下機，與我們一一握手寒暄，他看到宋慶雲時，很親熱的招呼：「爸爸宋，您好嗎（沙瓦的）？」鄭主任委員代表政府當場贈送兩部新型山地農耕機車，並由新竹香山端翔公司總經理伍必端，現場示範講解操作及爬山噴撒農藥等項技術。泰王看後，深感興趣，偕同詩琳通公主上車，親自駕駛，行駛於坡度頗大的山徑小道上，甚表滿意。當晚在蒲屏行宮的宴席上，泰王伉儷講述二十多年前訪華，受到先總統蔣公及夫人的優渥禮遇，念念不忘。對於我國支援泰北山區開發

鄭爲元主任委員（右一）向泰王（左一）呈獻山地農耕機車，伍必端總經理（左二）講解機車操作，沈克勤代表（右二）

計畫，已獲得顯著的績效，受到國際的重視，極爲稱讚，盼望中泰兩國人民間的此項友誼合作，永久持續下去。

九、榮獲麥格塞塞獎

一九八三年六月二十四日，我從美國舊金山探視兒女返臺，搭乘的中華班機在日本東京機場過境。駐日代表馬樹禮先生偕李國鼎部長同機回國。飛行途中，李部長走過來，坐到我的機位旁，與我聊天，我乘此機會，向他表達我對他的敬意。我說：「部長如此高齡，尚在爲國奔忙。」他說：「這次出國，是因心藏血管有五條不通，經手術之後，現已康復。」他又說：「我現今快到人生的終站，應該作最後的衝刺。」我聽到這句話，內心敬佩不已。我隨即向他簡報我國支援泰王山地計畫經過情形，他聽後，甚感興趣。他說：「金三角生產鴉片，毒害人類，爲世人所詬病。我國支援泰北山區農業開發，以蔬果代替了鴉片。有此良好成績，應該編寫成報告書，拍攝成紀錄片，向世人宣揚。」

我抵臺後，請見輔導會鄭爲元主任委員，他邀我於二十八日清晨，在他辦公室吃豆漿油條。鄭主任委員是我尊敬的老長官，又是鄉長，我就把李國鼎部長的建議向他報告。他當即一口答應，指示輔導會農業處編寫一本英文的「泰北山區辛勤耕耘十二年」的報告書，同時指示該會攝影名師吳紹同先生赴泰北山區，實地拍攝我國支援泰王山地計畫的紀錄片。一九八五年，這本精美的報告書編印出版，大量供應，讓我向泰國友人散發。紀錄片拍成後，我也常利用各種聚會的機會，放映給中泰友人觀賞。泰國官員看後，都讚賞我國支援泰王山地計畫，非常有意義。他們說：「泰國人民無不擁戴泰王，我國能支援泰王的愛民措施，定能獲得泰國朝野人士的好感。」

一九八七年十一月十一日，李國鼎部長偕同中央研究院吳大猷院長及阮樂化神父連袂飛抵曼谷，前來參加十二日在麗晶酒店舉行的麥格塞塞得獎人會議。菲律賓總統麥格塞塞於一九五七年乘機失事逝世後，菲人爲紀念他的功勛，特設立麥格塞塞基金，每年授獎給亞洲各國朝野有特殊貢獻的個人及團體，已被世人稱爲是亞洲的諾貝爾獎。我國過去得獎人中，有李國鼎、吳大猷、阮樂化、蘇南成等，今年得獎人是天下雜誌創辦人殷允芃女士。十三日晚間，我在家設宴歡迎李國鼎部長一行人員，席間，談到輔導會接受他的建議，已將我國支援

「泰北山區辛勤耕耘十二年」的報告書編印出來，並拍攝一部紀錄片。李部長聽到非常高興，要我給他幾本報告書，他會在十四日麥格塞塞基金管理委員會中分發給各位委員，並建議明年頒獎給支援泰王山地計畫最有貢獻的宋慶雲場長。

麥格塞塞基金會接受李國鼎的建議，曾派員於一九八八年春夏之間，分訪臺中福壽山農場及清邁安康農場，秘密調查實際情況。他們提出報告說：泰王於一九七〇年創設開發泰國北部山區農業計畫，得到中、美、日、紐西蘭、以色列及聯合國專門機構等十幾個國家及國際組織在經費及技術專家方面或多或少的支援，其中以中華民國在十五年期中，支援經費及供給果苗及蔬菜種籽最多，並選派果樹專家宋慶雲赴泰，首先創設安康農場，栽種桃李杏梅等溫帶果樹，作爲示範果園，繼向山地人民推廣，教導他們種植蔬菜果樹，改善山地少數民族生活，贏得「爸爸宋」的美名。基金會管理委員會審議時，認爲宋慶雲對於泰王山地計畫的貢獻誠然很大，但是此項計畫因有十幾個國家的支援，不能頒獎給一個人，爰經決定，一九八八年麥格塞塞國際瞭解獎（1988 Ramon Magsaysay Award for International Understanding）頒授給「泰王山地計畫」。

麥格塞塞獎頒獎典禮於一九八八年八月三十一日在菲律賓首都馬尼拉舉行，泰王蒲美蓬指派畢沙迪親王代表前往領受。榮獲獎狀一紙，鐫有麥格塞塞肖像的獎章一座及獎金三萬美元。在頒獎典禮中，麥格塞塞基金會特別讚揚泰王創辦此項山地計畫，並親自督導此項計畫的進行，以及國際支援此項計畫所作的努力。他們說：由於泰王山地計畫選派農業專家，深入泰北山區，教導山地人民改種果樹蔬菜等高經濟價值的農作物，山民收入較種植鴉片爲多，他們自不願再種植鴉片，使得泰北山區原先鴉片年產量一百五十噸，現已減少了百分之八十五，大大減少世界毒品的供應量。此項計畫繼續推廣下去，在五年之內，泰國不再有鴉片生產了。而且泰王山地計畫從事鄉村教育，改善環境衛生、修築道路及設立食品加工廠，爲山地人民生活帶來了安定與繁榮。

麥格塞塞基金會認爲，泰王山地計畫最長遠的影響，是改變了山地少數民族古老的游耕習性。過去他們都是「靠山吃山」，砍伐山林，焚燒樹木，種植鴉片，破壞生態平衡，造成水旱災害，而今他們改種果木，不再砍伐森林，而且有計畫的在山區實施造林，並進行集水區的經營規劃，將來對泰國的水土保護與土地利用有良好的貢獻。

十、世外桃源　觀光勝地

一九八九年六月，我調離泰國，中泰合作進行泰北山地農業開發已經二十年了。在此期間，經中泰工作人員辛勤耕耘，先後在泰國北部清邁、清萊、㛪豐頌、碧瑤、南奔五省山區，開闢了茵他暖（Inthanon）等三十五個推廣站與二六五處示範村，教導山地人民種植溫帶果樹蔬菜高經濟價值的作物，推行鄉村居民教育，改善居住環境，建立了完善的農作物產銷體系，使生產、加工、銷售一元化；達到了泰王最初所設定的種植蔬果、根絕鴉片、改善山民生活、及維護生態環境的理想。

輔導會主任委員鄭爲元將軍率員訪問安康農場與泰王及二宮主詩靈通合影

由於我國援助泰王山地計畫獲得顯著成功，一九九四年二月十六日，李登輝總統偕同外交部長錢復、經建會主委蕭萬長訪問泰國時，原安排會晤總理乃川，受到中共的壓力，臨時取消。泰王蒲美蓬聞悉，卻表歡迎，予以熱烈接待。兩國領導人，對農業素具深厚學養，在曼谷萱吉拉皇宮促膝長談。蒲美蓬陛下盛讚中華民國農業人員技術優良，在泰北山區無私的奉獻，將高超的農業技術，轉移給泰北山區的人民，使原本過著原始生活的山地少數民族，生活有了顯著的改善，他殷切盼望中泰此項農業合作，能以繼續維持下去。李總統聽了泰王這一番感激的話，大感驚異，他才知道泰王如此重視我國的農業援助。回國之後，指示有關單位，加強支援泰王山地計畫。

中華民國海外技術合作委員會，奉到層峰指示後，遂與泰國皇家山地計畫基金會，進行磋商，正式簽訂一項中泰農業技術合作協定，由我政府繼續派遣農技團，協助泰國皇家在安康農場興建農業訓練中心一座，命名為「行政大樓」，從事溫帶果樹及蔬菜研究與發展，進行造林及茶葉的生產與改良，以及水果與蔬菜的加工，同時加強農業技術人員的訓練。

行政大樓建成後，構築堂皇。樓分兩層，一樓為會議中心，供技術人員研究講習，亦可作為國際農業學術人士來此觀摩研討的開會場所，二樓分隔成房間，作為休憩宿舍。一九九八年冬，我與已退休的宋慶雲場長聯袂再度前往安康農場，受到貴賓禮遇，即住宿於此。回想二十年前，初履安康農場的情景，當時的荒山原野，現今竟成人間仙境了。

次晨，由我國專家錢企越陪同，參觀泰王山地計畫基金會為詩麗吉皇后新建成的行宮，泰國式的建築，外觀華麗，內部陳設完全現代化，詩麗吉皇后曾來此避暑休養，隨同前來的貴夫人們，則借宿行政大樓上的客房。安康農場新近開闢一座花卉中心，種植世界各地的名花異草。我記得在德鄰賓館旁原建有一個小型花圃，內中種有香草，清香撲鼻，環繞山坡，種有各種花卉，行走其間，美不勝收，但比之新建的花卉中心，猶如小巫見大巫。此一花卉中心，設在黑石嶙峋的山旁，培育各種高冷地區的花卉，怪石間長出色澤鮮艷的花卉，益加顯得驕嫩，格外逗人憐愛。遠道前來觀賞的仕女們，可選購自己所喜愛的花朵。遊人流連其間，猶如世外桃源。

泰國地處熱帶，一年四季熱氣蒸人，安康位於高山之上，氣候涼爽。泰人聞名前來避暑觀光者，絡繹於途，山間缺乏住所，過去多借宿附近雲南難胞家中，因為民宅供不應求，難胞便搭建草房，供應旅客需用。新近曼谷旅館業，聞風前來興建一座五星級大旅館，內有客房百餘間，一切設備現代化，房舍傍山構建，設計精美靈巧。我們進去參觀，經理說：「旅館天天客滿，房間已不夠用，旅客須預先訂房，旅館備有車輛，從清邁接送旅客上山下山，極為方便。」安康原是荒山，人跡罕至，三十年的經營，現今已成為觀光避暑勝地了。

泰王山地計畫，今天能獲致如此輝煌的成就，我們不能不欽佩泰王蒲美蓬陛下的睿智遠見，畢沙迪親王的卓越領導，巴文教授的精密策劃，以及宋慶雲場長的實幹苦幹。三十年來，在中泰兩國有關人員合作無間的努力下，使得惡名遠播的「金三角」地區，變成了人間樂土，我能參與其間工作，眞是三生有幸。

十一、泰國王室與我

泰王蒲美蓬（Bhumibol Adulyadej），一九二七年十二月五日，誕生於美國麻州劍橋。當時他的父親馬希杜親王正在哈佛大學習醫。他兩歲時，父親去世，母親帶他兄姐三人回曼谷。一九三二年，泰國發生革命，母親又帶他們到瑞士洛桑定居。他在那裡入學唸書，學習法、德、英等國語文。一九四六年六月九日，他的哥哥安南達（Ananda Mahido）遇害，當天由蒲美蓬繼承王位，為節基王朝（Chakri Dynasty）第九世國王，受「拉瑪九世皇」尊號。

輔導會趙聚鈺主任委員（右三）在清邁蒲屏行宮御宴席間與詩麗吉皇后（左二）談話，沈克勤代表（右一）、榮工處嚴孝章處長（右二）、輔導會秘書長劉誠（左一）

蒲美蓬承繼大位時，年僅十九歲，同年八月，隨同皇太后返回瑞士洛桑，繼續學業。他原先攻讀工程學科，後改習法政。蒲美蓬自幼喜愛運動，他在瑞士自行駕車，在一次車禍中，傷及左眼，送到英倫就醫。泰國駐英大使納確蒙空親王，指派他的女兒詩麗吉（Sirikit）在醫院細心照料。詩麗吉天生麗質，秀慧溫婉，兩人很快墜入愛河。一九四九年七月十九日，遂在瑞士訂婚。一九五〇年初，這位年輕的國王偕同美麗的未婚妻，回到曼谷，同年四月二十八日，舉行結婚大典。

蒲美蓬回國之後，開始主持政務，常與民眾親近。他具有音樂天才，擅長吹小喇叭，參加樂隊演奏，甚得年輕人的喜愛。他自作的一首樂曲「雨絲」，更是風靡全國，家喻戶曉，人人會唱。他是駕駛帆船的高手，曾參加亞洲運動會及中南半島運動會，贏得金牌。有一次他在華欣海邊，參加帆船比賽，海浪滔天，船翻被侍從人員救起。他這樣親民作風，很快受到全國人民的擁戴。

一九六六年十月，我曾隨同彭孟緝大使呈遞國書，是我第一次晉見蒲美蓬國王。次年十

泰王與山地農民閒話桑麻

二月五日，爲慶祝泰王華延，我曾參加御花園慶祝會，在炎熱的陽光照射下，我們穿著禮服的外交官及夫人們，站在御花園中，佇立了一個多小時，汗流浹背，僅和泰王握握手。在此正式場合，他像一個苦行僧，看不到他的笑容。一九六九年四月十五日，我隨同新任的沈昌煥大使，再度到大皇宮覲見泰王，呈遞國書，也祇是行禮如儀。及至一九七五年，我出任駐泰代表後，曾有多次晉見泰王的機會，每年陪同他視察泰北山地農業開發，目睹他的親民作風，也常與他同桌共宴，感受到他談笑風生和顏悅色的風采。令我印象最深的，是他關懷民生疾苦的愛心表現。泰王在泰國各地均有行宮，他每年定期至泰國南部、北部、中部、東北部行宮駐蹕，排定日程，巡視窮鄉僻壤。他總是穿著一襲便服，身上掛著望遠鏡和攝影機，手中拿著當地的明細地圖，看到水川河流道路橋樑有變更時，立即在地圖上修正。對於民間疾苦，更是關懷，見到有病痛的，馬上令隨侍醫師治療。見到水利設施不周全的，指令地方官員修建，因此他贏得了民心。泰王所到之處，鄉民無不載歌載舞，跪地合掌恭迎。有時泰王席地而坐，與農民閒話桑麻，我每看到此一情景，深深覺得這眞是一幅美好的親民圖。泰王積年累月涉足鄉野，對民生疾苦及農村凋弊情況有深切的瞭解，他在談話中，常批評留學英美的學者，不明瞭農村實況和不務實的作法。他指出興建大型水庫，下游水利設施沒有做好，無法引水入田，倒不如山民，利用竹筒，引水灌溉，而有實際效益。一九七九年一月十三日，泰王在清邁行宮，晚宴農業發展委員會主任委員李崇道暨王友釗等人，同席有我國水利專家章元義先生，蒲美蓬陛下對水利最感興趣。席間，兩人談到泰國農田水利問題，泰王娓娓道來，意興遄飛，毫無倦容。章元義先生談吐又很風趣，說到兩人共同相識的美國水利權威的有趣故事，引起哄堂笑聲。

李崇道主任委員在席間盛讚御花園中，玫瑰花碩大嬌艷，皇后聽見，甚爲歡喜，立即命宮女採來十幾株，在座外賓，每人獲贈一株，並講述每株玫瑰的出處及命名。我獲贈的是一株黃玫瑰，來自法國，皇后喜愛，遂以己名「詩麗吉」命名，極爲珍貴，我攜回家中，供養欣賞。一九八二年三月一日，我陪同鄭爲元將軍應邀參加泰王國宴，開席前，泰王偕后先與我們晤談，詩麗吉皇后抱著剛滿月的孫女，她那種初做祖母的喜悅心情，溢於眉宇之間，給我留下非常美好的印象。

詩麗吉皇后熱心推動泰國婦女傳統手工藝品，她在曼谷近郊，設立一座婦女手工藝中心，教導婦女學習泰國各種傳統的手工藝。我看到一種用細草編織的女用手提包，據說一只手提包，需數月時間編織才能做好，價值在泰幣萬銖以上，泰國貴夫人們，幾乎人手一只，以示倡導。

蒲美蓬國王與詩麗吉皇后結褵五十多年，婚姻美滿，育有三女一男。大公主烏汶樂性情活潑，容貌秀麗，年輕時，赴美波士頓麻省理工學院讀書，一九七二年與美籍波多黎各裔教授詹森結婚，違反皇家傳統規範，從第一家庭除名。這段婚姻維持了二十七年，於一九九九年在加州訴請離異，詹森強奪三名子女的撫養權，令她身心受創。她長期居住美國，現已回到皇宮父母身邊。

一九七一年春，我由泰國大使館一等秘書調任駐澳洲布律士班領事時，泰國皇太子哇棲拉隆功（Crown Prince Vajiralongkorn）正在澳洲昆士蘭州登窗（Duntroon）陸軍官校讀書，畢業後，回泰任上尉軍官。後又赴美學習飛行，成爲一位優秀的戰鬥機飛行員。一九七五年，我再度回泰任職時，他已昇任皇家御林軍上校團長。一九七七年一月三日，在詩麗吉皇后撮合下，娶了皇后堂兄的女兒頌莎哇麗（Mon Luang Soansawali），生有一女，泰王賜名爲班吉拉公主（Princess Bhajara Kitiyabha），但皇太子與太子妃兩人感情並不融洽。皇儲另寵愛一位青春歌星，在曼谷郊外構築金屋藏嬌，生有四男一女，一直未獲皇室承認。傳說術士給她算命，待她生育五個男兒，即可榮膺皇妃榮銜。可惜命中注定，未能如願，現已告仳離。

沈代表（左）與泰國皇太子哇棲拉隆功暨妃合影於台北圓山飯店

哇棲拉隆功愛好中國瓷器，一天，他在御林軍營約見我，談到他最喜歡收藏繪有龍形的中國古瓷。我說臺北故宮博物院，收藏中國古瓷最爲豐富精美，邀請他前往欣賞，他立即首肯。經向政府報准後，安排在一九八四年一月三十日星期五下午六時搭華航班機訪華。我先在機上等候，他攜著愛姬登機，坐在頭等艙第一排座位，我坐在他們後座，客機升空後，皇太子教愛姬英文。我不曉得如何稱呼他的愛姬，經考慮再三，我稱呼她：「Madam」，皇太子聽到後甚爲高興，還低聲向她解釋 Madam 是貴夫人的意思，以討悅她的歡心。兩人在機上切切細語，狀極親暱。下機後，住進圓山大飯店。當晚由總統府秘書長馬紀壯設宴歡迎。馬秘書長形容皇太子愛妃是「嬌小玲瓏，小鳥依人」。次日上午十時，我們驅車到故宮博物院，秦孝儀院長親自在門前迎接，並陪同參觀，由專家講解中國唐、宋、元、明、清歷代瓷器，皇太子極爲欣賞，參觀完畢，秦院長午宴款待，飯後，皇太子意興甚隆，偕妃逛中山北路的古玩店，有意選購幾件古瓷帶回去玩賞，我怕買到假貨，不敢鼓勵，因索價昂貴，未有買成。晚間，由中國廣播公司總經理蔣孝武設宴歡迎，飯後，孝武還邀皇太子暨妃同去參加舞會，飲酒作樂，皇太子雖被灌醉，仍能醉而不亂，保持尊嚴，午夜歸寢，他對孝武的印象是「被侍從人員寵壞了」。四月一日清晨，我陪皇太子參觀中正紀念堂，中午同機返泰，皇太子贈送我一個特製有皇儲標誌的銀煙盒作為此行紀念。

二公主詩琳通（Princess Sirindhorn），端莊賢慧，善良純厚，博學多才。她每天用功讀書，會七國語言，聘請北京一位老師，學習中文，她曾赴中國大陸旅遊，歸來寫成遊記出版。每次泰王巡視農村，她常隨侍左右，擔任文書紀錄工作，我曾多次與她晤談，謙和有禮，她的完美形象，最受泰國人民的愛戴。一九七七年曾獲父王冊封為「水晶公主」，近年修改的皇室繼承法，規定女生亦可繼承王位。泰國人民都寄望於詩琳通公主，將來能繼承蒲美蓬國王的志業。惟她現今年過四十七歲，仍然雲英未嫁，也讓泰王伉儷操心。

泰王在皇宮宴客，首席是一張長桌，國王與皇后坐在兩頭主人席位，兩邊各坐四位貴賓。下面擺設兩張小型長桌，主位是二公主與三公主。有一次我曾與三公主朱拉蓬同席，談及她所愛好的科學研究，飼養家畜的心得，她學識淵博，言談銳利，令我驚異。同席有數位農業大學教授，與她談農業問題，她彬彬有禮，言詞娓娓動聽，深感泰國王室對子女教育的重視。朱拉蓬三公主於一九八二年與空軍飛行官魏拉育少校結婚，一般民間印象，認為這一對新人

沈代表（右二）陪同輔導會主任委員趙聚鈺（右三）榮工處嚴孝章處長（右四）與泰國二宮主詩琳通（右一）在安康農場晤談

是泰王四位子女中，婚姻最美滿的，未料她婚後卻遭受身體和精神雙重虐待，終於一九九六年二月離婚。泰國宮廷一向神秘，外人祇知道生在國王家，一定是享盡榮華富貴。那知道人生旅程，不如意事十常八九，國王至尊，有時也莫可奈何！

泰王姐姐葛亞妮公主（Princess Golyani Vadhana）是一位人類學家，自幼留學歐陸，學養深厚。一九八七年四月六日，我陪同她赴臺灣考察原住民的生活情況。同行的還有皇姐的女公子星塔（Sinthu Sorasongkram）、皇姐的女婿泰國外交部助理次長吉他斯（Jilas Sorasongkram）、皇姐的外孫潘西利（Pensri Vajarodaya）及侍從秘書、顧問、醫生共十二人。我們搭華航飛抵臺北，住進圓山大飯店。當晚由外交部部長朱撫松夫婦設宴歡迎。七日清晨九時，皇姐一行到達中正紀念堂，參觀守衛憲兵舉行的啓門儀式，並向蔣公銅像獻花行禮致敬，觀看歷史文物圖片展覽。繼至世貿中心，參觀商品展覽。中午參加婦女會理事長王亞權在國賓大飯店的午宴。下午聽取退除役官兵輔導會的簡報，並參觀婦女會主辦的幼稚園，晚間應輔導會主任委員鄭爲元夫婦的歡宴。八日，我們參觀故宮博物院，泰孝儀院長知道皇姐是一位歷史學者，特別打開庫藏寶物，讓皇姐儘情欣賞。我們看到曼谷王朝拉瑪一世納他那哥信登基後第四年（一七八六年），遣使向清廷敬貢的金葉表文，惟因在黃金上寫的字跡已經模糊，無法辨認。下午，我陪同皇姐坐乘禮車前往臺中，參觀自然科學博物館，電化教育新奇，皇姐深感興趣，晚間，由我在日月潭大飯店設宴款待。九日上午，我們乘船同遊日月潭，山光水色，風景秀麗，大家心情暢快。繼參觀高山族文化中心，皇姐對九族文化逐一欣賞，詳細詢問每一族的生活情況。中午，臺灣省政府秘書長李厚高在省府禮堂設宴歡迎，皇姐對臺灣釀造的葡萄美酒極爲欣賞，李秘書長贈送皇姐兩箱葡萄酒。飯後，我們參觀臺灣省立手工藝中心，裡面陳列的物品，都很精美，皇姐選購幾件，攜回作爲紀念。晚間，應中泰文經協會理事長杭立武博士的歡宴。同席有大同公司董事長林挺生，中泰賓館董事長趙璧芝多人，杭立武曾任駐泰大使多年，與皇姐原是舊識，趙璧芝原是泰國華僑，席間談話輕鬆融和。十日清晨，我們到達松山機場，飛機誤點，華航董事長烏鉞得知，自駕汽車趕來，陪同皇姐參觀華航培訓中心，講述飛機模擬駕駛及空中小姐的受訓情形，十時飛往花蓮，觀賞太魯閣及天祥的風光，下午參觀阿美族歌舞及大理石工廠，飛回臺北，已是萬家燈火，皇姐在臺參觀訪問一週，我隨侍左右，對皇姐的學者風範及親切友善的態度，印象深刻。

由於我國支援泰王山地計畫，受到蒲美蓬國王的重視，國內軍政要員訪問泰國，均由我陪同晉見泰王，常時出入皇宮，得以結識泰王身邊兩位重要大臣，一位是泰王秘書長他威訕（M.L. Thawisan Ladawan），另一位是泰王侍衛長尼蘭海軍上將（Adm. Niran Sirinavin）。尼蘭侍衛長曾任泰國駐華武官，對我國極爲友好。他爲人忠誠謙和，深得國王信賴，他的妻子是一位賢慧的夫人，熱心社會公益，協助皇后從事婦運工作。我和他們夫婦交往密切，成爲摯友，遇事無不幫忙。一九七八年十一月十八日，尼蘭上將邀我前往素攀府（Surin）華僑劉廷芳的農莊，參觀他的種桑養蠶事業。農莊佔地數十畝，遍植桑樹，樹下飼養白鵝數百頭，鵝吃樹下蔓生

沈代表（左）與泰王侍衛長尼蘭上將（右）合影

的野草，鵝糞作爲桑樹的土肥，鵝長大了，又可出售賺錢，一舉數得。農莊內設有織絲廠，自行養蠶織絲，頗具規模。夜宿農莊，主人熱情招待，酒飯之後，劉廷芳講述她年輕時打虎獵象的故事，極爲動聽，證明華人對泰國初期開發的貢獻。一九八〇年二月十七日，我與同事吳明彥、林義夫、涂大成等人，應尼蘭侍衛長邀請，前往華欣參觀他所主持的養蠶場，這是泰王御助農業計畫之一，目的在從事研究實驗，以便向民間推廣養蠶事業。夜宿華欣泰王行宮，次日，尼蘭陪同我們觀賞行宮各項設施，並遊覽華欣海濱風光。

中泰有邦交時，我國重要官員訪泰，要覲見泰王，例由駐泰大使館行文泰國外交部，轉呈泰王核准，泰國外交部的呈文，須經秘書長他威訕轉呈，公文往返至少須十天半月。我任駐泰代表時，安排我國高級官員覲見泰王，都是透過畢沙迪親王直接傳達，無需行文，祇要一通電話就可辦到，反而不需要經過秘書長。他威訕有皇家血統，是泰王的親近大臣，他又是職業外交官出身，溫文儒雅，與我國過去駐泰大使杭立武、沈昌煥、馬紀壯等人，都有長久深厚的友誼。每次我去拜會他時，他都殷勤接待，有事請他協助時，他也無不盡力。我在泰任職期間，與泰國王室的交往，深切體認到宮廷外交的重要。由於我與泰國王室維持著良好的關係，使我在泰國的工作，無往而不順利。

一九九五年泰王蒲美蓬屆滿登基五十週年，是全世界在位最久的國家元首。五十年來，蒲美蓬以個人魅力，凝結了全國的人心，成爲泰國的穩定力量，軍民擁戴的精神領導中心，在泰國政治上有其超然而絕對的權威。過去五十年間，泰國人因爲有泰王睿智的領導，未曾感受到國家的眞正的危險，即使是在共黨勢力席捲中南半島的一九七〇年代，以及一次接一次的軍人政變中，泰國雖多次瀕臨災難，都因他一言而化解。高齡七十多歲的泰王，遲早有一天會遜位,但皇室對繼承大統遲遲未有明朗,現今幾乎所有泰國人都關心未來的王位安排，咸認不但牽涉到泰國君主立憲政體，同時與泰國長遠發展的政治穩定息息相關。

貳　我與泰國軍事強人的交往

一、軍事強人鑾披汶的崛起

泰國自一九三二年實施君主立憲之後，軍事政變迭起，出現了幾位軍事強人，因而軍人在政治舞臺上扮演著極重要的角色，在社會上享有優越顯赫的地位。第一位強人是鑾披汶（Luang Phibounsongkhran），他是一位民族主義者，倡導「大泰民族」。在他執政期間（第一次自一九三八年十二月十六日至一九四四年七月二十四日；第二次自一九四八年四月八日至一九五七年九月十六日），於一九三九年他將「暹羅」（Siam）國名改為泰國（Thailand），在經濟上採取「泰國是泰國人的」（Thailand for the Thai）保護政策，實施「排華」措施，禁止華文教育。

二、沙立元帥

一九五七年九月十七清晨，泰國陸軍第一軍軍長乃沙立（Sarit Thanarat）發動不流血政變，趕走鑾披汶，掌握政權。他因患肝硬化，赴美就醫，選任泰國前駐美大使乃樸沙拉信（Phote Sarasin）爲臨時政府國務總理。未久，改由沙立元帥的副手他儂（Gen. Thanom Kittikachorn）出任總理。一九五八年十月二十日，沙立元帥悄然返回曼谷，廢止憲法，宣布戒嚴，逮捕反政府人士，實施家長制的權威政治。他倡導清潔與秩序，要人民打掃街道，維持清潔，逮捕流氓，管制娼妓。他認爲坐人力三輪車不文明，禁止在首都曼谷行駛。嚴禁吸毒販毒，處置縱火犯，當場格殺。一時社會安定，人心稱快。

沙立元帥執政期間（一九五九年二月九日至一九六三年十二月八日），我國駐泰大使是杭立武博士。據杭大使說：他與沙立元帥建立有深厚友誼，他們兩人每週定期會面一次，由杭大使爲沙立元帥講述國際情勢。沙立元帥爲他的兩位副手他儂及巴博（Praphas Charusathian）不和及相互爭權，深感憂心。杭大使建議沙立元帥出面撮合他儂及巴博兩人成爲兒女親家，媒介巴博的女兒嫁給他儂的長子那隆（Narong Kittikachorn）爲妻，從此兩家和好，泰國政局賴以穩定。

沙立元帥大權集於一身，惟權力卻使他腐化。一九六三年，他的身體健康急速惡化，十二月八日逝世。身後留下美金一億五千萬元家產，兩萬萊（八千畝）土地及許多房產，擁有五十多位妻妾，相互爭奪財產，家醜外揚，沙立元帥的英名，大受損傷。

三、他儂元帥

㈠來華訪問、共商反共大計

沙立去世之後，由他儂元帥繼任總理。他儂雖缺乏魄力和魅力，但他寬厚雍容，在政治上雖無重大改革，卻能追隨沙立元帥的政策，對內發展經濟，促進泰國現代化，對外放棄傳統的中立政策，與美國結盟，派兵參加越戰。在他執政期間（一九六三年十二月九日至一九七三年十月十四日），他採取堅定的反共政策，與中華民國維持著良好的關係。

一九六六年十月，我奉派擔任中華民國駐泰大使館一等秘書兼理領事事務，這時正是他儂元帥在位最盛時期。由於中泰兩國當時反共立場一致，我國駐泰大使彭孟緝將軍曾任國軍參謀總長，與他儂元帥同是軍人，氣味相投，每逢大使館有何重要慶典與活動，他儂元帥均親臨參加，使我得能瞻仰他雍容和藹的風采。

一九六七年三月二十七日，他儂元帥應邀訪華，由彭孟緝大使陪同，晉見老總統蔣中正，共商遠東反共大計，並與我國軍方商討中泰軍事合作計畫。他儂此行甚為成功，載譽而歸，極表滿意，中泰關係隨之不斷進展。中華航空公司於當年十月二日開航，飛行臺北至曼谷航線，中泰人民之間交往更爲便利。一九六八年一月四日，嚴副總統家淦應邀訪泰，由他儂元帥陪同訪問清邁，華僑夾道歡迎，紛紛獻花致敬，場面熱烈。他儂元帥對嚴副總統說：「你看泰國華僑對你是多麼熱情歡迎！」嚴副總統深受感動。一九六九年五月十二日，蔣中正總統特派時任國防部副部長的蔣經國爲特使訪問泰國。抵達前夕，泰方通知大使館：他儂元帥次日須主持國務會議，不克親往機場迎接。沈昌煥大使履任伊始，聞悉甚感爲難，乃由駐泰武官韓大志夫人，商請他儂元帥女公子代爲轉達：「蔣經國現職雖是國防部副部長，但他是蔣老總統的長公子，今爲加強中泰關係，以特使身份訪泰，盼能優予禮遇。」蔣特使專機於當日中午飛抵廊曼空軍機場，他儂元帥親往迎接，鳴放禮炮歡迎，並陪同蔣特使檢閱三軍儀隊，當晚設盛宴熱情款待，中泰雙方邦誼達於巔峰，他儂元帥與蔣經國特使兩人之間也因此行建立了很好的友誼。其後數年，每次我返國述職晉見經國總統時，他都會詢問他儂元帥情況。

㈡他儂失勢流亡美國

一九六〇年代，泰國外受中共及越共的威脅，內受泰共及左傾份子的顚覆滲透，泰共侵擾地區已從中部擴及東北各省，南部又有馬共分離活動，國內安全岌岌可危。泰國因與美國結盟，自一九六四年中開始，泰國政府派一隊空軍參加越戰，一九六五年續派海軍參戰，至一九六七年，終於增派一支二千二百名陸軍部隊開往南越參戰，到了一九六九年，陸軍參戰官兵已增加到一萬一千人之多。泰國捲入越戰泥沼，愈陷愈深。及至一九七〇年初，他儂政府面臨國內外的壓力，已感難於應付。此時又逢美國總統尼克森上臺，主張與中共和解及越戰越南化，讓「亞洲人打自己的仗」（Let Asians fight their own battle）。泰國人民深恐被美國政府背棄，不再保護泰國，因而反政府人士主張恢復傳統的中立政策。

至一九七三年六月，他儂政府下令教育部開除發表反對政府言論的大學生，引起學生示威遊行，聲勢像滾雪球一般，愈來愈大，後來左派人士滲透學生群中，逐漸形成一股政治勢力。同年十月初，學生遊行散發傳單，要求實施民主憲政，遭受警察逮捕，激起群眾大規模示威，要求釋放被拘學生，縱火焚燒政府辦公場所。傳說：他儂元帥公子那隆上校乘坐直昇機，在皇家田上空用機槍掃射集會遊行學生，死傷眾多，及起曼谷一般市民及所有學生的憤慨。十月十四日，在曼谷憲法紀念碑前，遊行示威的群眾，約有二、三十萬，一度增到五十萬人之多，群情激憤，政府無法收拾局面，又調不動軍隊前來鎮壓。在此危急情況中，泰王蒲美蓬出面調協，令他儂總理與巴博副總理同時辭職。他儂匆促出走美國，巴博前往臺灣，一場重大政治風浪，始得平息。

他儂元帥流亡美國，住在波士頓女兒家，當時女婿蘇維（Savit）已在哈佛大學攻讀博士學位。他儂在美國隱居，過放逐生涯，平時很少與人交往，居家孤獨，寂寞難耐，很想重返家園。一九七六年九月中旬，他搭機先飛到新加坡探路。親友聞訊，紛紛前往會晤，經過數日密商籌謀，曼谷報紙傳出，他儂元帥老父病危，他將回泰探視，並剃髮爲僧，出家修行，爲其老父祈福增壽。曼谷市民聞訊，驚相走告。九月十九日，他儂由新加坡搭機回國，身披袈裟，從容走出機場，大批親友湧集機場迎接，彼等依照泰國傳統禮俗，獻花跪拜。他儂乘專車逕往母旺尼城佛寺出家做和尙。次晨曦光初現，依照佛教規定，他儂托缽沿街化緣，親友預先準備好菜飯鮮花，站在門前恭候，頂禮拜獻，新聞記者群集拍照，當天電臺播出，左派人士大驚，發動學生在皇家田廣場集會示威，高喊反對「獨裁復辟」口號，要求政府限令他儂出國，並揚言要燒燬他儂所住的寺廟。泰國是佛教國家，人民虔信佛教，認爲寺廟是神聖不可侵犯的地方，僧侶不可褻瀆，遊行學生只敢說說，不敢行動，怕引起全國人民反感。他儂孝親事佛的善行，上受泰王的默許，不獲軍民的同情，他儂本人又公開表示厭倦政治，誠心向佛，寧受法律制裁，決不離國出走。九月二十二日，國會審查預算時，左翼黨派議員對社尼總理不能迫令他儂離泰，交相指責辱罵，社尼一氣之下，當場憤然辭職。

他儂回國所引起的一場政治風暴，就這樣被化解了。他儂在寺廟中靜修了數月，反對他回國的聲浪漸漸的平息下去。他修行期滿，才悄悄的回到家中隱居。

(三)我與他儂元帥的交往

我認識他儂元帥，是經由他的親信沙邁將軍（Gen. Samai Weoprasert）的引見。沙邁將軍曾任泰國軍事工業署署長，與我國聯勤總司令鄭爲元將軍相交甚篤。我赴任前，曾向鄭將軍辭行，他函介我認識沙邁將軍。沙邁將軍是一位熱心腸的人，口直心快，雖任泰駐寮國大

他儂元帥（左）與沈代表（右）在我國慶酒會席上，舉杯祝中泰兩國國運昌隆

使多年，從未改變他的爽直風格。他對泰國政府與我國斷交，深表不滿。他儂家中有任何重要的聚會，他都邀我參加，引介我認識他儂政府時代的許多政要，並稱呼我是中華民國大使，使我受到貴賓的禮遇。藉此機會，我認識了泰國朝野許多政界元老及社會名流。

他儂出生於一九一〇年八月十一日，每逢他的壽辰，親友故舊都來爲他慶生，分別送來各國餐點，佳肴名果，陳設在庭院中的攤位上，任由賓客選取品嚐。賀客自早至晚，川流不息，向他儂獻花送禮，說幾句慶賀祝辭後，即自由入座與友朋歡聚進餐。他儂周旋於賓客之間，雍容高雅，卻能讓賓客們毫無拘束，談笑自如。有一次我看到泰國外交部長察猜少將參加他儂元帥生日時，曾下跪拜壽，執禮甚恭，感到訝異。同座友人告訴我，他儂對察猜有救命之恩。察猜少將任裝甲兵司令時，曾密謀政變，事洩，他儂元帥未予究辦，且派察猜出任駐阿根廷大使。他今日之能擔任外交部長，應歸功於他儂元帥早年對他之愛護與提拔。

每年我國雙十國慶酒會，我均邀請他儂元帥代表來賓走上講臺主持祝酒。在曼谷五星級豪華大酒店中，前來參加的中泰賓客一、二千人。當他儂元帥邀請所有來賓共同舉杯，「祝賀中華民國國運昌隆，總統政躬康泰」時，全場一致舉杯響應。此種盛況，使我對於國家在國際上的聲威與榮譽，感受得格外眞切。尤其是我身爲國家代表，在無邦交的國家中辦外交，看到這樣熱烈的情景，平時所受的悶氣，這時才稍得舒解。

一九八一年五月七日至十四日，他儂元帥偕同家人暨親信應蔣經國總統邀請赴臺訪問，我奉准陪同照料，他所受到的禮遇，超過一國在位的行政首長。應邀同行的有前農業部長沙旺博士（Dr. Sawaeng Kulatongkham）夫婦、前軍事工業署長沙邁將軍（Gen. Samai Weoprasert）夫婦，長公子那隆上校（Col. Narong Kittikachorn）夫婦、前軍醫署長潘諾醫師（Lt. Gen. Pranot Bodhidatta M.D.）、報人史百猜（Mr. Silpachai Chanchalerm）、二女兒紫娜蓬夫人（Khunying Chiraponges）、小女兒宋嘉西妮（Songsamorn Gajaseni）還攜帶五個孫兒女，共有十五人之多。這都是由於蔣經國總統鑒於他儂元帥對我國的深厚友誼才特准給予的殊榮。他儂元帥伉儷乘華航頭等座位，全體人員住圓山飯店貴賓室，赴高雄、臺中參觀，蔣總統指派兩位前任駐泰大使（總統府秘書長馬紀壯暨國家安全會議秘書長沈昌煥）陪同。隨後蔣總統親往高雄，在圓山飯店設盛宴歡迎，禮儀完全比照接待外國行政首長，殷勤款待。席間，

他儂元帥（左五）率同家人及部屬訪華，由總統府馬紀壯（左三），國家安全委員會秘書長沈昌煥（右四），駐泰代表沈克勤（左一）陪同參觀高雄造船廠，右一是沙邁將軍

蔣總統談及他當年訪泰時，所受禮遇之崇隆，念念不忘。宴飲至深夜始散，蔣總統與他儂元帥分別住在高雄圓山飯店二、三樓，此晨起床，他儂元帥吩咐同行人員，應禮讓總統先行。而蔣總統堅持要爲客人送行。他先站在飯店門前，與他儂元帥一行人員一一握別，他儂伉儷對蔣總統這樣的優渥禮遇，深受感動。

他儂元帥訪華歸來，我與他的家人祖孫三代，無不熟識。從此之後，他儂家有何喜慶宴會，都會邀我參加，遇事無不相助。一九八二年十月二十日，是節基王朝在曼谷建都二百週年慶，總統特派秘書長馬紀壯前來祝賀。他儂元帥在家設宴歡迎，並邀堅塞總理作陪。堅塞在軍校唸書時，他儂是他的老師。筵席間，堅塞對他儂執禮甚恭，足見泰國人很重視政治倫理。他儂元帥知道馬秘書長愛吃榴槤，飯後備有最好榴槤待客，香甜味美，口齒留香，馬秘書長讚不絕口。由此小節，也可見主人之體貼。

這裡可以順便一提的是，前駐泰大使杭立武博士每此訪泰，他儂元帥常設宴歡迎，飯後也備有榴槤，杭博士卻不敢嚐試，而使陪坐的我可多吃幾粒。杭博士說，他任駐泰大使，首次參加他儂總理邀宴時，飯後，他儂總理親選一粒最好榴槤給他嚐試。榴槤剛進口，一股臭味，難以下嚥，又不能當面吐出，他祇好掏出手帕，掩口吐在手帕中，揣入懷內，從此之後他再也不敢吃榴槤。榴槤號稱水果之王，美味令人聞到會涶涎三尺，泰國四、五、六月天氣最熱，是榴槤盛產季節，曼谷大街小巷，均有攤販，出售各色品種榴槤，香氣四溢，嗜好榴槤的人，聞到香味，無法忍耐，雖赤貧如洗，身上祇有一襲紗龍，也要把它當掉，換錢買榴槤吃。所以泰國有一句諺語：「榴槤出，紗龍脫。」眞的如此，每當榴槤季節，當舖生意特別興隆。

他儂元帥府邸有兩位嬌客，一位是他儂元帥的二女婿素維，他是哈佛博士，青年才俊。秉總理延攬他出任政府發言人，與我常相交往。後來他認爲泰國政府公務人員待遇菲薄，乃應亞洲理工學院之聘，擔任副校長，爲了校務，曾數度來我國訪問，雙方友誼更爲密切。另一位是小女兒的夫婿蘇帕海軍上將，他曾任泰國三軍最高統帥。與我國海軍上將鄒堅是好朋友，兩人在擔任駐韓武官時結識，友誼一直維繫著。蘇帕任最高統帥時，還邀請鄒堅伉儷訪問泰國，重敘舊好。

一九八八年一月十三日，蔣經國總統突然病逝，十四日是他儂夫人華誕，我前往拜壽，將此不幸消息轉告，他儂元帥至感哀傷。一月二十九日，他儂元帥伉儷偕蘇帕上將飛往臺北，參加蔣總統的喪禮，向老友行最後敬禮致哀。

四、巴博元帥

(一)賽張飛

一九五七年九月十七日，沙立、他儂、巴博三人聯合發動閃電式政變，成功之後，結爲一體，維持政權達十六年之久。他們三人在泰國歷使上扮演的角色，很像中國三國演義中的劉備、關羽、張飛三人義結金蘭，共打天下。尤以巴博元帥（Praphas Charusathian）爲人行事，很像張翼德。他儂任總理期間，巴博任副總理兼三軍副統帥、內政部長及警察總監，掌握軍政警大權，聲威顯赫。巴博的元帥府設在曼谷市萱佛丹

沈代表（右）與巴博元帥（中）暨其公子巴育中校（左一）合影

軍營內，戒備森嚴。一九六九年一月十五日，彭孟緝大使離泰前夕，巴博元帥在其官邸設宴送行，駐泰大使館高級官員應邀作陪，這是我首次與巴博元帥握手致敬。巴博身體矮胖碩壯，鼻下留有短鬚，與人閒談，笑聲中含有殺氣，使人聞而生畏。

他儂、巴博兩人聯合掌握泰國政權十年期間（一九六三——一九七三），泰國在美援支持下，經濟發展迅速，民間企業起飛，工商業鉅子爲保障自身利益，謀求業務更大發展，多與政府權威人士攜手合作，傳聞巴博一身兼任國營及民營公司董事長達五十多個，且爲法律所容許，引起學生及左傾份子的不滿。至一九七三年十月十四日，終於爆發大規模示威遊行，巴博被迫出國赴臺。當時駐泰馬紀壯大使，臨時應泰國外交部請求，經電呈政府核准。當晚巴博全家搭專機飛抵臺北，由外交部長沈昌煥接機，並安排巴博家人住在臺北郊外。次日，泰國學生聞悉巴博逃亡臺北，群集碧武里路我國駐泰大使館抗議，要求將巴博遣返，繩之以法。新聞處長屠孟箴出面解說，若非在場警察維持秩序，幾遭毆打。泰國學生團體認爲巴博應對死傷學生負責，要求政府緝兇歸案，並揚言派人去刺殺他。我政府爲了保護巴博安全，派了一班憲兵，隨身保衛。巴博住臺期間，深居簡出，不敢公開露面。

(二)遯臺潛返、引起軒然大波

巴博元帥在臺北過流亡生活三十四個月，因居家中，平日很少與人來往，祇有他的姨侄猜倉少校常往探視，猜倉是巴博夫人妹妹的兒子，留學德國，現任陸軍電視臺（第七頻道）總經理，年輕體壯，具有俠義氣質，他對巴博被迫放逐，深感不平，在泰聯絡巴博軍中舊屬，積極活動，安排巴博回國。因他常來代表處申辦赴臺簽證，與我相識。一九七六年八月初，他來告訴我，這次他去臺北，是安排巴博元帥回泰。我恐怕將本處牽入此一糾紛，勸他們不要搭乘華航班機，猜倉說：「我計劃安排巴博元帥先去馬尼拉，轉搭菲航班機回泰。」我聽他這樣說，心才放下。

八月十六日星期一清晨上班，途中遇到涂剛上校，他忙拉著我說：「泰國情報單位告稱：巴博元帥昨晚搭乘華航飛抵曼谷廊曼機場，當即由一輛平治轎車逕駛機旁，將他接走。經查華航旅客名單中，有一名旅客英文姓名是（P. Charusathian），不知 P.是巴博（Praphas），還是巴博兒子巴育（Prayu），來向本處查證。」我聽了之後，心裡曉得是巴博元帥回國了，但不敢明說，當即邀集華航駐曼谷分公司經理方善聞，到市內皇家俱樂部商談。我告訴他們說：對於泰方任何查詢，我方應回答：「概不知情」，以免引起麻煩。

我們商妥之後，用完午餐，同去機場，迎接國家安全局局長王永樹將軍。王局長在這關節眼中訪泰，我不知道有何公幹，但我內心對他此時來訪，卻感到十分沉重。平常我迎接國內來泰的貴賓，都站在停機坪前相迎。這次華航機門甫行打開，我就衝進機艙內，未即握手，我就告訴王局長說：「泰方如果問你巴博行踪，你要答覆不知道。」我陪同他下機，到貴賓室坐下，泰國中央情報廳長頌蓬立即問他：「巴博是否已回泰國?」王局長說：「不知道。」我匆忙陪同王局長搭車離去，下榻泰國接待貴賓的大旅館愛侶灣（Erawar）。

忙了一天之後，晚間八時，我又趕赴機場迎接我國參謀總長賴名湯將軍，他偕國防部特勤室主任鄧祖謀聯袂訪泰。我一走進機場貴賓室，看見泰國助理最高統帥堅塞上將也前來迎接。他拉我坐到屋角，問我知不知道巴博元帥已經回到泰國？我衹好回答「不知道」。九時三十分，泰航班機落地，我趕到機上，請賴總長對泰方詢問巴博回國事，要說不知道。果不出我所料，堅塞一見賴總長，就問他知不知道巴博回國的事。賴總長答覆的很好。他說他去印尼訪問數天，對臺北發生的事情，一概不知。我將賴總長安排住在律實他尼（Dusitthani）大酒店後，回到家已是深夜。正準備就寢，突接到王永樹局長電話，要我明晨九時陪他去拜會中央情報廳長。心想這一定不是輕鬆的禮貌拜會，才會要我陪同。

巴博元帥潛回曼谷的消息傳出後，立即引起軒然大波，總理社尼巴奠親王於十六日召開內閣緊急會議，對巴博返國應如何處理，經過四小時討論，仍然意見分歧，快近午夜時分，決定由內政部副部長沙同在電視臺上簡短說明，對於巴博已經回國的傳聞，尚未獲得證實。同時警告野心份子，勿乘機集會遊行，製造混亂局勢。

十七日上午九時，我陪同王永樹局長一行人員，前往泰國中央情報廳拜會頌蓬廳長。我們進入會議室，頌蓬廳長向我們簡報泰國當前情勢時，有點心神不在，語無倫次，我們聽不清他報告的內容重心所在。他用十幾分鐘時間，草草報告完畢，即開始問話。他說，社尼總理限令他在今天要查出巴博的下落。他問王局長：「知不知道巴博的行踪？」王局長回答說：「不知道。」頌蓬廳長又問：「巴博這個人現在是否在臺北？你應該知道。」王局長又說：

「不知道。」說完轉過頭來問我。我說：「巴博現今是否在臺北，我可以去電臺北查詢。」頌蓬廳長說，他今天下班之前，一定要查出巴博行踪，回報總理。我說明電報查詢的作業程序：「無法保證可以在今天下班前得到回電，待我獲得確訊後，我一定先向你報告。」王局長爲解決此一僵局，乃對我說：「你現在馬上回去，儘速辦理。」我這才離開會場，回到辦公室，發了一通緊急電報，請臺北外交部查明速覆。

巴博返國消息傳出後，立即引起曼谷法政大學、朱拉大學、喃甘杏大學、瑪希倫大學、藝術大學等校近萬名學生，不顧政府的勸告，在皇家田廣場集會示威，向政府提出最後通牒，限期四十八小時內，將巴博拘捕審判，同時揚言要活捉這位他們所稱的「十月十四日屠殺學生民眾的劊子手」，予以公審，使得泰國政局動盪不安。

十七日下午，我留在辦公室，等候外交部回音，覺得時間過得很慢，四時過後，還無消息。正在焦急時，電話鈴響。臺北外交部亞太司司長沈仁標打來電話說：「經查巴博已離開臺北，惟不知去向。」我問他：「倘若巴博再回臺灣，我政府是否接受？」沈司長回答說：「可以接受。」我心裡有數了。我忙將巴博離開臺北的消息，電話通知泰國中央情報廳廳長，他得悉後，甚表滿意，他說馬上去報告總理。完成這件任務後，我又掛電話給泰國助理最高統帥堅塞將軍，報告他此一消息，他甚表感激。我想到泰國外交部長必然想知道這一消息，乃打電話告訴泰國外交部副次長察萬（Chawan Chawanid），請他報告披猜部長。他獲此消息，甚感驚喜，一再致謝。我想泰王必然關心此事，又打電話給侍衛長尼蘭海軍上將，他已經下班了，電話打到他家中，尼蘭夫人說尚未到家。待他到家，尼蘭回我電話，我把巴博離開臺北的消息告訴他。他說，他會馬上報告國王。我把這一個消息，告知了泰國王室、軍、政、情治四個機關，也因爲如此，後來我與他們四方面都建立起良好的工作關係。

泰國警察當局，直到十八日，才查出巴博匿居的地點，是在曼谷拍鳳裕廷路慕七車站附近陸軍電視臺總經理猜倉少校的住寓內，大家都感到意外。國務會議立即推派四位代表：國務院副院長兼衛生部長他威空軍上將（Dawee Chullasapya），國防部長他逸上將（Tawit Seniwong）、商業部長兼民主黨秘書長喃隆（Damrong Latthapipat）、國務院秘書長尼滴博（Nittipat Chaleechan）、及自動以私人身份參加的陸軍助理參謀長（曾任助理警察總監）威呑中將，前往猜倉少校寓所探視，並與巴博商談，說明目前國內情勢對他依舊不利，爲了避免引發局勢混亂和政府倒臺的危機，希望他能顧全大局，立即動身，政府業已準備專機，送他出國。談了將近一個鐘頭，始終爲巴博元帥所婉拒。巴博說：「我出國三年，健康極壞，兩眼患綠內障，又有高血壓與心臟病，祇求留居國內醫治。如果有人控告我當年失職，我願對簿公庭，還我清白。」他又說：「我是泰國公民，在泰國土生土長，已居住六十多年之久。依據憲法，我有留居國內的權利，即使犯罪，法庭也祇能判我坐牢，而不能將我驅逐出國。」一番大道理，說得五個人啞口無言，祇好回去向社尼總理覆命。

就在泰國政府代表與巴博反覆商談之際，猜倉住所的外面，出現了緊張情況，當時在屋內談判的威呑中將，隨身帶了八名全副武裝的防暴警察，抵達後，迅即散佈在房舍四周，嚴

沈代表（左）與泰國京畿區司令育中將（右）舉杯相慶

密戒備，泰文報紙記者，揣測威吞中將的意圖，倘談判不成，便將巴博強行押走。不一會，第一軍軍長育中將是巴博一手提拔的親信，聞訊也率同三十名武裝憲兵乘車趕到，雙方對峙，情勢一度頗爲緊張。

十八日傍晚，前駐泰大使杭立武博士成國泰班機飛抵曼谷，我前往機場迎接。在此泰國政局動盪不安時刻，我國軍政要員齊來曼谷，我恐引起泰方誤會，以爲巴博返國，是出於我方主導。我陪杭大使同車駛往曼谷市區途中，將泰國當前情勢，向他說明。杭大使經驗老到，聞悉泰國將有變動，卻淡然置之，而且要我不必著急。

十九日清晨，巴博元帥回到第一軍軍部所在地萱佛丹軍營內他從前的故居裡，屋外有重兵守衛。學生們對他無可奈何，祇能在市區遊行，繼續對政府施加壓力。

十九日下午，政府派出五位更高級的代

表，先與三軍總司令磋商，聽取他們的意見，然後與巴博會晤。告知巴博：「學生的示威行動，一天比一天激烈，首都彌漫了暴力和不安的氣氛，要求他體諒時艱，儘早離開泰國。」

這五位代表，除了他威上將和他逸上將外，另有副總理兼農業部長巴曼（Pramarn Adireksarn）少將，教育部長詩里少將（Siri Siriyothin），和實業部長察猜少將（Chatichai Choonhavan）。其中他逸是民主黨，他威是社會正義黨黨魁，巴曼是泰國黨總裁，詩里是副總裁，察猜任秘書長。

這次談判的代表，都是巴博元帥軍隊中的舊袍澤，在友好氣氛中對話，終於獲得進展。巴博元帥允諾自八月二十日起，七天之內離開泰國。在這七天內，他要延醫治病。同時政府代表允諾他離泰條件有二：㈠一九七三年十月巴博出國流亡時，前總理訕耶（Sanya）的政府，限定他祇能在臺北居留，不能去其他國家。此次五位部長代表社尼巴莫政府，准許巴博今後得繼續留居中華民國外，可以前往任何國家旅行，不受任何限制，全部費用由國家負擔。㈡他回到臺北後，遇有任何疾病，均可邀他所信任的醫師，自泰國前往臺北爲他治病，所需費用，亦由政府支付。

十九日下午四時，我陪前任駐泰杭立武大使正在拜訪中華會館時，接到辦公室電話說，泰國外交部副次長察萬要到我家中談重要的事情。我忙趕回去，杭大使料到是談巴博的事，勸我不要急著處理。我不知杭大使的用意何在？但我覺得泰國目前政局瞬息萬變，我必須把握時機，善加處理，我不能坐山觀虎鬥，讓局勢變壞下去。

我走進家門，看到察萬次長已坐在客廳中，握手寒暄後，他開門見山告訴我說：「巴博已允返回臺北，他奉命前來洽談，盼我國政府仍予接受。」我答覆道：「三年前，我國政府應貴國政府請求，允許巴博元帥前往臺灣居留。次日我國駐泰大使館曾受到左派學生的圍攻，泰國政府並未出面代爲疏解。而今貴國政府又作相同請求，我國爲了解除貴國當前的困難，並表達我國對中泰友誼的重視，願優予考慮。但貴國政府須經由適當管道，提出書面正式請求。基於雙方友好合作的精神，我國政府要求貴國政府採取有效措施，保護本處及華航辦公處所及人員的安全。此次由於巴博元帥搭乘華航返國，華航已遭受到左派人士無理的指責，倘貴國再送巴博去臺，則不宜乘華航飛往，以免再發生誤會。」

察萬聽完我這番話之後說：「外交部長披猜現在國外訪問，請問由外交部副部長寫信提出請求是否可以？」我說：「祇要他是代表貴國政府提出請求就可，但貴部副部長可以寫信給我國外交部政務次長楊西崑，不能逕函我國外交部長，以維持外交禮貌。」察萬聽完，很高興離去。深夜，我赴機場送賴總長赴希臘續訪歐洲國家。回到家中，察萬已在客廳中等我許久，他見到我，就將泰國外交部副部長的請求函交給我，盼望儘速轉達，並等候回音。

大專學生對於巴博七天內離開泰國的決定，依然極爲不滿。二十日，繼續在皇家田集會示威，促迫政府立即拘捕巴博治罪。曾於一九七三年十月與大專學生並肩遊行示威的職業技術學校學生，一年前已開始與大專學生分道揚鑣，這時再也按捺不住了，一面譴責大專學生的要求過於強橫霸道，一面也在皇家田集結，聲稱支持政府的決定，不惜與大專學生對抗。

當晚大專學生感到周遭環境對他們越來越不利，乃放棄皇家田的陣地，強行侵入法政大學校園，作爲他們繼續抗議示威的地盤。

二十一日是星期六，我已將我政府接受巴博返臺訓令，轉知泰國外交部。十時許，華航曼谷經理方善聞給我一個電話說：「泰國政府派來許多軍警，包圍了華航辦公室，問應如何處置？」我對他說：「你不用怕，他們是來保護你的，你可以準備點香煙茶水，慰問他們的辛勞。」

當天下午，在法政大學門前，職技學生與師範學生聯成一氣，終與大專學生爆發流血衝突。一時手榴彈聲，塑膠炸彈聲、手槍聲、甚至輕機槍聲、響成一片。雙方交戰十餘分鐘，才爲大批警察趕來鎮壓平息。結果在法大校園中集會的學生，有兩人死亡，三十六人受傷。就在這時，以國營企業爲主的泰國工會聯盟，宣佈支持大專學生，要求政府限令巴博即日離開。工會聯盟理事長派訕揚言：如果陸軍進行政變，他們將發動全國大罷工予以對抗。

這時，社尼巴莫政府爲了防止學生流血衝突進一步擴大，以及局勢的進一步惡化，乃再促請巴曼少將與察猜少將第三度與巴博元帥商談，並請第一軍軍長育中將從旁勸解，巴博這才同意提前於二十二日星期天飛往臺北，由泰國政府派專機及大員護送，以保障他的旅途安全。

泰國當前局勢，外有越共大軍壓境，內有泰共顚覆活動，曼谷學生遊行示威不斷，工人罷工迭起，人心惶惶，政局危殆。我妻決定送小兒女赴美讀書，二十二日下午搭華航啓行。

一面要安排妻小遠行，同時要處理巴博返臺，心情甚為沉重，乃請涂剛兄與助理最高統帥堅塞上將保持聯絡，隨時掌握泰國政局的變化。上午十時，涂剛拿來巴博元帥及其家人的護照，申領我國簽證，決定下午啓行，我請領務組同仁臨時加班，當即辦妥送還。

中午，我在金麒麟餐廳為妻兒餞行。涂剛兄來說：巴博元帥曾於二十二日上午十一時，往集達叻皇宮晉見泰王蒲美蓬辭行。國王嘉勉巴博以國家安定為先，暫至國外躲避風雨，俟局勢安定，即可回國。由於國王的德望與感召，巴博出宮後隨即於中午十二時十五分啓行。行前，曼谷軍用機場擠滿了送行的人潮，其中包括政要、三軍將領、親友及新聞記者，場面熱烈，與其悄然歸來，形成強烈對比。專機升空後，我獲知有國防部長他逸、實業部長察猜及春蓬警察副總監等人隨機護送，當即電告外交部，待專機飛抵臺北時，請對機上護送要員，酌予禮遇。沈昌煥部長得悉，曾往機場迎接，僅巴博與家人下機，護送人員隨原機飛返曼谷。經歷這場風波，我從中學習到如何處理外交緊急事變。真是不經一事，不長一智，我辦理外交有了這次經驗，更增長了信心。

㈢巴博成為中華民國的真正友人

從巴博返國這次風波演變看來，無論是在泰國政府、在國會、在三軍、在民間，他依然有相當眾多的擁護者。泰國政府在處理這次危機中，我一直與三軍助理最高統帥堅塞將軍保持暢通管道，密切配合，使得危機順利化解。堅塞對於本處與他合作，甚表滿意，特於八月二十九日星期天，邀我到他郊外的家中晚餐，親自下廚，烹調美味。這是我第一次與他共餐，從此之後，我與他交往密切，建立了良好的友情。

泰國當局對巴博回國之所以如此驚懼，是害怕軍人趁機政變，而影響現政府及國會的地位，所以民主黨中大員不惜借助左傾及好戰的學生示威，以逼迫巴博重行出國。八月十九日眾議院開會時，民主黨議員六十四人聯名提出議案，要求巴博迅即離開，其他三個執政黨議員沒有一人參加。可見在政府與國會中，遇有如此重大問題，四黨聯合內閣仍難齊心合力，使人對現政府地位是否穩固，頗感疑慮。

巴博、他儂兩人先後返國，引起曼谷滿城風雨。十月五日，左派學生在法政大學集會示威，演街頭戲，焚燒皇太子芻像，激起右派分子及職技學生憤怒，衝入校園，相互鬥毆，政府派軍警衝入，逮捕左派學生。十月六日，軍人宣佈政變，接管政權，左派人士及反政府學生紛紛出國逃亡，躲避風雨，有的潛入山林，參加泰共活動，政局之混亂達於極點。

十月十一日，曼谷又盛傳巴博元帥回泰的消息，我聽到半信半疑。這時巴博在臺北，得知泰國軍人政變成功，認爲是他回國的好時機，遂將他要回國的訊息透露出來。十月十二日下午六時三十分，堅塞將軍約我至最高統帥部晤談。他告訴我：「此時泰國局勢尚未穩定，巴博倘在這時返國，會引起左派分子反彈。」盼我將此訊息轉達，請我政府派員勸說巴博，待時局安定後，再行回國。我把此一訊息，電告外交部，沈昌煥部長請楊西崑次長去勸巴博這時不要回國。巴博聽到甚爲不悅。他說：「我這時亡命在外，已是一介平民，回國不會有何影響。」楊次長說：「就是因爲你是泰國三軍元帥，在泰國軍隊中深具影響力，所以盼望你不要在這風頭上回國，待局勢稍爲穩定後，泰國軍方會派員迎接你回國。」

十一月十三日傍晚，堅塞將軍約我到他家中晤談。他說：巴博元帥急於要回國，他想去臺北，親自勸說他此時不能回泰。堅塞這時已是政變中的核心人物，我乘此機會，邀他偕同家人訪臺。他首肯後，我報准政府同意。十一月十五日下午二時五十分，我陪同堅塞伉儷及男女公子搭華航啓程，晚間十時抵達臺北機場，外交部沈部長、楊次長、前駐泰大使馬紀壯及參謀總長宋長志均來迎接，由沈部長陪同，住進圓山大飯店，並與堅塞密談半個小時。堅塞說明泰國目前及其來華任務。

十六日早起，我陪同堅塞全家在飯店用早餐。他說：「行前匆忙，忘帶眼鏡。」早餐後，陪他到博愛路配付眼鏡。九時三十分，堅塞去看巴博元帥，向他報告泰國此次政變經過及政局尚未穩定情況，盼望巴博一定要在明（一九七七）年一月三日皇太子婚禮之後，方能成行。巴博獲此明確保證之後，也就安心再住下去。

中午，經濟部長孫運璿部長在圓山飯店設宴歡迎堅塞上將，席間談及中泰雙方經濟合作問題。下午二時，禮貌拜訪行政院蔣經國院長。四時，拜會國防部宋參謀總長，當晚由外交部沈部長設宴餞行。堅塞此行，受到我方熱烈歡迎，圓滿達成任務，筵席間放懷暢飲，賓主盡歡。十七日清晨八時四十五分，他遂搭機回國。我則留在臺北，參加十一月二十二日外交部召開的駐外使節會議。會中，我報告泰國當前情勢及十月六日軍事政變的經過，說明泰國

沈代表（左）與巴博元帥（右）成了好友，相見甚歡

軍人執政後，對今後中泰關係將有良好的發展。

一九七七年一月八日，我獲悉巴博元帥將於當天下午搭華航班機返泰，乃於清晨八時，往見堅塞，告知巴博返泰訊息。堅塞說：「我將預作妥善安排，這次不會引發問題。」巴博元帥悄然回到家中，未有引起外界注意。他隱居元帥府中，過了一段時日，才開始與人來往。我常陪同國內來的政要去拜望他，他都熱情接待。他常說：「我在落難時，臺灣救了我。我有生之年，將會做些有利中華民國的事情，以圖報答。」從此之後，巴博元帥成爲中華民國的眞正友人。

五、堅塞總理

㈠足智多謀是政變靈魂人物

一九七五年十一月二十三日，泰國最高統帥部參謀長堅塞將軍約我到他的家裡晚宴，這是我初次與他見面。我偕館員華瑞士同去。途中，華兄告訴我說：「堅塞將軍是一位反共謀略家，對我國甚爲友好。在我國兩次撤回流落緬甸孤軍時，他代表泰方給我方許多協助，對於留在泰北的三、五兩軍官兵，他也作了妥善的安排與照顧。他對於克立巴莫政府與中共建交表示不滿，及至獲悉我國派來代表，爲了表示歡迎，特邀請我吃飯。」我和堅塞雖是初次見面，由於立場相同，話談得很投機。

一九七六年八月十五日，泰國軍事強人巴博元帥由臺北潛回曼谷，引起軒然大波，政局動搖。堅塞時任助理最高統帥，在處理這次風波中，他扮演重要的角色，過程中，我與他密切配合，順利地送巴博回臺，解決了問題，贏得他對我的信任。

當時泰國左傾勢力氣焰高漲，政府任何措施，倘遭「大專學生中心」反對，便無法實施。社會混亂，人心不安，學生不斷遊行示威，工人罷工迭起，激起一般市民反感。愛國志士紛紛起來組織民間愛國社團。最著名的有紅牛黨（Red Gaurs），是從「大專學生中心」分裂出來的右派職技學校的學生。鄉村童子軍（Village Scouts）是愛國民眾的結合，立場反共，擁護王室。新力量運動（Nawaphon）是社會精英的組織，以擁護「國家、宗教、國王」爲號召。這些興起的民間社團，後面多少獲得泰國王室與軍警的支持。

一九七六年十月初，大專學生因反對他儂返國而掀起的風潮達於極點。四日，學生在法政大學校園集會示威，公演諷刺劇，一名學生扮成皇太子以繩繫頸，吊在樹上，施加殛刑。五日，曼谷各大報紙，刊出焚燒皇太子芻像的照片，群情譁然。軍中電臺廣播，號召愛國人民團結起來，「消滅共黨」。紅牛黨的職技學生及鄉村童子軍在泰國五世皇銅像廣場聯合圍攻法政大學校園，相持不下。當警察趕來鎮壓，將法大包圍時，左翼學生首先發彈向外射擊，於是雙方混戰，死亡四十一人，受傷百餘人，警察衝入校園，強令滋事學生脫掉上身衣服，趴在地上，不許擡頭，一一予以逮捕。未被逮捕的左翼學生，聞風逃亡國外，有的潛入深山，參加共黨顚覆活動。

一九七六年十月六日下午六時，泰國最高統帥沙岳海軍上將（Admiral Sa-ngad Chaloryn）領導政變，宣佈戒嚴、廢止憲法，解散國會內閣及政黨，成立行政改革委員會，接管政權。泰國陸海空三軍，以陸軍最強，海軍次之，空軍人數較少。每次軍事政變，多以陸軍爲主，而且必須獲得曼谷第一軍區司令的支持，始能獲得成功。所以實際策劃這次政變的是陸軍助理最高統帥堅塞上將。七日早晨，他約我到最高統帥部去看他。當我走進堅塞的辦公室，赫然看見第一軍區司令育中將（Lt. Gen. Yos Thephasdin）因一夜調動軍隊未眠而仍高臥在堅塞狹小的辦公室中的地板上。這時堅塞神情自若，告訴我政變已成功。

當天行政改革委員會宣佈成立，二十四名委員，清一色是陸海空警的高級將領。最高統帥沙岳任主席，副統帥甲蒙空軍上將（Kamol Dejatunkha）任副主席，助理最高統帥堅塞任秘書長。行政改革委員會接管政權之後，政府一切施政，完全操在堅塞手中，他顯然是這次政變的靈魂人物。

(二)支持他寧組織文人政府

沙岳宣佈接掌政權的同時，即強調此次政變，旨在維護國家、宗教與王室。過去泰國每次政變。都是由革命團領袖出任總理，他說：他本人絕無爭奪政權的野心。遂於十月八日飛往清邁，晉見蒲美蓬國王，報告這次政變經過，呈請國王任命新總理。國王對沙岳所提出的人選，沉默不語。最後開示：「清邁法院最高法官他寧（Thanin Kraivixien）爲官公正廉明，

沈代表（中）與他儂元帥（右）及堅塞總理（左）在酒會中歡談

可堪重任」。當天沙岳飛返曼谷，告知行政改革委員會，發表他寧爲國務總理，授權組織文人新內閣，並草擬新憲法。

他寧係一名不見經傳的法官。當泰王任命他寧爲國務總理時，泰國一般民衆很少知道這個人。十月十二日下午三時，我去最高統帥部拜會堅塞上將，他因政務繁忙，請我在會客室稍候，見來往人員繁忙異常，不久突然感到周圍人員緊張起來，原來是革命團領袖沙岳上將走了進來，矮胖身材，穿著海軍戎裝，後面跟著大批隨扈人員。接著走進來一個文人面貌清秀，沒有人理睬。接待我的侍衛官對我說：「這個人就是新任總理他寧。」我在這裡清楚觀察到，泰國的眞正的權力重心是在誰的身上。我走進堅塞辦公室，迎面遇到泰國貿易院長歐布（Ob Vasurat），堅塞告訴我，歐布將出任行政改革委員會商務顧問，後來他出任堅塞內閣的商務部長。這時堅塞是革命團的核心人物，前來請見的人很多，大家都競相奔走於權貴之門。

他寧係一位反共學者，對共產思想及共黨陰謀有深刻的研究與認識。當他就職之日，他公開宣佈：「不會做一名傀儡總理，亦不聽從軍人的任意指揮。」他有自己一套施政方針，明確標榜：⑴反抗共黨，⑵清除貪污，⑶肅毒，⑷消滅貧窮，⑸建立廉能政府，不容官吏欺壓人民。他的建國計畫分爲三個時期，猶如國父孫中山先生的建國大綱分爲軍政、訓政、憲政三個時期。每一時期訂爲四年，共十二年，循序漸進，達成眞正的民主政治。十月二十二日，同時宣佈新憲法與新內閣。十一月二十二日，宣佈成立改革議會，原先設立的行政改革委員會改爲總理的顧問委員會，僅主管國家安全事務。實施行政、立法、司法三權並立制度，推行首四年的軍政民主。

他寧總理上臺之後，對內採取堅強的反共政策，雷厲風行，清除共黨在泰國的勢力，逮捕全國共黨潛伏分子及左翼學生千餘人，封閉中泰文左傾報紙及電臺，沒收共黨宣傳書刊二百餘萬冊，凡是俄共、中共、越共、棉共、寮共及古巴等共黨國家的國徽、黨徽、國旗及元首的照片，全部視爲非法物品，予以沒收，並陳列在國防部前面的廣場上，公開展示，讓市民參觀。我曾前往察看，見有許多中共的宣傳書刊，包括毛澤東語錄和照片及周恩來傳等書刊，還有中共的五星旗，也被視爲違禁品，同場展出。中共駐泰大使柴澤民要求晉見他寧總理不成，曾向主管宣傳的政務部長律實（Dusit Siriwan）提出抗議說：「中泰兩國現已建立正式邦交，貴國政府竟視敝國毛主席玉照及五星國旗爲違禁品，教我在泰如何自處？」這位新任的宣傳部長，初出茅蘆，年輕氣盛。他回答的很妙：「你不要相信共產黨就好了。」律實是他寧的得意學生，能言善道，出任部長時才二十幾歲，後來他成爲我的最好朋友，這段趣聞是他親口告訴我的。

他寧新政府成立之後，進行各項行政改革，大刀闊斧，舉措明快，一掃泰國社會上過去的頹風陋習，左翼學生消聲匿跡，工潮平息，政爭停止，犯罪率減少百分之三十至五十，經濟復蘇，股市及地價上漲，市場活躍，人心振奮，足見他寧政府的新政措施，已贏得朝野普遍的支持。

㈢差叻政變失敗

泰國陸軍分為元老與少壯兩派，一九七六年十月六政變後，二十四位高級將領所組成的國家行政改革委員會，接管政權，少壯派軍人未能分享一杯羹，深感不滿。一九七七年三月二十五日深夜，陸軍中不滿現實的一部份少壯軍官，由陸軍副總司令差叻上將（Chalard Hirunsiri）領導，派兵佔據最高統帥部，同時佔據民聯廳中央廣播電臺，對外宣佈政變。二十六日清晨，堅塞上將得知政變訊息，即與陸軍總司令森上將（Serm Na Nakhon）及助理總司令育上將密商，潛入曼谷衛戍師師部軍營，臨時成立反政變指揮中心，指令電力公司派員把中央電臺的電源切斷。政變團對外不能廣播，無從號召群眾響應，聲勢大減。這時堅塞上將隻身進入最高統帥部與政變領袖差叻上將當面談判，勸他投降。

我在當天午後，獲知泰國政變消息，生怕惹上麻煩。下午五時，我偕妻去江浙會館，參加總幹事許湧奎的長女于歸喜宴，婚禮尚未結束，我收到中華航空公司機場經理維蒙（Vimol）打來電話說：「堅塞要我前往反政變指揮中心面談要公。」我當即回答說：「你可以去，你是泰國人，堅塞有任何吩咐，你可以轉告我，在外面辦理。因我是外交官不能去，不宜捲入駐在國的政爭糾紛之中。」維蒙勇於任事，他立即進入軍營，面見堅塞。堅塞說：「我已和差叻談判成功，差叻同意出國。經查現在廊曼機場上祇有華航一班機，我要送差叻上機去臺北，請我方同意。」我被告知後，當即答覆說：「泰國人赴臺，一定要有我國的簽證，航空公司始能准許其登機。泰國政變領袖赴臺避難，必須事先獲得我國政府同意，本處始能發給入境簽證。」我答覆堅塞之後，立即掛長途電話向臺北外交部沈昌煥部長請示。因爲泰國政變消息傳了出去，曼谷臺北間電話幾完全被佔用，許久打不通。正在慌忙不知所措的時候，沈部長親自打來電話說：「臺北又不是泰國政變領袖的避難所，我國政府不能同意泰國政府送差叻上將去臺北避難，訓令，我告訴華航，拒絕差叻登機。」我將這一訓令通知華航曼谷分公司經理方善聞，這時已是夜晚九點多鐘。方兄說：「堅塞上將親自押解差叻到達廊曼機場，強令差叻登上華航班機。機場經理維蒙辦事甚爲機警，在登機之前，他爲了全機旅客安全，依照機場規定，要求對差叻及一名侍衛官作安全檢查，從他們兩人身上各搜出一把手槍，他們攜帶的手提箱中，全是美金，據說是堅塞臨時從銀行調出的頭寸，供差叻出國作生活費用。維蒙把兩把手槍扣留，全部美金由他們帶上飛機。」這時堅塞強迫華航起飛，維蒙說：「他們須向臺北總公司請准始能起飛。」方經理把外交部不准載差叻赴臺的訓令告知在機上的駕駛員李經倫，李駕駛員非常勇敢，當機獨斷，向旅客宣佈：「飛機引擎發生故障，須待修復後始能起飛。」他在四周警衛人員看不見的黑夜中，從機窗中用繩索溜了下來。機上因無冷氣，全部旅客久坐都忍受不了，一時鼓譟起來，空勤人員又不敢說明事實，祇有忍受旅客的指責。到了夜間十一時許，機場經理接到臺北總公司電報，說明我國不接受差叻前往臺北避難，在差叻未下機前，該班飛機不得起飛。維蒙拿著這份電報給堅塞，堅塞看後，不能再強令起飛，這時他帶著衛兵親自走上飛機，把實情告訴了差叻，要差叻下機，差叻不肯，衛兵上前強迫把他帶走。所幸這時差叻身邊已經沒有武器，否則將會發生危險。

午夜之後，華航方經理來電話說：「這班飛機已經起飛，明日清晨可飛抵臺北。」我這才放下心來。正準備就寢，突然電話鈴聲響起，不禁一驚，怕又發生了甚麼波折。原來是英文曼谷郵報記者前來查詢，差叻是否已隨華航飛往臺北，我據實告訴。次日，曼谷所有報紙都以頭條新聞，報導差叻已經去了臺北，祇有英文曼谷郵報獨家報導說：差叻被押回軍營看管。

次日上班，我得知這班客機平安飛抵臺北後寫了一份報告，簡述處理泰國這次政變的經過，其所以能順利解決這次風波，實賴華航曼谷分公司經理方善聞鎮定處理，機場經理維蒙應變有方，駕駛員李經倫勇敢決斷，始能化險為夷。報請外交部轉知華航總公司，分別酌情予以嘉獎。

㈣堅塞與他寧失和

他寧總理出身法界，爲一堅守原則而缺乏政治經驗的學者，當軍人捧其上臺之初，他即秉持其反共理想，大刀闊斧實施改革，一時人心振奮，政敵側目，逐漸對軍人政變團的顧問意見，置若罔聞，因而導致他寧的文人政府與沙岳的軍人政變團的對立。

差叻政變失敗，堅塞上將曾承諾保證其生命安全，請求政府予以寬赦。他寧總理堅持對政變首犯，觸犯國家大法，必須嚴加懲處。以警傚尤，遂下令將差叻處以極刑，此爲政變迭起的泰國從來沒有的事，因而引起他寧與堅塞兩人意見的嚴重衝突。

一九七七年十月一日，堅塞上將依序應遞升最高統帥，聞他寧有意從中作梗，使兩人已經形成水火的關係，更是火上加油，不能相容。堅塞就任最高統帥之後，軍人政變團即開會要求文人政府改組，指名內政、交通、政務部長等必須去職，而他寧總理堅決拒絕，軍人集團遂於十月二十日宣佈政變，廢止憲法，解散內閣與國會，收回政權，他寧政府隨即垮臺。

這次政變團首腦人物，即為上次政變的全班人馬，所不同者，上次政變團的領袖為海軍上將沙岳，而這次政變團的領袖已改為堅塞陸軍上將，沙岳降為政變團的名義領袖。上次政變之後，由文人出組政府，陸軍中之將校軍官，不僅未能分享到政變果實，反而受到文人政府整肅貪污的壓力，致陸軍中少壯派怨懟不滿，認為沙岳海軍上將不足以領導陸軍，乃暗中醞釀，意圖擁戴最高統帥堅塞、陸軍總司令乃森（Serm na Nakhon）及副總司令育領導政府。及至十月二十日政變成功，少壯派軍人遂起而迫使沙岳海軍上將去職（沙岳原任他寧政府的國防部長），經堅塞上將從中斡旋，沙岳海軍上將保持其政變團領袖名義，軍政實權遂落於堅塞一人手中。

(五)出任總理

堅塞上將獲得政變團一致支持，出任總理，全權組織內閣。新政府於一九七七年十一月十四日宣佈成立，堅塞上將以三軍最高統帥出任總理，兼任內政部長，集軍政大權於一身，

沈代表（左）拜會堅塞總理（右）

內閣閣員共爲三十三位，均爲其一手所選任，自可指揮裕如，無人敢拂逆其意。

堅塞政府成立之後，爲爭取民心及國際支持，首先宣佈次年舉行大選。實行民主，並選任三百六十名議員，成立臨時國會。經他選任的國會議員中，百分之五十一・六五爲三軍軍官，其聽命於政府，無庸置疑。而且臨時國會既無質詢權，亦無權提出法案，更不能對政府行使不信任投票，僅可通過政府交議的立法案件，以及起草新憲法而已。

堅塞政府之施政方針，與他寧政府大相逕庭。他寧政府對內對外標榜反共政策，而堅塞政府絕口不談反共，對外力主和解，走中立路線，其目的在謀求與越、寮、棉三鄰邦和解，期使印支共產國家減緩對泰國邊境之武裝侵擾與滲透。爲達成此項化敵爲友的政策，堅塞政府企圖利用蘇俄與中共從中拉攏說項，使泰越恢復邦交，高棉停止對泰砲火攻擊。

堅塞政府的對內措施，首圖療治他寧政府的政治創傷，其中如宣佈大選，特赦叛亂罪犯，開放報紙言論及改善勞工福利等，目的就在製造民主氣氛，以團結全國民心士氣。至其施政重點，則在於加速經濟建設，改善人民生活，以消除共黨叛亂之根源。

堅塞誕生於一九一七年十二月十七日，泰國皇家軍校畢業後，參加軍旅，他曾率泰國一支勁旅，參加韓戰，在朴卡山（Pork Chopttill）戰役，以英勇著稱，贏得榮譽，與美方建立良好關係。凱旋回泰，參加邊境委員會工作，與馬來亞及緬甸等鄰邦高級將領商談合作，維持邊境安全。具有政治才華，聰明睿智，足智多謀，肆應敏捷，絕非一介武夫可與相比。對泰國當前的艱難局勢，尚能權衡利害，掌握運用，領導軍民，奮鬥圖存。

堅塞上臺之初，企圖利用美、蘇、中共及越共四方面的衝突，在夾縫中苟安圖存。這時中共爲抵制蘇聯及越共勢力向東南亞擴張，乘機施展伎倆，多方向泰國示好。堅塞總理爲達到其在外交上的運用，進一步和緩國際共黨對泰國的壓力。他於一九七八年四月間應中共邀請，訪問北京。當他與中共中央書記鄧小平晤談時，堅塞說：「我們兩人都是軍人出身，有話直說，勿需外交辭令。中泰兩國建交之後，已是友邦，中國不能再支援泰共從事叛亂活動。」鄧小平矢口否認中共支援泰共。堅塞進而問道：「中共既不支持泰共，爲何在雲南境內設有泰語電臺，每天向泰國廣播，宣揚共產主義，鼓勵泰人反對政府」。鄧小平爲之語塞，允關閉該電臺，停止泰語廣播。惟鄧小平趁機要求泰國停止與中華民國發生官方關係。堅塞答道：「你是我的新朋友，臺灣是我的老朋友，我不能因爲交了你這個新朋友，便與我的臺灣老朋友斷絕來往。」基於禮貌，堅塞總理當面邀請鄧小平訪問泰國。鄧小平遂於同年十一月間訪泰，自是之後，雙方人員互訪頻仍，相互利用之關係，亦逐漸加密。

㈥中泰農業合作

堅塞出身農家，深知泰國農村人民疾苦，他任最高副統帥時，曾發動軍人，參與農村發展工作，教導農民飼養豬牛，增加收入，並組織社區發展隊（Community Development Units），協助鄉村修路掘井，改善農民生活。他自己對農業有深厚的興趣，並有廣泛的知識。

一九七七年五月十三日，我陪同堅塞二次訪臺，當天晚間，外交部沈昌煥部長在臺北賓館設宴歡迎，開席之前，沈部長曾與堅塞密談一小時，堅塞請求我方選派農業專家，協助泰國發展農村經濟。他又聽說臺糖公司豬種優良，請我國提供母豬種三百頭，以供向泰國農村推廣，沈部長均慷慨允許。

堅塞在臺訪問三天，分別拜訪參謀總長宋長志、退除役官兵輔導委員會主任委員趙聚鈺及國家安全局局長汪敬煦等政府首長，十五日是星期天，我曾陪同堅塞伉儷及男女公子遊覽陽明山，欣賞風光。堅塞對山上青翠的松柏甚爲讚賞。十六日，返回曼谷我方購買柏樹三棵，種在堅塞庭院內，作爲此行紀念。

①設立種豬場

堅塞上臺之後，我曾多次與他商談設立種豬場計畫。他決定豬場設在北柳府一塊廣闊的農地上，有現成的豬舍及水塘，指定內政部主任秘書魏拉博士（Wera Weesakul）負責執行，希望我方提供一名養豬專家指導養豬技術。我得知農復會養豬專家余如桐博士應泰國卜蜂公司之聘，現正在曼谷發展養豬事業。我乃和他情商，利用週末假期，在養豬技術上從旁指導。余博士徵得卜蜂公司董事長謝正民及總經理謝國民兩兄弟的同意，應允協助。一九七八年四月十六日上午九時，我約同余如桐及維拉兩位博士前往北柳養豬場察看，車程約一小時到達，余博士對豬場各項設施甚爲滿意，並指導在豬場週邊空地，種植牧草，可作豬食，減少飼料，池塘可以養魚，豬肥尚可作爲堆肥及發電之用。

外交部向臺糖公司購買優良豬種三百

堅塞總理（右二）偕夫人（右四）與沈代表（右三）及我國畜牧專家余如桐博士（右一）歡談

頭，於一九七八年四月二十五日，包用華航專機一架運送，上午十時三十分，抵達曼谷軍用機場。我事先通知魏拉秘書，屆時調派大卡車前往接運。此事尚在保密階段，我一早獨自趕往機場，專機到達後，將三百頭母豬卸下，尚未見魏拉踪影，也未見有卡車派來接運。四月是曼谷最熱的天氣，母豬搭乘專機，享受冷氣，突然從飛機上卸下，如同把它投入火中，群豬嘶叫，有的跳到地下亂跑，我獨自一人在場照料，慌了手腳，只得跑到路邊攔阻貨車，但是沒有車輛停下，直至午時，魏拉派了他的女秘書前來，才調動車輛把三百頭母豬運往北柳豬場，我這才鬆了口氣。

下午回到辦公室，打開英文曼谷郵報，看到頭版一則加框消息說：「中華民國贈送優良種豬三百頭給堅塞總理，訂於今日空運抵達曼谷機場。」我不禁吃了一驚，是誰洩露了這條秘密消息。未久，堅塞總理打來電話，要我立刻到他家面談，我心想一定這件事出了問題。見到堅塞後，果不出所料，堅塞拿報紙給我看，問是誰透露了這則消息。我回答說：「我為了保密，自始至今，沒有讓我辦公室內的任何人知道這件事，我可以保證絕不是我方透露這消息。而且從新聞處理方面來看，曼谷郵報把這則簡短新聞加框在頭版發表，足見是有心人透露的，目的顯然是在打擊你的聲譽。」堅塞應變能力非常靈活，他對外宣佈說：這是泰國軍方向我方購買種豬三百頭，以便向農民推廣養豬工作。從此之後，我常和余如桐博士利用週末前往北柳，看顧母豬場發展情形，希望中泰這項合作計劃，能以順利進行，獲得良好的成果。同時遇到問題，我也常去看堅塞總理，商討解決辦法。時間久了，我對養豬技術，也有了一知半解，和堅塞總理及其部屬和親信，慢慢的也建立了良好的友誼。

②發展泰國農業方案

堅塞上將於一九七七年五月訪華，外交部沈昌煥部長設宴，特邀中國農村復興委員會主任委員沈宗瀚作陪，席間，大家看到宗瀚先生身體健旺，詢問他的養生之道。宗瀚先生說：他平日勤練中國功夫太極拳，得益甚大。堅塞問他甚麼是中國功夫？沈先生站起來表演一套，露了一手，堅塞大爲讚賞，當場邀請沈宗瀚主任委員訪泰，替泰國農業發展把把脈，研擬一套發展農村計畫。

一九七七年五月二十九日，沈宗瀚主任委員伉儷偕同秘書長王友釗抵泰。次日往晤堅塞，堅塞請他們先到各地視察農村情況。六月一日，我陪同沈宗瀚夫婦一行飛往清邁，上山參觀蒲屏王宮，沈老見到宮庭花園內玫瑰花盛開，碩大嬌豔，繽紛雜陳，手捧著鮮花親吻，透露出其純眞天性，逗得我們一行人哈哈大笑。順道我們也參觀大埔農場及清邁農業大學。從清邁歸來，堅塞上將在家設宴歡迎。席間，沈主任委員講述中國農村復興委員會發展臺灣農業的經驗。堅塞聽了之後，甚感興趣，請求我國選派幾位有經驗的農業經濟專家，前來泰國住一段時間，替泰國研擬一套發展農業方案，以供其採擇施行。

堅塞總理想要發展泰國農業，須先解決農民的土地問題。我曾向他解說臺灣實施土地改革的經驗，第一步實施三七五減租；第二步實施公地放領；第三步實施耕者有其田，以國有企業的股權收購地主的土地，分配給自耕農，農民有了土地，產量增加，地主有了資金，工業獲得發展。堅塞聽了之後，請求我國選派專家，前來指導泰國實施土地改革。經呈報外交部，部方邀請土地改革研究所所長沈時可夫婦，於一九七八年七月二十八日來泰，受到泰國土地改革局在臺受訓學員熱烈歡迎。當晚我在家邀請沈所長與泰國土地改革局秘書長榮隆（Yanlong Atansts）晚宴，商談沈所長訪問日程。次日，沈時可所長前往清邁各地考察一週，七月四日，我陪同他去拜會堅塞總理，談論如何改革泰國土地問題，堅塞甚感興趣，表示邀請沈所長再來泰國，作長期研究，爲泰國研擬一套土地改革方案。

外交部商請農業發展委員會主任委員李崇道，偕同秘書長王友釗、水利專家章元義、地政專家沈時可，及農經專家張奉德、毛育剛等人於一九七九年初來泰考察農業。堅塞總理甚表歡迎，特請他們住曼谷素坤逸路他自己新建的住宅，由我安排他們的起居生活。將我家燒得一手很好的中國飯菜的女工阿英，送去替他們洗衣煮飯，照料他們的生活。堅塞指派一位農業專家，陪同李主任委員一行先飛至清邁，由軍方提供一架直昇機，飛往芳縣宗通農場考察，由我國派駐在農場的專家鄭希焜，說明該農場是泰國軍方的一個示範農場，目前需要農機操作與修護的技術人員，以及農場經營與規劃、雜作的育種與推廣和排水設施規劃與改良等專家，鄭希焜是一位優秀的農技人員，做事勤快，爲人平和，深得泰國軍方上下的信任，對中泰農業合作貢獻甚多。

一九七九年一月十二日，我陪同李崇道主任委員飛往泰北山區，參觀泰王發展山區農業計畫，我們到達安康農場，觀察溫帶果樹的栽培成果並參觀磅達種苗繁殖中心及茵他暖推廣站。當晚泰王在蒲屏行宮設宴歡迎，席間談及臺灣農業發展的經驗，以及發展泰北山區農業的成績。泰王談話興致甚濃，與章元義先生交談農田水利問題，笑語不斷。散席之前，皇后分贈每人玫瑰花一朵，大家興高彩烈的握別。

十四日清晨，我們乘直昇機從清邁起飛，飛臨蒲美蓬大水壩上空，巡視一週，看到水壩蓄水遼闊，惟下游水渠尚未完竣，有些地方尚不能引水灌田。繼飛至中部農業推廣站，聽取農政官員報告中部農業情況，相互交談發展農業問題，在此午餐後，續向南飛，到達信武里府，參觀我國農業專家前在這裡舉辦的農田規劃與稻作生產。當地農政官員引領我們實地查看，得知已經規劃好的大面積農田，產量大增，惜因中泰斷交，我國已將派來的專家調回，正在進行的農業改良計畫，隨之停頓，泰方未能繼續進行，至為

我國農發會主任委員李崇道博士（右二），應泰國堅塞總理邀請訪泰，與沈代表（右一）合影

可惜。我們飛抵曼谷，已是萬家燈火。經過整天搭乘直昇機飛行，大家都有點疲累。

十五日上午，我陪同李主任委員去拜會堅塞總理，說明我們這次考察泰國各地農業情況，堅塞至表感謝，要求各位專家代爲研擬一套發展泰國農業整體方案，以供施政參考。並指示泰國有關單位，密切配合，提供所需一切資料。李主任委員說明這次訪泰，是臨時應邀前來，在此考察一週，已對泰國農業概況有了初步瞭解，國內本身業務尚待處理，須先回國，稍待時日，將派員來泰作長期停留，研擬泰國發展農業計畫，提供採擇施行。

沈代表（左）與堅塞總理（右）球敘

十六日下午，李崇道主任委員先行返臺，王友釗秘書長偕章元義、張奉德於十八日返國。留下沈時可及毛育剛等人，繼續在泰搜集有關資料。

三月十七日，張奉德再度來泰，我陪同他們會見泰國農業合作部長皮瑞達（Prida Karnasut）。皮部長是漁業專家，經他全力配合，我國專家所需任何資料，農業合作部無不提供。我國農業專家們經兩個多月研究探討，爲泰國農業發展草擬一套完整的方案。王友釗秘書長於三月二十六日趕來曼谷，對此草案作最後修訂。二十九日，李崇道主任委員再度來泰，逐一商討全案內容，才算完成。李主任委員於三十一日上午拜會堅塞，將他們研擬的泰國農業發展方案，獻給堅塞總理，堅塞如獲至寶，深爲感激。李主任委員一行人員完成任務後，於四月一日離泰返國。

一九七九年初，泰國政府頒佈新憲法，四月廿二日舉行大選。依照新憲法之規定，參院議員二百二十五人，由政府提名，眾院議員三百零一人，由人民投票選出。參眾兩院聯席會議，推選堅塞上將組織新政府。五月十三日，內閣組成，堅塞出任總理，兼財政暨農業合作兩部部長。他的農業施政方針，完全以我國專家們所擬的泰國農業發展方案爲張本，普獲泰國農業部僚屬的讚許。

堅塞在位期間，雖想大力發展泰國農業，但成效不彰。據我外行人的粗淺觀察，認爲中泰國土民情不同。第一，泰國全年天氣炎熱，土地肥沃，水資源充足，在我國專家看來，稻作一年可以三熟，但泰人認爲，一年一次之稻米收穫量，全國人已吃不完，外銷市場不大，如果一年種三季稻，米量收成倍增，則穀賤傷農，並無好處。第二，泰國大部分土地，操在王族、高官、富豪手中，實施土地改革，必然遭到地主的反對。第三，泰人生來衣食不慮缺乏，窮人全年祇需一襲紗龍蔽身，每天以糯米飯糰團蘸上辣椒粉糊口，在炎熱酷暑中，無人願意流汗打拼。縱使政府分配耕地予農民，多數農民仍可靠天吃飯，無需提高生產力。

③農業品種改良

亞洲各國在臺南縣郊區設立一所亞洲蔬菜中心，由我國提供辦公房舍與廣大土地，從事研究蔬菜品種改良與培育技術，由蔬菜品種專家歐利博士（Dr. Roley）主持，該班訓練各國送來的技術人員，回國從事蔬菜品種推廣工作，極著成效。泰國原是會員國之一，一九七五年中泰斷交後，即與亞洲蔬菜中心中止關係。堅塞總理於一九七九年兼任農業合作部長，對於農業品種改良工作甚感興趣，經我向他說明此事經過後，他立即批准泰國恢復與亞洲蔬菜中心的關係，承諾提供會員國應付的經費，允許泰國派農技官員前往臺南受訓，並核准泰國農業大學校長前往開會。從此之後，雙方交往日見熱絡，亞洲蔬菜中心派有一位蔬菜品種專家楊查禮，常駐泰國指導蔬菜品種的改良與推廣工作，對發展泰國農業貢獻甚大。

我國農業專家鄭希焜，派在泰國軍方經營的清邁宗通農場服務，他在農場試種哈密瓜、洋香瓜及無籽西瓜等新品種，試種成功，所結的瓜果碩大香甜，他分送泰方高級將領品嚐，堅塞將軍讚不絕口，問鄭希焜是那裡買來的種籽。鄭希焜說是高雄農友公司生產的。堅塞追問：「農友公司的主人是誰？」鄭說：「農友公司是臺灣幾位退休的園藝專家所創辦，董事長是陳文郁，總經理是郁宗雄。」堅塞便找我去商談，他有意邀請高雄農友公司來泰投資合作。一九八三年六月底，我回國述職，退除役官兵輔導委員會主任委員鄭爲元將軍約我於七月四日在欣欣餐廳晚宴，我請鄭將軍同時請高雄農友公司董事長陳文郁前來臺北共餐。席間，我將泰國總理堅塞將軍邀請農友公司赴泰投資合作的期望向他說明。陳文郁董事長說：「這些蔬果種籽都是我們多年心血研究出來的，現在沒有意願將此項研究出來的新技術移轉出去。」礙於鄭爲元將軍在旁勸說，陳董事長允俟機赴泰考察之後，再行研商投資合作事項。

培育蔬果種籽，需要僱用許多工人，細心挑選。到了一九八四年，臺灣經濟起飛，工資增加，農友公司感受到成本增加，所培育的種籽在國際上的競爭力大減，這時才想到泰國投資。十月一日，陳文郁、郁宗雄一行四人前來泰國考察，次日上午十一時，我陪他們去見堅塞，受到熱烈歡迎，堅塞請鄭希焜陪同他們先至清邁參觀。鄭在清邁工作多年，對於當地氣候、土壤及人工情況，瞭若指掌，經在現場向他們說明，他們甚感滿意，回到曼谷，才願與堅塞商談投資合作問題。

經堅塞安排，邀請曼谷京華銀行董事長鄭午樓、清邁煙草公司董事長鍾鉅璇、國際農業公司董事長美籍凌恩博士（Dr. Nien），及我國退除役官兵輔導委員會分別出資，組成泰國農友公司，推選堅塞任董事長，由高雄農友公司選派技術人員前來清邁指導培育品種技術。

十月八日，我邀請陳文郁董事長一行在家晚宴，席間談及泰國農友公司總經理人選，我力薦由鄭希焜出任，因爲鄭在清邁地區工作多年，與泰國軍方及清邁地方人士都有交情，將來公司成立後，有許多事需要他們幫忙，而且鄭的專業及語文能力甚強，會說泰語，由他擔任總經理最爲適宜。陳文郁董事長也同意我的看法，但鄭希焜現任輔導會福壽山農場副場長，鄭爲元主任委員原有意要他擔任場長職務。現在泰國農友公司既要聘請鄭希焜擔任總經裡，首先需徵得他本人同意，同時要獲得輔導會鄭主任委員的許可。

我單獨詢問鄭的意願，鄭對離開現職有點不捨，對泰國農友公司將來前途也無把握，所以持猶豫態度。我勸他說：「輔導會的工作，是鐵飯碗，將來不愁衣食，但發展有限。泰國農友公司的工作，是民間企業，祇要你努力去做，將來有無限的發展，而且泰國農友公司在目前開創階段，非你不可，望你能把握這個機會，爲自己創造一番事業。」鄭允回國從長考慮。

鄭希焜回到國內，去見輔導會鄭爲元主任委員請示，鄭主任委員說：「我原先計畫，將來你可接福壽山農場場長的職位，現在泰國農友公司既然需要你，這項工作有助中泰合作，你應該去做，輔導會給你留職停薪，將來你去幹得好，可以成就一番事業，幹得不好，你仍可回來，恢復原職。」鄭希焜聽了甚爲感動。

泰國農友公司成立初期，堅塞將軍把他在清邁郊區的私人住宅，拿出來作農友公司的辦公場所及職員的宿舍，週圍的田地，供作實驗農場。高雄農友公司派來兩位技術人員，帶來蔬果種籽，很快就展開了工作。等到各個股東資金收齊之後，又在清邁郊外蒙岡（Mongan）地區購置兩塊廣大的土地，開闢成爲蔬果種籽示範園區，僱用大批工人，從事選種採籽。農場出產的哈密瓜、洋香瓜在市面銷售價格很好，供不應求。泰國原產的木瓜，已經非常好吃，經農友公司培育優良品種，生產的木瓜，味更香甜。農友公司生產的蔬果種籽，很快推廣到泰北各鄉村，農民種植哈密瓜、洋香瓜，都有很好的收入。多餘種籽，銷售到美國，甚至回銷到臺灣。

泰國農友公司業務開展得如此順利，完全靠堅塞將軍的大力支持，以及鄭希焜與泰方有良好的人際關係。開業初期，從臺灣運來的種籽及農場設備，泰國軍方友人自動代其辦理各項過關手續，並派專車運送到清邁，這不是任何外商所能辦得到的事。

泰國農友公司業務蒸蒸日上，增加了堅塞的信心。他對泰國農民說：「我最大的願望是藉蔬果種籽的改良，來增加泰國農民的收入。」一九八七年八月二十日，堅塞偕同凌恩博士（Dr. Nien）飛往高雄，次日與高雄農友公司董事長陳文郁開會，研商進一步開展農友業務，並參觀高雄農友公司實地作業。

堅塞從高雄回泰之後，更加積極謀求泰國農友公司業務的發展。他多年從政，與寮國政要關係密切，在寮國有許多友人。寮國自從受到越共侵佔後，政體改變，閉關自守，幾與世界隔絕，連泰國人也很少前往經商貿易。透過堅塞的私人關係，鄭希焜隻身前往寮國，在永珍開創一座新的蔬果種籽實驗中心，利用寮國更低廉的工資，改良蔬果品種，這是寮共執掌政權之後，第一家外國來的投資公司，對寮國窮苦的農村，也是一大福音。

一九九八年聖誕節假期，我再度訪問清邁。鄭希焜總經理告訴我：「近年緬甸對外開放，農友公司前往投資，在緬甸設立兩個蔬果品種實驗中心，業務發達，受到緬甸政府及人民的歡迎。」我在臨走之前，希焜兄駕車送我上機場，邀我順道到農友新辦公大廈參觀。在清邁市區中心地點，一座堂皇現代化建築，進門看到農友公司的產品，其中有無菌蔬果，甚受各大旅館餐廳的歡迎。我對鄭希焜說：「泰國農友公司能有今天的成就，完全是你辛苦經營得來的。」鄭說：「我很感念鄭爲元將軍，沒有鄭將軍的鼓勵與支持，我可能不會參加農友工作。」

㈦無情的政治

堅塞將軍於一九七七年底上臺之初，採取開明作風，宣佈一年後舉行大選，實行民主，普遍獲得少壯軍人的擁戴，民主人士的讚賞，工會領袖的支持，青年學子的歡迎。一時大權在握，聲威顯赫，各國駐泰外交使節，均爭相與之交往。

這時我與堅塞總理的交往更加密切，每週總要見面一兩次，有時他也會詢問我的意見，我也知無不言。一天，我們談論泰國實行民主問題。我說：「民主政治就是政黨政治，你決定明年舉行大選，那你現在就要組織政黨，延攬全國精英爲黨積極準備參選，大選獲勝，始能繼續執政。」這點政治常識，他當然懂得，我說這話，祇是提醒他，把握良機，在這人心歸向的時候，出而組黨，定能號召全國賢能人才，爲國效力。

堅塞總理組織「國家民主黨」，自任黨魁，亞提博士（Dr. Arthit Ourairat）任秘書長。一九七九年四月二十二日舉行大選，國家民主黨當選眾院議員十五席，僅爲少數，但在國會聯席會議中，參院議員全由政府選任，共同推選堅塞續任總理。到了一九八〇年初，陸軍中少壯派軍官，多爲上校級帶兵官，感到未能受到堅塞總理的重視，表示不滿，有意擁戴陸軍總司令秉上將（Gen. Prem Tinsulanonda）。堅塞總理迫於軍中強大壓力，乃作第三次改組內閣，任命秉上將爲國防部部長。軍中少壯派仍表不滿，國會反對派議員提出不信任案，二月二十九日，堅塞總理偕同秉上將飛往清邁，晉見泰王請示。當晚返回曼谷，次日九時，堅塞在國會中首先宣佈辭職，由秉上將續任總理。堅塞第三屆內閣僅歷時十八天，自動下臺。

堅塞下臺之後，仍以國家民主黨黨魁及國會議員的身份，活躍政壇。一九八二年一月十七日，應我政府邀請，堅塞偕同家人及其內閣閣員，前商業部長歐布（Ob Vasuratna）夫婦、前農業部長皮瑞達（Prida Kanasutr）夫婦、國務院副秘書長亞提博士（Dr. Arthit Ourairat）夫婦、前工業部副部長阿傑瓦博士（Dr. Arjva Taolonont），卜蜂公司董事長及總經理謝正民及謝國民夫婦、泰北烟香公司董事長鍾鉅璇等人，由我夫婦陪同，搭華航班機飛抵臺北，下榻圓山飯店。十八日晚間，總統府馬秘書長紀壯設宴歡迎。臨時我得到通知，馬秘書長祇請泰國政府官員，不請同來的商人。我認爲這樣宴客，不僅得罪了同來的華商領袖，而且會使堅塞感到不悅，因爲他們都是堅塞邀請來的。我立即打電話向馬秘書長請示，他已經離開了家，祇好請我內人邀請同行夫人們留在圓山飯店用餐，我則陪同男賓前往參加晚宴。當馬秘書長與貴賓們寒喧時，我先走進餐廳，把座位重新安排好，然後引客入席，事非得已，祇好冒昧行事，馬秘書長見此情形，也沒說話，事後我也未加解釋，總算把這一尷尬場面，敷衍過去，沒有引起問題。

十八日，行政院孫運璿院長在臺北賓館設宴歡迎，席間堅塞致謝詞，說他在任期中，曾盡力促進中泰友好關係。在座的泰國駐華商務代表搶著擔任翻譯，辭不能達意，他本想當場表現一番，卻引起堅塞的不滿。十九日，我們一行乘座一輛大巴士，前往高雄觀光，沿途參觀輔導會經營的農工事業，在大家旅途疲睏時，亞提博士高歌一曲「上海灘」，引起大家一陣歡笑。亞提博士在我們這一行人中，是青年才俊，家中富有，他的父親是華裔，在曼谷披耶泰開設一間規模宏偉的現代化披耶泰醫院，他本人在郊外開創一家專科學院。堅塞邀請他出任國家民主黨秘書長，連任數屆國會議員。在我離任之後，他曾一度出任泰國外交部長，對中華民國一直維持友好，他的夫人曾出任泰國駐美商務參事，與我國駐美錢復代表保持密切聯繫，也可說是這次旅遊的收穫。

一九八三年四月十八日，泰國舉行大選，國家民主黨當選國會議員十四席，仍能維持少數黨的地位。及至一九八六年五月一日秉總理解散國會，七月二十七日舉行大選，國家民主黨參選議員全部落選，堅塞以黨魁身份參選黎逸府議員，同遭失敗。二十九日，堅塞邀我到他家午餐，談到這次大選慘敗，連聲說：「沒有人幫助我！沒有人幫助我！」（No body help me! No body help me!）政治是無情的，沒有了實權，誰肯幫助你！堅塞經此教訓，仍不甘寂寞，後來捲入一九八五年九月九日政變風潮，政府指控這次政變係受堅塞及育上將等人幕後策動，被拘入獄，淪爲階下囚。所幸泰國政變多不流血，堅塞等人關在牢中，仍然受到特殊優厚待遇，過了兩個多月，局勢平靜之後，國王恩准開釋，才平安回家安享晚年。

(八)我對堅塞總理的懷念

堅塞總理是中華民國的眞正友人，自我認識他之後，兩人便成了知交，無事不與他相商。他對促進中泰間的邦誼，無不盡力而爲，對於代表處在泰的工作，相助尤多，甚至對我個人在泰的生活，亦多予照顧，及今思之，仍使我感念不已。最使我不能忘懷的，有下列三事：

(1)中泰斷交之後，我以中華航空代表身份，赴泰設處辦事。堅塞初次與我見面時，就對當時泰國政府只同意我政府用華航民間名義表示不滿，對本處初期在泰所遭遇的實際困難，他都設法幫助解決，及至一九七七年，他出任總理之後，任命職業外交官鄔巴迪（Upadit Pachariyangkun）爲外長，對外政策，完全聽從堅塞總理決定。我常與堅塞總理商談重要問題時，鄔巴迪坐在一旁很少發言，唯堅塞之命是從。在堅塞大力支持下，我在泰工作極爲順利。關於本處的名義問題，我曾多次與他研商，他爲和緩越共對泰國邊境的武力威脅，不得不拉攏中共以牽制越共，因而不願我處改用中華民國代表官方的名義，得罪中共，最後經他向泰國國務院會議提案通過，本處自一九八〇年二月十四日起，易名爲「駐泰國遠東商務處」，享有半官方的優遇，可與泰國官方交往，兩國高級官員亦可往來訪問。

(2)我國政府官員訪問泰國時，都想見到當地政府最高首長，駐地代表對於這類請求的安排，最費周章，尤其在無邦交的國家，當地政府對於中共不無顧忌。我很幸運，得與堅塞總理有深厚交誼，我政府高級官員訪泰時，堅塞總理都樂於接待，優予禮遇，甚至將他在曼谷市區新建的私人住宅，用來招待我國的貴賓，他笑著對我說：這棟樓房可易名爲「臺北賓館」。住過這棟樓房的有我國參謀總長宋長志夫婦、外交部長錢復夫婦。農復會主任委員李崇道及其同行人員，在這裡住了一兩個月之久，大家均有賓至如歸之感。

(3)一九七五年九月，我到泰國赴任設館，首先要找一個住處，適值越南大使館關閉，越南大使住的官舍空在那裡。我的司機阿松帶我去看，地點就在美國大使館官舍的對街，地點適中，佔地寬廣，院中有游泳池，前後院種十幾株芒果樹，原是前泰國強人乃砲的私宅，現今歸於他的一位姨太所有，租金約一千美元，在當時並不算昂貴，我看後，當即承租下來。住了三年多，房東要將這棟房屋出售，我被迫遷住到一位華僑新建的華廈，院落不大，但房屋結構是西式洋房，精美高雅，住了一年多，房東要收回自住。我到處尋找居所，在曼谷市

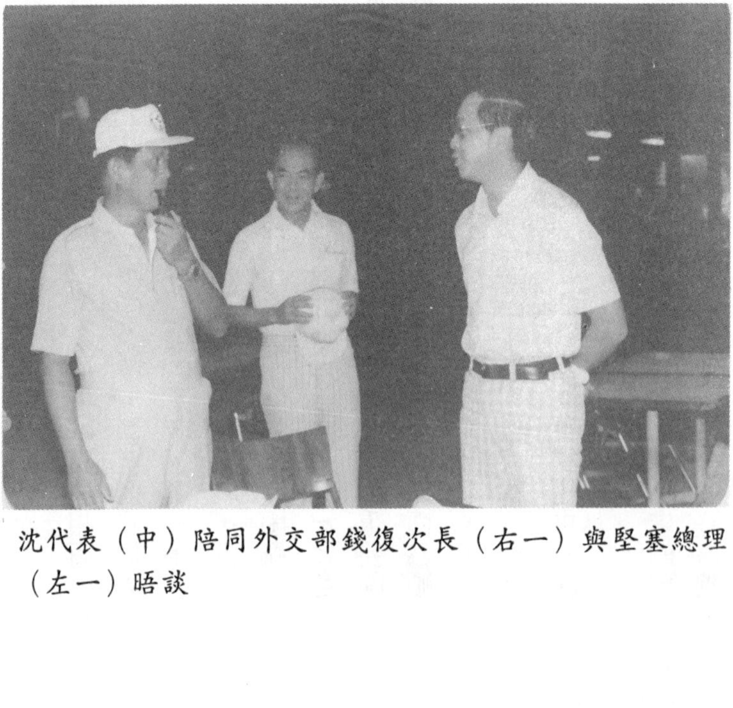

沈代表（中）陪同外交部錢復次長（右一）與堅塞總理（左一）晤談

區想找一個適當的房子，頗不容易，我看了許多出租的房舍，都不滿意，最後想到堅塞在市區的私人住宅，他本人仍喜歡住在郊外老宅中，市內的房子空在那裡。一天，我和他情商，要他租給我住，當時他任總理，怕人講閒話，未能答應，後來他不做總理了，始允讓我暫住，他也沒提出要多少租金，我也未與他簽租約。我於一九八〇年十月搬住到他的「臺北賓館」，就一直住了下去，我按月依照市價送繳房租，他始終未嫌少。這棟兩層樓房，有九個房間，包括五個睡房，兩個會客室，兩個會議廳，前院有游泳池及花園，後院有工人住房，據說原是作爲總理官邸之用。我住進之後，在家開會宴客極爲方便。一九八二年四月十五日，僑務委員會毛松年委員長在曼谷召集第一屆亞洲華僑聯誼會，即在我家中舉行。亞洲各國僑領前來參加的有百餘人，中午，我在家樓下餐廳設午宴招待，餐後就上樓開會，寬敞方便，不受任何干擾，會議圓滿成功。

我一向本著孔子教導的「言忠信、行篤敬」的做人道理，與堅塞交往。在開始階段，他對我認識不夠，有一次我陪外交部次長楊西崑去拜會他，他當面對我表示不滿，我對他說：「我對你的忠誠，超過你的親信部屬。」他聞言不語。從此之後，我們相互信賴，合作無間。因爲我是在泰工作，許多事都須仰賴他的支持，他也從未推託，使我衷心感念。我調離泰國之後，對於泰國友人時常懷念。一九九二年冬，我聽說堅塞臥病在床，我偕同一位中醫朋友，飛往曼谷，下機後，我們就去看望他。進門就見到他袒胸躺在客廳涼蓆上，我介紹中醫師給他推拿，他欣然接受。我看中醫在他身上用力拍打甚重，我深怕打出問題，在旁一再要求他打輕一點，可是他越打越重，堅塞經他拍打之後，神志清爽許多。我們離開，他介紹這位中醫，去爲前商業部長歐布看病。我們去看歐布，他的病情更重。現今聽說他已作古，而堅塞亦已昏迷狀態，仍在與病魔掙扎。回想過去種種情景，教我念念不忘。

六、秉總理

㈠出將入相

我初次會見秉・丁素拉暖將軍（Prem Tinsulanonda），是在堅塞總理家中。一九七九年十月一日，我國參謀總長宋長志海軍上將偕同情報次長汪中正訪問泰國。十月三日，堅塞總理在官邸設晚宴歡迎宋總長，邀請泰國國防部部長祿上將（Gen. Lek Naewnali）、陸軍總司令森上將（Gen. Serm na Nakhon）、陸軍副總司令秉中將及育中將（Yos Thephasdin）等高級將領作陪。開

沈代表（右）拜會秉總理（左）

席前，堅塞邀宋總長在小客廳中密談中泰軍事合作問題，其他客人均坐在大客廳中。這時我已耳聞秉將軍深得泰王寵信，並獲少壯派軍人擁戴，隱然是軍中未來的強人。我特利用這個空檔時間，走到秉將軍身邊，與他攀談。他的態度顯得有些謙遜羞怯，語調低沉柔和。我問一句，他答一句，沉默寡言，不喜多談。我和他是初次見面，寒暄幾句之後，沒有多話可談，但他那誠篤樸實的容顏，確是一個標準的軍人。

秉·丁素拉暖於一九二〇年八月二十日，出生在泰國南部宋卡海港（Songkhla）。十五歲，隨長兄赴曼谷讀公立中學，十八歲，考進泰國皇家軍官學校（Chula Chom Klas）。一九四一年，太平洋戰爭爆發，秉自軍校提前畢業入伍，隨軍轉戰高棉及緬甸邊境，在緬甸景東駐防兩年。日軍投降後，秉調至華富里軍營任上尉戰車連長，曾率戰車進入曼谷耀華力路鎮壓華僑罷市示威抗議。一九五三年，秉赴美國肯塔基州拉克斯營戰車學校受訓，一九五七年九月，升任裝甲兵學校校長。

一九七三年十月，他儂與巴博兩位軍事強人垮臺之後，吉上將（Gen. Krit）升任陸軍總司令。他深知秉係一位親民愛民的軍人，特派秉擔任第二軍區副司令，次年調升司令。第二軍區管轄泰國東北部十六個省，是較爲貧瘠地區，大部份被共黨滲透。秉任職期間，深入東北鄉村，聽取人民訴冤說苦，他不主張用軍事武力，屠殺無辜同胞，盡力爲鄉民解決生活上的實際問題。東北部農民缺水，他爲農民挖井；鄉民缺乏醫藥，他發動城市醫護人員義務爲鄉民服務；農村學校受到共黨侵擾，他派兵保護師生安全。他帶領官兵懃懇地爲民服務，漸漸的贏得民心與軍心，同時也贏得泰國王室的信賴。

一九七七年，堅塞出任總理兼內政部長，知道秉在東北部的政績輝煌，邀他出任陸軍副總司令兼內政部副部長，他初入政壇，深感惶恐。一九七八年十月一日，秉升任陸軍總司令，一九七九年五月，堅塞內閣改組，選任秉爲國防部長。一九八〇年二月三十日，堅塞受到各方壓力，自動宣佈辭職，泰王任命秉爲國務總理。

秉係職業軍人，無黨無派，抱持獨身，沒有家室之累，立身行事，清廉公正。他上臺時，深得王室信任，各黨派支持，以及陸軍中少壯軍人的擁護，因而在用人方面，不受任何黨派的牽制，他選用才能人士，擔任適當職位。在他的內閣閣員中，我認識的有副總理巴曼（Pramarn Adireksarn 泰國黨黨魁）、副總理他納柯滿（Thanat Khoman，民主黨黨魁，名外交家）、教育部長瑪努（Marut Bunnag，名法學家）、財政部長頌邁（Sommai Hoontrakool，名財政家，海南籍僑領雲竹亭之子）、實業部長察猜（Chatichai Choonhavan，曾任外交部長）、交通部長沙目（國民黨黨魁）、外交部長實鐵（Siddhi Savatsila）、政務部長乃倉（Chern Manootham，秉總理親信），均係一時之選。

秉總理上臺之初，面臨最挑戰的問題，是越共大軍進佔高棉，扶持棉共橫三林政權，屠殺高棉人民，高棉成爲殺戮戰場，越共大軍壓迫泰境，數十萬高棉難民逃亡泰國。秉總理身兼國防部長，一面要調軍抵禦越共及棉共入境，同時要收容安頓高棉大批難民，加以石油危機，國內物價飛漲，情勢岌岌危殆。秉總理沉著肆應，呼籲泰國軍民團結一致，抵禦外敵，束緊腰帶，共渡難關，同時請求自由國家，多予軍經援助，以免泰國爲紅潮所淹沒。

㈡我國捐款救助泰國境內的高棉難民

當高棉難民潮高漲時期，引起自由世界人民的關注，各國紛紛解囊捐助。中華民國行政院長孫運璿公開宣佈：我國決定捐助白米三萬噸，救濟逃亡到泰國國境內的高棉難民。但泰國是東南亞的米倉，每年所產米量，超過國內人民食用及外銷所需，因而禁止外國米糧輸入，以免影響米價，傷害農民。我國曾運送食米二千六百噸至泰國救濟高棉難民，並未受到泰國政府重視。

一九七九年十二月十一日，外交部次長錢復、臺灣大學校長孫震、國防部軍事學家葛敦華將軍聯袂來泰，參加十四日在芭特雅海濱大旅社舉行的國際會議，研討東南亞局勢，爲期三天。與會學者專家，對於泰國當前的危險情勢，無不表示憂慮。

十七日下午，我隨同錢次長搭華航班機返回。飛行途中，我向錢次長建議說：「我國政府宣佈捐贈白米三萬噸救濟高棉難民，如將這批米糧運來泰國，不受泰國政府歡迎；如將這批米糧送交國際紅十字會施賑，不能彰顯我國救濟高棉難民的善意。現在印尼受天災影響，人民食糧不足，急需向國外採購米糧。我國何不先將一萬噸米糧，以廉價售給印尼。當時國際米價，一萬噸白米可售三百多萬美元，我國可以友誼價格兩百萬美元，將白米一萬噸賣給印尼，印尼政府必然對我此項友好措施，表示感激。我再將售米所得兩百萬美元現金，捐贈給泰國政府，助其自行救濟泰國境內數十萬高棉難民，泰國政府對我此項善舉，亦必然感激，較諸將三萬噸白米捐贈給國際紅十字會，效果更大。況且我國又非國際紅十字會會員國，國際紅十字會對我國的捐贈，並不一定重視，三萬噸白米送去之後，國際紅十字會最多覆我一封謝函而已。」錢次長認爲這項意見很好，他將向政府提出。

十二月十七日，外交部召開駐外使節會議，爲期兩天。十八日，行政院孫運璿院長蒞會講話。會後，錢次長告訴我說：「你的援助高棉建議，已面報院長，并經核准接納。」我聽到很高興，對於錢次長行事敏捷，勇於承擔，衷心欽佩。

一九八〇年中，外交部已將救濟泰國境內高棉難民的捐款兩百萬美元的撥款手續辦妥，電洽轉交泰國政府。我奉令後，即不斷思考如何運用這筆善款來增進中泰之間的友誼。七月十四日，我接到泰國副總理他納柯滿（Thanat Khoman）親筆來函，約我於十八日到他家中午餐。他納曾任泰國外交部長十多年，是國際有名的外交家，泰國的職業外交人員，多出自他的門下，說他是泰國外交圈中的教父，名實相符。秉總理是軍人出身，不懂外交，一切對外事務，都委請他納主管。我接到他的請柬，心中大喜，這是我當面和他商討如何轉交我國捐款的好時機。

十八日午時，我偕同本處政務組長羅致遠兄到達他納副總理家中，他從二樓走下來相迎，女傭送上一杯茶，我們坐下敘談。他納柯滿是我國前駐越南軍事代表團團長柯遠芬的堂兄弟，他的父親名柯滿，他就以柯滿爲泰國的姓氏。他對我國一向友好，我來泰擔任代表之後，常與他交往，他也給我許多幫助，這時我已和他很熟，開門見山，向他請教。我說：「我國政府鑑於高棉數十萬難民逃到泰國，給泰政府帶來沈重的負擔，加以越共及赤柬的軍隊，不斷的侵擾泰國東北邊境，使得泰人不得安居，我國政府對於泰國政府遭此艱難局勢，深表同情，願捐贈兩百萬美元，提供泰國政府，作爲救濟高棉難民及泰國受害人民之用，惟不知經何途徑，送達泰國政府，今天特來向閣下請教。」他納眞是老外交家，他毫不加思考，當即答覆說：「你把這筆捐款，如果送交泰國外交部，泰國外交部可能有所顧忌，怕中共提出抗議，你不如把這筆捐款交給我轉交給秉總理，任何人都不敢講話。」我說：「就照副總理這樣指示辦很好。」談完問題，入席開飯，談了些泰國救濟高棉難民的各項措施，盡歡而散。

我把我和他納副總理交談的經過情形，報告外交部。不久，接到外交部覆電說：錢復次長訂於本年九月底赴歐洲各國訪問，十月一日自巴黎搭泰航飛機，二日清晨八時二十分抵達曼谷，停留兩天。我國捐助泰國救濟高棉難民兩百萬美元支票，由錢次長親自攜往面交他納副總理。我接電後，即與他納副總理聯絡。訂於十月二日上午十一時在總理府拜會他納副總理，同時替錢次長準備一封英文信，說明我國政府爲增進兩國間既有的悠久友誼，特捐助美金兩百萬元，供泰國政府救濟高棉難民及泰國邊境受災人民之用。

十月二日清晨七時，我偕處中同仁趕往廊曼機場迎接錢次長。當天泰航班機誤點至上午十時始達。錢次長下機後，我和羅組長致遠兄陪同錢次長乘車直赴總理府。途中，我把預先擬妥的致他納副總理的英文信，請錢次長親自簽字。錢次長閱讀信稿時，我很怕他不滿意信稿文字，因爲這時已無時間修改。錢次長看後說：「很好」。當即在車上簽字。我另外替他準備一份英文講話稿，他看後說：「不用了，到時看是甚麼情況再說甚麼話。」這時，車已始進總理府，由禮賓官引進貴賓室大廳，我看到室內擠滿了中、英、泰文報及電臺攝影記者，他納副總理出來與錢復次長握手寒喧，攝影機的燈光閃耀不停，錢次長將我國捐款信函及支票面交他納副總理，記者也不停地照像。捐款交後，他納副總理致詞感謝，並備茶點款待，禮儀簡單隆重。走出總理府，錢次長很滿意，認爲光采的完成這項任務，而我卻有點耽心，怕引起泰國外交部的不愉快。

錢次長這次訪泰，經他納副總理安排，是以國賓之禮接待。錢次長下榻在泰國政府招待國賓的招待所—愛侶灣大旅館（Erawan Hotel）的貴賓套房。晚間，他納總理在名聞全球的東方大旅館（Oriental Hotel）貴賓廳設宴歡迎錢次長，並邀與我國有邦交的南韓等國駐泰大使作陪，席間觥籌交錯，賓主歡談。他納副總理大肆抨擊美國對東南亞政策的失誤，導致今日越共猖狂，東南亞人民遭殃，泰國情勢危殆。晚宴結束，我偕錢次長辭出。錢次長說：「他納副總理很像我國外交部長葉公超，才華洋溢。」我說：「葉部長是一代才子，惟仍不脫中國傳統書生氣息，驕縱不羈。而他納副總理精通法律，深黯國際情勢，折衝樽俎，言行有度，頗受國際人士的重視」。

果不出我所料，次日，曼谷各大報紙，均以頭條新聞，報導錢次長訪泰及我政府捐款救濟高棉難民消息。泰國外交部官員看到這則消息，都感驚異，認爲這樣大的事情，他們事先毫不知情。遂打電話詢問他納副總理，他納果眞厲害。他回答外交部官員說：「這是秉總理交他辦理的，詳情請你直接去問總理。」泰國外交部吃了一次悶棍，沒人敢去問總理，他們這才知道我方與秉總理有直接關係，從此不敢小看我駐泰辦事處。他納副總理辦事眞是老練，錢次長是備函當面將捐款交給他，他不擅專以副總理名義覆函，改以秉總理親自簽名信函，答謝我國政府。我將秉總理來函呈報政府，圓滿地完成這項任務。

㈢總理機要秘書是我的好朋友

秉上將出任總理後，任命空軍少將金達（Sir Marshal Chinda Ram-Indra）爲他的機要秘書，每天隨侍在他身旁，爲他處理日常業務。金達少將原任零四指揮部司令官，司令部設在清邁，管轄泰國北部邊防安全及流落在泰、緬、寮邊區的我國雲南難民事務。我爲了救助

外交部次長錢復（左一）拜會秉總理（中）沈代表（右一），羅致遠組長（後排右一）涂大成秘書（後排左二）陪同

我國難胞，常往泰北難民村探視。每次我到清邁，首先須拜會難民村的主管金達少將。金達少將是一位謙和誠實的軍人，我有任何請求，他都竭力協助。泰緬寮交界的山區，不獨行路交通不便，而且是毒販馬幫出沒的地方，安全大有問題。我無論到任何難民村去，他都派兵護衛，有時我去沒有公路可通的難民村，他便派直昇機給我搭乘。兩人交往久了，便成爲好朋友。

外交部錢復次長（右三）訪泰，於拜會秉總理後，與其機要秘書金達少將（右二），沈代表（右一），羅致遠組長（右四）在總理官邸合影

每次我們宴飲時，金達少將常以他自己泡製的中國藥酒饗客。他告訴我說：中國藥酒的配方是一位華僑給他的，用這配方的藥材泡浸在高粱酒內，一個月後，每晚睡前飲一小杯，有助安眠及消化。他試用後，覺得對健康很有助益，特將這一配方，抄了一份給我。我不大相信藥補，曾把這付配方，留存至今，以備對藥酒有興趣的友人參考。

一九七八年一月十三日，我陪同外

交部楊西崑次長及亞太司司長沈仁標兄搭機赴清邁，金達少將聞訊在機坪迎接，下機後，我們須趕往蒲屏皇宮晉見泰王，與金達少將握別時，我從手提包中，拿出一瓶五加皮藥酒送給他，他很喜愛，當晚泰王賜宴，談至深夜，招待我們在皇太子寢宮住了一宿。次日，我們趕往清邁機場回曼谷，金達少將又來送行。當天是泰國兒童節，機場開放給兒童們登機參觀，機坪上擠滿了兒童，客機無法起飛，旅客們坐在候機室苦候了三個多小時，金達少將陪我們在貴賓室坐談了三個多小時，一直等到我們上了飛機，他才離去。他這一番盛情，令我懷念難忘。

當堅塞任總理期間，我知道金達少將是堅塞的親信部屬，常在堅塞家中，遇到金達少將，共商如何救助泰北難胞問題。及至秉上將接任總理，卻將金達少將調到他身邊，擔任機要秘書，我不知道金達與秉總理之間有何關係，但我相信，金達少將一定獲得秉總理的信賴，不然他何必要用堅塞的人，擔任他的機要工作，更使我感到驚異的，當秉總理與堅塞關係疏遠時，金達少將仍與他們兩人交往不斷，由這一件事可以看出，金達少將爲人的誠信，是沒有人懷疑的。

中共與泰國建交之初，不許我政府與泰國發生官方關係。由於秉總理的機要秘書是我的好朋友，中泰雙方高層官員的交往非常暢通。雙方間有任何問題都可當面商談。我記得當我國參謀總長宋長志上將及外交部次長錢復拜會秉總理時，秉總理曾請求我國政府支援救助泰北難胞問題。由於是兩國政府高層官員面對面的溝通，才使得這件拖延了三十年之久的懸案，雙方獲得滿意的解決。

㈣愚人節政變

一九八一年四月一日清晨，我接到同事張育生兄電話說：「今晨四時發生政變。」當時我的反應是今天是愚人節，是否是有人故意在玩弄愚人的花招。我到辦公室上班，有同事說，他們在上班途中，看到裝甲車在街上巡邏，不過商店照常開門，學生照常上學，交通擁擠如往常一樣，並沒有不安靖的情況發生。

中午時分，消息傳來說：這次政變是陸軍副總司令訕上將（Sant Chitpatima）領導少壯派軍官發動的，原因是訕上將未能昇任陸軍總司令，而被調任國防部常務次長；同時陸軍少壯派軍官對於今年三月間政府改組中的人事異動表示不滿，要求撤換新內閣中政務部長哈沙蕣少將（Sudsai Hasdin）及交通部次長蒼中尉（Lt. Charn Manootham），秉總理堅決不予同意，因而導致政變。

我初聽到這項消息時，表示懷疑，因我深知陸軍中少壯派軍官與秉總理之間的關係，情同父子，秉總理上臺，就是他們擁戴的，而今爲何要發動政變來推翻秉政府。至於訕上將，我知道他是一位文武全才的將領，精研政治經濟，深得學術界人士的讚賞。我曾到他府上拜會，家中滿室書香，他的談吐文雅，見解也與一般軍人看法不同。秉總理上臺之初，他曾網羅學術界及政府中的精英，組織智囊團，爲秉總理獻策，他怎麼會起來領導政變？不僅我一個人摸不著頭腦，所有瞭解泰國政情的人，都對這政變感到撲朔迷離。

當天晚間，有人收聽到廣播說：詩麗吉皇后陛下從呵叻電臺發表談話，說秉總理現正與泰王在一起，呼籲全國軍民不要支持政變。曼谷人民奔相走告，認爲這次政變未得到皇家支持，注定失敗。

當天夜裡，秉總理親信，陸軍總部作戰署長昭華立（Chaovalit Yungchaiyuth）趕到呵叻，與總理會合，經過數度密商，一面派軍前往曼谷平亂，另派飛機於當天飛往曼谷散發傳單，呼籲政變官兵立即放下武器投降。

泰國經常發生政變，而且多數是不流血政變，泰國人習以爲常，聽說政變，毫不驚慌。我初到泰國，每與泰人會晤餐飲時，常常聽到他們談論政變，我從不敢置一詞，生怕惹起麻煩，外交官員最大的禁忌，就是不得捲入駐在國的內爭，因而我對於泰國每次政變，避之唯恐不及。可是我親身經歷幾次政變之後，認爲泰國人頗有民主素養，具有寬容大度，對於政敵，並不像我國人視若仇讎，非置之於死地不可，他們甚至爲政變領袖安排下臺階，讓他們出國休養。

這次政變第三天，軍營前雖然佈滿坦克車，我看到天眞的兒童，有的爬上坦克車上遊戲，站在一旁荷槍實彈的士兵，也不加禁止，政變有點像是兒戲。

四月三日晚間，秉總理發表廣播。他說：「陸軍中有一部份少壯軍官，爲要解決泰國當前面臨的問題，要求發動政變。我告誡他們，政府府已經採取措施，正在解決這些問題，此時發動政變，徒然增加困難。他們不聽從勸告，竟然政變，此項行動，不僅違犯軍紀，而且不尊重皇上，因而爲了安全，我隨同皇室，出走呵叻。」

四月四日，秉總理派他的老部下第二軍區副司令阿提、甘蘭奕將軍（Arthit Kamlang-ek）率軍於當天夜間，秘密進入曼谷市區，包圍了政變指揮中心，政變團已成甕中之鱉，束手待擒，祇有投降一途可走。午夜時分，我已就寢。昭華立將軍派他隨從參謀到我家中來說：泰國政府要把幾名政變領袖送到臺灣，暫避風浪，請我政府協助解決泰國危機。我當即一口拒絕，說明我國政府自巴博元帥避居臺灣之後，曾引起泰國朝野責難，從此決定不再接受泰國政變首領前往臺灣。因我說話語氣堅定，沒有商討餘地，他們只有另謀途徑。

四月五日，是國王蒲美蓬加冕三十一週年紀念，頒令赦免三十名附從政變軍官的罪刑。到了五月二十二日，泰王又頒令特赦領導政變的訕上將及七名少壯派軍官。泰國政府並資送爲首的巴節上校（Prachak Sawangchit）及瑪儂上校（Manoon Roopkajorn）前往歐洲瑞士等國休假，一場驚動王室的政變，就這樣獲得了圓滿解決。

事後據熟習內情人士透露：三月三十一日夜晚，少壯派軍官領袖巴節上校及瑪儂上校前往總理官邸西騷（Theves），請求秉總理領導他們政變，解決國家面臨的經濟問題。秉總理勸他們放棄此項行動，他們如果堅持要政變，可先拿槍把他打死。雙方堅持良久，形成僵局。秉總理沉默不語，獨自從後門溜出，進入皇宮，隨同國王，出走呵叻第二軍區。巴節上校誤以爲總理已經默許，電話通知訕上將，領導京畿衛戍部隊十六個營，於愚人節黎明前發動政變，竟然演成烏龍，令泰人虛驚一場。

敉平這次政變的兩位有功將領，一位是率軍進入曼谷的阿提將軍，另一位是從中運籌策劃的昭華立將軍，他們兩位從此得到秉總理的寵信，軍職扶搖直上，成為泰國軍中未來的強人。

(五)收回森美煉油廠

秉總理上臺之初，正值石油危機，油價飛漲。秉政府採取各項措施，一面限制人民浪費，不許機關商行使用冷氣機，晚間六至八時，停止電視播放，同時要求與泰國國防部訂有合約的森美煉油廠，提高產量，增加汽油供應。

森美公司成立於中共佔據大陸之後，由三位自美國麻省理工學院畢業的學人蕭人存、王澄清和顏保民所創辦。他們不能回國發展，祇有在美創業謀生。公司取名為森美實業公司（Summit Industrial Corporation），意為三個 MIT 人（Sum of MIT）創辦的公司，在巴拿馬登記註冊，向東南亞各國推銷美國產品。

一九五五年一月間，黃彰任先生加入森美公司，被派到泰國曼谷開辦森美分公司，代理輝瑞（Pfizer）西藥推銷，滲淡經營，力求發展，業務逐漸擴大。一九五五年，泰國國防部委託法國工程公司在曼谷近郊的挽節（Bang Chak）建立一座產量五千桶煉油廠，試爐始終無法煉出油來，成了爛攤子無法善後，決定出租給森美公司代為經營，所產石油，供應泰國國防及工業需用。

森美公司於一九六五年五月十八日與泰國國防部簽訂了租用挽節煉油廠的合約，租期十五年，煉油廠可以擴充，每日增加煉油量一萬五千桶。黃彰任一人肩負重任，以無比的勇氣和魄力，在曼谷市區和郊外，一口氣連續建造了一百多座加油站，高懸「山峰型」的森美品牌的標識，與殼牌油公司的「貝殼」、億蘇油公司的「虎頭」、以及德士古油公司的「星標」，分庭爭輝。煉油廠自廠長以至主要工程技術人員，都是向臺灣中國石油公司借用，華人在海外有此成就，足以為傲。

森美公司煉油業務，蒸蒸日上，原有產油量，不足供應泰國需用，遂在挽節興建第二座煉油廠，日產石油二萬桶。一九六八年六月五日舉行落成開幕典禮，由國務總理他儂元帥主持。森美公司三位開創石油事業的要角，董事長夏勤鐸、副董事長兼總經理蕭人存，泰國總經理黃彰任是典禮主人，在場接待各界貴賓，當時我也應邀參加，躬逢其盛。

森美公司於一九七二建成了煉油第三廠，每日煉量是五萬桶。這時森美的營業額在泰國工商業中高踞前三名。森美公司生產的石油，銷售全泰國，自然引起英美石油公司的競爭與妒嫉。森美公司全年營業額高達泰幣六十五億銖，為全泰第二家大公司，也引起泰國政要的企圖染指。

一九七九年底，石油危機爆發，中東石油出口阻塞，全球各地都呈現油荒。森美公司為了維持原油能源源供應，挽節煉油廠不致停爐，已是煞費苦心。而泰國政府所訂的出廠油料價格又跟不上原油價格的上漲，煉油廠遭受鉅額虧損。黃彰任先生是泰國森美當家人，經營上所受的痛苦和壓力十分重大，加以他秉賦的湖南人的剛直性格，在與泰人肆應上，難免有不週全的地方，泰國主管機關實業部及國防部能源廳向秉總理進讒言，說森美公司未能履行合約，遂遽然下令收回森美全部煉油廠。

當時我在曼谷，知道了這件事，非常氣憤。深感國家動亂，有才學的國人，不能回國發展事業，報效國家。及至流落外邦，慘淡經營了數十年的事業，幸而有成，又得不到國家的保護，竟毀於一旦，甚感惋惜。

（參考森美公司副總經理馮宗直兄所撰「森美集團在石油事業上的滄桑錄」一文，載於傳記文學）

㈥泰軍征剿毒梟昆沙

金三角是亞洲生產鴉片最多的地區，昆沙是緬甸撣邦少數民族的一個頭目，他擁有上千人的武裝力量，在泰緬邊境公開販毒，泰國邊防軍警不敢過問。他盤據在泰北清萊府滿星疊山窪裡，設立工廠，提煉海洛英，運銷世界各地，舉世聞名。泰國警察廳設有緝毒委員會，美國在清邁設有緝毒組，但緝毒成效不彰，對於昆沙公然販毒，束手無策。

秉總理在第二次世界大戰時是一位少尉軍官，曾在緬甸景東駐防過，他對泰緬邊境情況，甚爲瞭解，對於昆沙佔據泰國土地，公開販毒，深惡痛絕。他執政以後，就指示他的親信，陸軍總部作戰署長昭華立將軍說：「昆沙是撣邦人，無權佔據泰國領土，公開販賣毒品，我們應設法將他驅逐出去。」

一九八一年七月，昭華立命令歐拉潘少將（Orapars Watanawiboon），從軍中挑選四十六名精壯士兵，成立一支突擊隊，代號是「黑豹隊」，集中在呵叻山區，受嚴格的森林作戰訓練，爲期一個半月。訓練完成，於九月二十八日，用車運送到泰北一個秘密地點，再散開步行，走了六天，爬山到達滿星疊南山窪。歐拉潘少將佔據一個山頭，作爲指揮所，用無線電指揮豹隊突擊，計劃一舉擒拿毒梟昆沙。

黎明前，黑豹隊摸到滿星疊村前沿，捉到兩名防哨的士兵，另一名防哨在黑夜中逃走，跑回去報告。黑豹隊計劃拂曉攻擊，部隊正在逐步向村中推進，忽見村內海洛英工廠冒出火煙。歐拉潘少將立即命令黑豹隊向滿星疊突擊，沒有遭遇任何抵抗，留在村中的昆沙士兵全部投降，上億泰幣價値的毒品，完全焚燬，昆沙早已逃之夭夭。當歐拉潘少將率領黑豹隊撤出滿星疊時，發現群山間草木皆兵，到處受到昆沙的散兵襲擊，寸步難行，當時急調駐防清萊府的軍隊，前來接應，始能安全回防。

昆沙受此重創，心猶不甘，他認爲泰軍此一突襲行動，可能是受到美國的指使。他和撣邦聯合軍參謀長張蘇泉等高級親信，密商報復計劃。派出一支行動隊，暗殺美國駐在清邁的緝毒組人員，另一隊直奔曼谷，搜集美國駐泰大使館主要外交官的資料。

一天清晨，美國緝毒組組長邁克的夫人同兩名泰國女傭走到清邁十字路口街頭時，從對面開來一輛吉普車，車上站著三名歹徒，用衝鋒槍對著邁克夫人掃射，邁克夫人當即倒下，橫屍街頭。那輛吉普車卻揚長飛馳而去，街市人群大亂，震驚了全泰國。

泰國政府發出緝捕令，以五十萬泰銖懸賞鴉片大王昆沙的人頭。

此時昆沙尚不知收斂，他還想和美國緝毒組展開較量。一九八一年十月十二日，美國駐泰大使館接到一封發自撣邦聯合軍的公開信。信上說，如果美國政府再不撤走駐在清邁的緝毒組，他們就要開始動手暗殺駐在泰國的美國外交官。

一時間，謠言四起，紛紛傳說昆沙集團已擬定一張暗殺名單，上面列名駐泰國的美國大使及緝毒官員，昆沙的暗殺計劃即將開始。

這一消息傳出之後，美國使館官員甚爲驚恐，立刻加強防範措施，先把駐在清邁的緝毒組官員及眷屬，調至曼谷，暫避風頭。

一九八一年十月間，秉總理率領泰國工商金融考察團，前往歐美各國訪問，目的在邀請歐美工商業界前來泰國投資。年底到達美國華府，秉總理拜會雷根總統（Ronald Reagan）。會談中，雷根特別關切販毒問題，研討如何共同制止金三角鴉片的生產及販賣。秉總理告訴雷根說：「我對昆沙在金三角公開販毒，深惡痛絕，販毒不僅犯法，而且毒害世人，我一定盡全力，將其消滅。」

秉總理回國後，指示昭華立將軍積極準備，加強黑豹隊的人員與火力，一定要儘速消滅昆沙在泰國境內的非法武裝及販毒勾當。

一九八二年一月二十一日，泰國黑豹隊一個大隊的兵力，配合駐防清萊府的軍警，在黑夜摸進滿星疊，把全村鎮團團圍住。拂曉時刻，黑豹隊五十名突擊隊員，衝進滿星疊村內，把撣邦聯軍張蘇泉的住宅緊緊包圍，喊叫張蘇泉投降，可是院內一片沉寂。黑豹隊員用炸彈炸開大門，衝進屋內，卻沒有一個人。據說：張蘇泉早已聞風從屋裡通向半山腰的暗道逃走。

撣邦聯軍的部隊，分散在山間森林深處。泰軍全力掃蕩，激戰三天，雙方傷亡慘重。昆沙見己方彈藥耗盡，兵力不夠，再戰有被殲滅的危險，急忙命令全軍退入緬甸境內。從此失去了滿星疊這塊地盤。

泰軍終於獲得了全勝，黑豹隊在滿星疊村的中央升起了泰國國旗。一月二十五日，泰軍在滿星疊舉行新聞發佈會，邀請各國記者，前來參觀作戰現場，在昆沙司令部門前，陳列繳獲得來的各種軍用戰利品，但卻沒有一兩鴉片煙。

泰軍趕走昆沙的新聞，轟動了全世界。臺北中國時報撰述員柏楊（郭衣洞）於二月三日飛抵曼谷，計劃赴滿星疊採訪泰北難民情況。四日，我與他晤談時，勸他在此敏感時刻，不要去清萊，可去清邁訪問，因爲泰北各難民村的情況大致相同，不必冒此危險前往清萊，引起柏楊的誤會，認爲我不肯相助。他回國後，在中國時報撰文，連罵我三次。其實我內心還有一層顧忌，未曾對他明言。因爲撣邦聯軍參謀長張蘇泉曾是前國軍第九十三師的高級幹部，一九六一年留在緬甸的國軍撤回臺灣時，張蘇泉沒有走，昆沙收留了他，成爲昆沙的智囊，引起美方的猜疑，認爲張蘇泉是我方潛伏在昆沙身邊的人馬，受我方的指使。我爲避嫌，每次路過滿星疊村邊，從未進去過，怕引起閒言，說我方與毒梟昆沙有關聯。有一次美國駐泰公使李文在家中約我晚餐，同席有美國緝毒組官員，他就問我與泰北難民村有何關聯，我明確的答覆說：「這些難民是中國人，我是中華民國的代表，對自己國家的同胞，所受的苦難，不能不表關切，他們有任何請求，我都願幫助他們。」話雖說得他啞口無言，但美方對我方的懷疑，始終難以消釋。因此對於國人要去滿星疊訪問，我都會勸他不要去，以免增加美方對我國不必要的誤解。

（參考張伯金著《金三角紀事》，中國文史出版社。）

㈦開發泰南

秉總理執政期間，面臨國內最大的課題，就是如何發展經濟，解決農村的貧困。要發展工商業，先須從事基礎建設。泰南各府居民，多屬信奉回教的馬來人，主張與泰國分離，加以馬共盤據泰南多年，人民不得安居樂業。泰南生產錫與橡膠礦，因交通不便，泰南農工產品，須從馬來亞的檳城出口。秉總理生長在泰南，對泰南情況瞭解最深。他做總理之後，決定要興建宋卡大橋，打通泰南至泰京曼谷的直通公路，以鞏固泰南的邊防。同時開闢宋卡海港碼頭，使泰南有個良好的出海口，便利泰南物資的進出。秉總理這兩大工程構想，交由交通部去研議實施。

⑴興建宋卡大橋

一九八三年五月七日，秉總理第四次改組內閣，泰國國民黨黨魁沙目（Samak Sundaravei）出任交通部長。我到任不久，就與他相識，由於兩人理念相同，交往日深，我曾多次邀他訪華，他對我國經濟發展印象深刻。我國有三家工程公司—中華、榮民、泛亞，在泰國從事公路建築，享有良好的聲譽，他也知道甚詳。沙目接掌交通部長之後，爲要達成秉總理興建宋卡大橋的旨意，他就有意將此次工程交給中華工程公司承建。爲此他特地到臺灣作一次私訪，查明中華工程公司有興建大橋的實力，他才決定雙方簽訂合約。

合艾是泰南最大的商埠，初始是我國華僑開埠的。百餘年前，我國福建籍華僑，逐漸從馬來亞移居過來，在泰南各地開荒，栽種橡膠，開採錫礦。後來泰南修築鐵路，華籍工人也留在這裡定居，慢慢形成商埠。宋卡是宋卡省省會，與合艾相鄰。一九八四年十二月九日，我飛往合艾，參加秉總理主持的宋卡大橋奠基典禮，順便到中華工程公司建橋工地參觀，看到工地在河邊搭起臨時廠房，河中正在打樁。晚間，我宴請泰南僑領，也邀請中華工程公司建橋的工程人員參加。席間華僑談及我國工程人員在泰南興建宋卡大橋，無不眉飛色舞，認爲這是我國國力的表現，都引以爲傲。往昔中國人移居泰國，都是赤手空拳的打工仔，而今來泰南的竟是工程師，爲他們通商便利而興建大橋，大家認爲這是中國人的光榮，對僑心有莫大的鼓舞。

秉總理對興建宋卡大橋非常關心，每次他赴泰南巡視，必定要去工地察看工程進度，在他第三次視察宋卡大橋建築情形時，監工人員向他會報說：「因河床水淺而淤積的污泥太深，橋基打樁工程稍有延誤。」秉總理聞悉甚爲不悅，指示建橋工程一定要如期完成。

我得知此事，於一九八五年四月四日，陪同泰國副總理汶庭（Boontheng Thongs wasdi）訪華，返國之便，前往中華工程公司洽商。黃文鎔總經理在泰工作多年，我曾與他相識，他也深知泰國情況。我和他們說：「秉總理非常重視宋卡大橋的興建，他很想在他任內，完成這項工程，以達成他爲泰南鄉人做點事的願望，因而他殷切期盼這項工程能如期完工。」黃總經理告訴我說：「我已派總工程師前往宋卡工地察看實況，研商之後，決定從大橋兩端同時施工，這樣就可趕上進度，不致延誤工期。」

我回到曼谷的第一個星期天，應邀在鐵路球場打高爾夫球，巧遇秉總理也在同一球場打球，兩人在發球時，相距很近，我就走過去，向他報告，中華工程公司爲趕工興建宋卡大橋，決定從大橋兩端同時施工，一定能如期完工。秉總理得

宋卡大橋落成，沈代表（右二）陪同中華工程公司總經理黃文鎔（右三）向秉總理（左一）說明建橋經過

悉，甚表欣慰。同時，我也將中華工程公司這樣決定，告知交通部長沙目，讓他放心。

中華工程公司爲配合外交需要，不顧成本，增加人工及裝備工具，又在橋的北部開始施工，工程進行甚爲順利，工期不但沒有延誤，反而提前完工，我聽到非常高興。一九八六年八月二十六日，舉行宋卡大橋通車典禮。前一日，我偕同經濟組長方仲民兄飛往合艾，次日清晨，我們駕車前往宋卡大橋，看到泰南民眾，扶老攜幼，在橋上行走，這時鑼鼓喧天，男男女女，穿著新衣，歡欣鼓舞，在橋上邊走邊跳，我們也擠在人群之中，從橋的南端走到橋的北端，花費約二十多分鐘，分享這一歡樂時光。

爲紀念秉總理施政對泰南人民的貢獻，這座大橋就以秉總理之名，命名爲「秉丁素拉暖（Prem Tinsulanonda）大橋」。在大橋北端入口處，樹立一個紀念碑，刻上橋名，及建橋經過簡史，建造此一偉大工程的「中華工程公司」，亦列名其上，以紀念中華工程人員在泰國的辛勞與成就。

⑵開闢宋卡海港碼頭

宋卡是泰南一個小漁村，瀕臨太平洋海岸，距離合艾約一個小時車程，逐漸發展成爲一個市鎮，現爲宋卡省省會所在地。中泰建交之後，我國在宋卡設有總領事館，辦理泰南華僑事務。我曾到宋卡訪問過幾次，覺得宋卡市面沒有合艾繁榮。

宋卡是秉總理的故鄉，他從小在這裡長大，深知泰南人民的疾苦。他執政後，有意在宋卡建立一個深水海港碼頭，便利海輪進出，輸運進出口物資，發展泰南地區經濟。他指示交通部研議此一海港工程計畫。

交通部長沙目知道我國榮民工程處在泰興建公路聲譽卓著，在臺灣興建臺中港、蘇澳港等重大工程，業績良好，又曾爲越南浚渫水道，爲美軍在南太平洋狄亞哥島興建海港碼頭工程，品質優良，享譽國際。因此他遂將開闢宋卡海港碼頭工程交榮民工程處承建。

宋卡海港工程開工典禮，沈代表（左一）介紹榮工處處長嚴孝章（左三）與秉總理及交通部長沙目（左四）晤談

一九八五年三月三十日，秉總理主持宋卡海港碼頭工程奠基典禮。前兩天，榮工處處長嚴孝章兄飛來曼谷，我們是多年老友，孝章兄又熱情豪邁，每次見面都非常親切歡樂。第二天，我陪同他飛往合艾，當晚我與嚴處長在旅館餐廳，宴請沙目部長及隨同來的交通部官員，席間大家共同舉杯爲中泰合作建設此一偉大海港工程而乾杯。孝章兄善飲酒而又會鬧酒，賓主盡歡，在杯觥交錯中，很快就建立起友誼。

三十日是星期六，我們起了個早，從合艾乘車趕到宋卡海濱，一眼望去，是一個平坦的海灘，沒有任何建築物。當地官員在海邊搭起一個臨時行禮場所。九時正，秉總理穿著泰國文官制服，駕臨會場，隨行有一大批文武官員。他依照泰國禮俗，先行齋僧拜佛，和尚誦經洒水畢，秉總理爲海港工程奠基，前來圍觀的民眾擁擠上前，爭睹秉總理的風采。禮畢，我陪同嚴處長上前，獻上花蓮榮民大理石工廠精製的一對石獅，做爲紀念，秉總理欣然接納，並與嚴處長交談數句，匆匆離去。隨後，嚴處長到工地視察一番，由施工人員向他簡報開闢碼頭的計畫及如何施工等等問題，嚴處長均一一予以指示。下午三時四十五分，我們與沙目部長同機飛回曼谷。

一九八六年二月二十日，行政院退除役官兵輔導委員會主任委員鄭爲元將軍前來泰國視察該會支援泰王山地計畫，及興建宋卡海港碼頭工程，隨行人員有榮工處處長嚴孝章、福壽山農場場長宋慶雲等，在曼谷住律實他尼旅館。當晚，我在希爾頓旅館設宴歡迎，並邀泰國有關官員會晤。廿一日上午，我陪同鄭主任委員一行，先後拜會最高統帥部總參謀長班卓上將（Banchob Bunnag）及秉總理，秉總理對榮工處興建宋卡海港碼頭工程施工進度情形，至表滿意。下午三時三十分，至皇宮晉見泰王蒲美蓬陛下，泰王對我國多年來支援泰北山地開發計畫，極表感謝，晚間由泰王山地計畫主持人畢沙迪親王在其私邸設宴歡迎，主客都是開發泰北山地工作的伙伴，相見沒有禮節拘束極爲親熱，大家開懷暢飲，談笑風生。

二十二日清晨，我陪同鄭主任委員一行飛抵清邁，下機後，由前福壽山農場副場長鄭希焜陪同，視察「農友泰」的農場。「農友泰」也是輔導會在泰國的一項投資事業，發展蔬菜水果種籽，鄭主任特派鄭副場長前來主持，業務進行極爲順利，在清邁郊外開闢兩個示範農場，所生產的蔬果種籽，受到泰國農民的歡迎，並行銷美國。下午一時，由畢沙迪親王陪同，前往泰王山地計畫「茵他暖農場」察看花卉栽培及果苗培育。

廿三日，我們一行飛回曼谷，由第一軍區司令披集中將（Pichitr Kullavanijsya）設午宴歡迎，餐後赴陸軍球場打球，披集中將畢業美國西點軍校，是泰國陸軍中一位優越的將領，風度翩翩，與鄭爲元將軍言談間儒雅從容，相敘甚歡。晚間，鄭主任委員假新南宮飯店，歡宴泰華榮光聯誼會人員。他們都是回國參加抗戰的華僑，現在雖然都已退伍，返回僑居地，可是他們的愛國熱忱未曾稍減。鄭主任委員特來慰勞，他們感到莫大興奮，宴會中，大家高唱抗戰歌曲，慷慨豪情不遜當年。

廿四日上午九時，我們飛抵普吉。普吉是瀕臨印度洋的一個小島，是泰南一個風景名勝區，尚待開發，泰國有意在此建一個海港，交榮工處承建，嚴處長特邀鄭主任委員前來察看此項工程的可行性。由於詹姆斯．龐德（James Bond）曾在此島拍攝〇〇七電影，因此聲名大噪，歐美人士紛紛前來觀光旅遊。我們住進珍珠旅館稍作休息後，即乘車前往攀牙海灣（Phang Nga Bay Resort），乘一葉扁舟，穿越海岸森林，猶如在非洲探險，慢慢離開海岸，進入印度洋，水波壯闊，遙見有大小山峯從水中冒出，山色之美，享有「小桂林」的稱譽，船駛抵斑玉島，我們下船稍作逗留，回程前往參觀詹姆斯龐德島（James Bond Island），裡面有個山洞，是拍攝電影的場所。歸來在珍珠旅館頂樓晚餐。談話中，嚴處長要求鄭主任委員讓他辭去中華民國棒球協會理事長的職務，而去兼管籃球協會的業務。嚴孝章說：「我有信心能提升我國籃球運動在國際上的水準。」鄭主任委員笑著說：「你已經把我國棒球水準提升到世界五強之一，此時誰會讓你辭卸棒球理事長的職務。」

廿五日，我們從普吉飛到合艾，乘車前往宋卡海濱，視察榮工處宋卡海港碼頭工程。先由施工處人員向鄭主任委員簡報施工進展情形。他們表示：在施工之初，港口泥沙淤積過多，浚渫遇到些困難，嚴處長得知後，派來一隻挖泥船，進行甚爲順利。我們看到海上有隻挖泥船正在作業，岸上泥沙堆積如山，工人都在忙碌。中午，回到工地聚餐。榮工處弟兄們看到他們的大家長鄭主任委員及嚴處長前來慰勞，好像在異國的子弟們，看到自己家中的父兄一樣的親熱，把他倆人團團的圍在中間，敬酒划拳，歡樂的情緒，就像是大家庭在圍爐過年吃團圓飯一般。飯後，鄭主任委員一行，搭機飛往馬來西亞檳城，繼續視察行程，我也滿懷欣喜，隻身飛回曼谷。

一九八六年八月三日，我在參加僑領陳廣深先生的郊外午餐會中，曼谷世界日報總編輯黃根和兄告訴我：「榮工處嚴孝章處長昨夜在維也納心臟病突發逝世。」我聞悉不勝驚愕，一個生龍活虎的人，事業正走上巔峯，怎麼就客死在異國旅邸中呢？次日看報，才知道嚴處長是去荷蘭阿姆斯特丹爲當天中華棒球隊參加廿九屆世界杯與古巴爭霸賽加油的，當中華健兒奪得世界杯冠軍的興奮時刻，突聽到最愛護他們的「成棒之父」走了，大家不禁圍抱起來痛哭。

八月八日上午十時，嚴處長靈柩由華航從阿姆斯特丹運抵曼谷機場，我陪同嚴處長公子嚴大爲與榮工處泰國辦事處主任莊鴻錕及華航人員在場迎靈，並進入機艙內看視靈柩，嚴公子扶棺痛哭，我看到這樣一位平素熱情洋溢的朋友，而今卻冷冰冰的躺在棺木裡歸去，內心悲傷，十分難過。

回憶十年前，我奉命返國述職，公畢，應嚴處長之邀，赴臺灣中南部，參觀榮工處興建的國家重大工程，他指派黃至、韋仲凰、吳紹同三位老友相伴。一九七六年五月二十日中午，我們搭機飛抵高雄，專車前往臺灣最南端鵝鑾鼻，夜宿墾丁賓館。次早，同遊墾丁公園風光，中午返回高雄市，參觀中鋼中船工廠，榮工處人員在旁解說建廠經過。二十二日，我們專車前往嘉義，看曾文水庫，下午參觀臺中港。在臺中附近，我們曾去看榮工處初成立時興建的一個小橋，全長不到五十尺。當時榮工處人工僅有六十名，而今發展爲一萬三千多人。當初一年完工的金額尚不足臺幣兩千萬元，而今榮工處全年完成的工程金額達臺幣兩百億元以上，在全世界五百家大營建廠商中，榮工處排名第七十八。這樣輝煌的成就，全係孝章兄高度的智慧和卓越的領導所獲致。就是因爲他拼命爲國家爭名聲，而不顧自身健康，竟突然凋謝了。

我回到家中，寫了一封慰唁信，給孝章嫂夫人及他的家人說：「頃悉孝章兄在奧國旅次，心臟病突發，與世長辭，噩耗驚傳，曷勝悲悼。孝章兄近年宣勤國外，每次途經曼谷，必相與聚談言歡，用以抒其風塵勞頓。觀其不畏艱險，力疾從公之豪情壯志，深爲國家得良材慶，亦嘗爲其健康憂，今終於爲國捨生聞，哀哉！猶憶孝章兄率領榮工弟兄，在泰興建公路橋樑，開闢海港碼頭，深爲泰國朝野所欽仰。並參與我政府支援泰王山地農業開發計畫，辛勤耕耘十餘年，今已桃李芳菲，遽知竟成遺愛人間。天胡不弔，奪我良朋，緬念風範，猶深景仰。尚祈節哀，繼志述事，諸維矜鑒。」

我總認爲孝章兄英年早逝，壯志未酬，深感遺憾。有一年我在美與韋仲凰兄談及此事，他說：「孝章兄有幸死在經國先生逝世之前，功業足傳千載後，否則，在今天民意高漲的環境中，他如何能輕易地卸下身兼六十餘職的重擔？」

(八)軍人政治家

八十年代初，泰國內部最嚴重問題，就是泰共盤據東北作亂和馬共侵佔泰南騷擾。秉在任第二軍區司令時，對於東北地區的泰共，採取經濟安撫重於武力征剿的策略，他深入泰共盤據的鄉間，與鄉民溝通，探詢人民疾苦，解決他們生活上的困難。深得人民的信賴，慢慢便將判亂地區收復，人民開始過安居樂業的生活。

他出任總理後，即本諸他過去處理東北泰共的經驗，於一九八〇年頒發第 662523 號行政命令，強調與共產黨鬥爭，必須以政治優先，而軍事行動予以配合。政府應該革新政治，消除社會上的不公平，整肅貪瀆，實施依法行政，謀求全國人民的共同利益與和諧。對於悔悟的判亂分子，予以特赦，解決他們的生計，輔導他們就業，在社會上重新過正常的生活。

由於秉總理大力推動「安撫泰共政策」，許多泰共走出山林，繳械投降，政府均予妥適安置，分配他們田地耕種。一九七六年暴亂時逃入山林裡的法政大學的學生，現也紛紛回校就讀，有的參加地方選舉，成爲國會議員，有的被延攬出任內閣閣員。最後泰南馬共也出來向政府投降。秉總理未曾大動干戈，就輕易的把擾亂泰國二三十年的共產黨問題弭平了。

秉總理執政八年期間，領導五黨聯合政府，他從未參加任何政黨及軍中派系，因而他享有用人唯才的自由，而不受政黨及派系的干擾，一九八〇年初，泰國面臨嚴重財政問題。一九八一年，他邀請泰國名財政專家頌邁（Khun Sonrmai Hoontrakool）出任財政部長。一九八四年四月，財政部長頌邁與泰國中央銀行總裁努軍（Nukul Prachabmoh）赴華府出席國際貨幣基金會議。國際貨幣基金會議建議泰銖不用採單一匯率，應改採浮動匯率。經秉總理召開有關官員會商，決定於十一月九日宣佈。宣佈前夕，頌邁不許所有與會官員離開財政部，直到政府正式宣佈泰銖貶值。

泰銖貶值引起全國人民的嚴厲批評，尤其是泰國陸軍總司令阿提上將（Arthit Kamlang-ek）在軍中電臺公開發表談話，指責泰銖貶值不當，實際上是他對泰國財政狀況不明瞭。泰國貨幣制度經此改革之後，有利泰國農工產品出口，日本、臺灣、香港工商企業，紛紛前來泰國投資，泰國紡織、成衣、罐頭食品、珠寶出口大增。泰國的觀光收入，也年增百分之十至百分之十五。自一九八七年起，泰國生產毛額有兩位數字的增加，經濟一片欣欣向榮。

秉總理執政期間，曾發生兩次政變，一次是在一九八一年四月一日，另一次是在一九八五年九月九日，都未能影響他的政治地位。他也遭受到反對人士的暗算，所幸均未受到傷害。一九八二年七月十六日，秉總理在訪問華富里（Lopburi）時，遭到三人持 M-72 步槍向他開槍，幸未擊中，刺客兩人被擊斃，一人被捕，但從未宣佈主使人是誰。八月十日夜晚，有人向秉總理西騷（Sisao Theves）官邸投擲手榴彈，傷及一名衛兵。九月一天晚間八時，在秉總理兼任國防部長辦公室的樓下，突然一顆炸彈爆炸，傷及四名衛兵及三名行人。秉總理對此事低調處理，也不公佈案情，讓這些不軌事件，在人心中淡忘過去。

一九八八年七月二十四日，泰國大選，泰國黨（Chat Thai）大勝，贏得國會多數席次。七月二十七日，五個政黨的代表聯合晉見秉總理，要求他繼續領導政府，組織新內閣。秉總理卻對他們說：「我已做夠了，現在該輪到你們，去擔負國家的責任了。」他們要求秉總理再做兩年，都被他婉拒。

秉總理終身未婚，他把全部的生命獻給國家。最初擔任軍職，後來從政，因無家室之累，從不爲自身計謀，他是泰國政府中最清廉的一位官員。他贏得全國人民的尊重及王室的信賴，被尊稱爲「軍人政治家」。他退休之後，泰王聘請他擔任樞密院大臣，繼續爲泰國安危貢獻心力。

泰國一位名作曲家蘇拉蓬（Surapol Thonavinik）寫了一首歌曲，稱頌秉總理的誠實及其對國家的貢獻。譯文如下：

當物價高昂、農田乾旱。雨水短缺、油價飛漲，人民感到不安時，秉來了。
他受人尊敬，他誠實而有決心要來抑制通貨膨脹，這是秉一生所面臨的最艱難的挑戰。
他面龐紅潤，具有魅力，但他現在快樂嗎？自從他執政以來，秉漸漸蒼老了。

泰國歷屆國務總理任職年表

PRIME MINISTERS OF THAILAND, 1932~1982

1. Phraya Manopakonnitithada (Kot Hutasing)	August 28, 1932-June 20, 1933
2. Phraya Phahonphonphayuhasena (Phot Phahonyothin)	June 21, 1933 December 16, 1938
3. Luang Phibunsongkhram (Plaek Phibunsongkhram)	December 16, 1938-July 24, 1944
4. Khuang Aphaiwong	August 1, 1944-August 17, 1945
5. Thawi Bunyaket	August 31, 1945-September 17, 1945
6. M.R.W. Seni Pramoj	September 17, 1945-January 31, 1946
7. Khuang Aphaiwong	January 31, 1946-March 18, 1946
8. Pridi Phanomyong	March 24-August 21, 1946
9. Luang Thamrongnawasawat (Thawan Thamrongnawasawat)	August 23, 1946-November 8, 1947
10. Khuang Aphaiwong	November 10, 1947-April 8, 1948
11. P. Phibunsongkhram	April 8, 1948-September 16, 1957
12. Phot Sarasin	September 21, 1957-December 26, 1957
13. Thanom Kittikachorn	January 1, 1958-October 20, 1958
14. Sarit Thanara	February 9, 1959-December 8, 1963
15. Thanom Kittkachorn	December 9, 1963-October 14, 1973
16. Sanya Dharmasakti	October 14, 1973-February 15, 1975
17. M.R.W. Seni Pramoj	February 15-March 6, 1975
18. M.R.W. Kukrit Pramoj	March 14, 1975-January 12, 1976
19. M.R.W. Seni Pramoj	April 20, 1976-October 6, 1976
20. Thanin Kraivichien	October 8, 1976-October 20, 1977
21. Kriangask Chomanand	November 11, 1977-February 28, 1980
22. Prem Tinsulanonda	March 3, 1980-

秉！當你睡眠時，你能闔起眼嗎？不要憂沉，堅強起來，奮戰到你最後一息，因爲佛國在熱烈的期望著你。（參考書：Prem Tinsulanonda-Soldier & Statesman by William Warren）

七、昭華立將軍集團

(一)民主軍人

一九七五年四月三十日，越共進佔西貢之後，泰國面臨的情勢，岌岌可危，外有越共大軍壓境，內有泰共顛覆活動，加以學生風潮不斷，工人遊行示威迭起。泰國有識人士，紛紛起而救亡，組織社團，抵抗共黨勢力。其中最著者，在社會中有鄉村童子軍的組織，在軍中有「民主軍人」（Democratic Soldier）的結合。

昭華立將軍（Chawalit Chongchaiyut）是「民主軍人」集團的領袖，他結合陸軍中一批優秀的中堅幹部，目的在以民主方式挽救泰國的危亡。他們大多數是陸軍中具有現代思想觀念的參謀官。我初次認識昭華立時，他是陸軍總部作戰署少將署長。「民主軍人」另一位領袖是拉威少將（Ravee Wanpan），他曾任泰國駐菲律賓武官，是一位有學養的軍人，舉止文雅，談吐溫和，我們常在一起球敘，因爲理念相同，成爲很好的朋友。在「民主軍人」中還有一有名人物是巴塞上校（Col. Prasit Navarat），他曾任泰國陸軍軍官學校教官，對共產主義及馬克思思想有相當研究,他主張對外聯絡蘇共牽制中共,對內主張安撫泰共和平紛爭，因此他成爲「民主軍人」的集團靈魂人物。他們這些主張，後來形成爲秉政府的重要施政政策。

昭華立誕生於一九三二年五月二十五日，他的父親也是軍人，曾任陸軍上尉。他自幼受父親的影響，立志做一個好軍人。他從泰國軍校第一期畢業，成績優異，是泰國第一批被選派到美國西點軍校深造的軍官。回泰後，出任陸軍參謀學校教官。越戰期間，自動投效，參加越戰，對越共的特種戰法有深刻研究。自越返泰後，調至陸軍作戰署工作，建立特種部隊「黑豹隊」，征剿泰共，屢建奇功。一九八三年四月一日，少壯軍人發生改變，秉總理隨泰王出走呵叻。昭華立時任陸軍作戰署長，夤夜趕往呵叻，協助秉總理策劃佈署兵力，弭平政變，成爲秉總理最親信的智囊和幕僚。

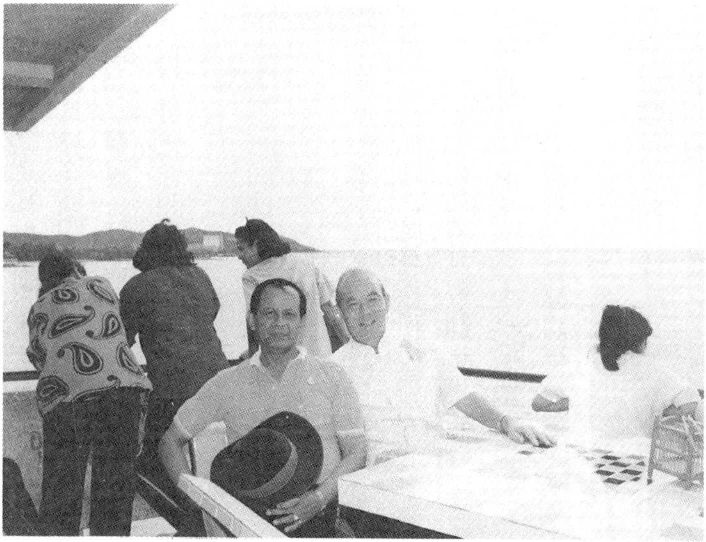

泰國鄉村童子軍領導人宋寬警少將（右二）邀請沈代表（右一）遊湄南河

㈡自比諸葛亮

泰國陸軍軍官學校講授戰術時，曾將羅貫中所著的《三國演義》列爲課程修讀，因而泰國軍人對於劉關張桃園結義及諸葛亮火燒赤壁的故事，均耳熟能詳。一九八四年一月九日，我邀請泰國國會議長查魯布、陸軍助理參謀長昭華立及「民主軍人」集團領袖拉威少將在家中晚宴。席間我們談到對日抗戰期間，泰國反日人士組織「自由泰」，參加盟軍對日作戰。「自由泰」分成兩股勢力，與美國合作的「自由泰」人士，由泰國駐美公使社尼巴莫領導。另一批「自由泰」人士，參加中國對日作戰。當時查魯布即被派往重慶，擔任「自由泰」的聯絡人，策劃泰人與盟軍合作，在東南亞對抗日軍，發生很大效果。查魯布說：他在重慶時，曾晉見蔣委員長，對於「自由泰」許多戰士，空降泰國，英勇從事敵後活動受中國長官，面予嘉勉，他一直感念在心。

當酒酣耳熱時，昭華立稱讚查魯布是劉備，領導「民主軍人」集團對抗共黨，而他自比是諸葛孔明。大談他自己生前前途有美好的規劃。他說：「我在兩年後，將可任陸軍總司令，五年後，將可任最高統帥，十年後，將可任國務總理。」在座主客，聞言大樂，一齊鼓掌，舉杯慶賀，氣氛極爲融洽歡樂。

當時我認爲昭華立將軍是泰國陸軍中一位精明幹練的參謀人才，文韜武略，均超越一般武夫。而且他又得到秉總理的寵信，和陸軍中部份少壯軍人的支持，他在軍中的前途，自可一帆風順，達到顚峰。至於在政治上的前途能否如此順利，我心中有點懷疑。因我聽到泰國有人詆毀他說：「民主軍人集團走蘇聯路線，不支持王室。」這可能對他的前途，形成一道障碍。但我對他當時剖腹相告，信心滿滿，熱情洋溢的情景，留下深刻的印象。

昭華立上將夫人攀渠（Khunying Phankura Yongchaiyudh）是泰國上層社會中一位極爲

活躍的貴夫人，她走到那裡都有一群夫人們跟隨著。聽說她是印尼出生的華僑，善於交際。她曾於一九八四年十月十八日，邀請內子任培貞同去羅勇府果園觀光遊玩，並採摘椰子，經數次旅遊之後成爲好友，並經常被邀出遊，惟因內子體弱醫囑不宜過分勞累，祗好婉謝了。

(三)榮任陸軍總司令

每年十月，是泰國三軍將領例行調動的時期，在人事命令未發表之前，大家最關注的焦點是陸軍總司令的人選。阿提擔任陸軍總司令,已經延期一年,不能再延。果不出預期，昭華立將軍於一九八六年十月榮任陸軍總司令。我曾登門向他獻花祝賀，這時他滿面春風，神采飛揚，向我保證，在他任內，中泰軍事合作將有良好發展。同時升任的陸軍助理總司令披集將軍（Pichitr Kullavamyaya），是美國西點軍校的畢業生，具有現代化軍人素養，在泰國軍中是一位優秀的將領。他的弟弟曾在

沈代表（左）陪同聯勤總司令溫哈熊將軍（中）拜會泰國陸軍總司令昭華立上將（右）

我國外交部舉辦之「遠朋班」受過訓，因而我與他們兄弟有親密的交往。披集將軍常邀請我和他在一起打球，有時到他家中聚飲。另一位陸軍助理總司令是順通將軍（Sunthorn Kongsompong），他在任特種部隊司令時，與我三、五兩軍舊部，在考牙山並肩作戰，擊敗泰共，因而對我國有特殊感情，與我常有交往。

昭華立將軍就任陸軍總司令不久，十月二十一日，我在家中舉行慶賀晚宴，邀請他夫婦參加，與我處同仁聯歡，氣氛極爲融洽。十一月十日，我國聯勤總司令溫哈熊夫婦蒞泰訪問。溫將軍是我衷心敬佩的老友，對於他的來訪，我事先作了周詳的安排。他於當天下午抵達曼谷，下榻世界聞名的東方旅館（Qriental Hotel），當晚由泰國陸軍助理總司令披集上將夫婦設宴歡迎，並請三軍工業處處長操中將（Chao），國防能源處處長艾特雅中將（Attaya）及國家經濟社會發展委員會秘書長蘇默（Sumet）等作陪，溫哈熊將軍與披集將軍都是美國著名軍校畢業的傑出將領，惺惺相惜，晤談歡洽。次日上午十時，我陪同溫總司令至泰國陸軍總部，拜會昭華立總司令，兩人在晤談中，昭華立簡述泰國軍事情勢，並詢問我國三軍聯合勤務制度，盼望能以相互後勤支援合作。陪同昭華立接見我們的，有陸軍副參謀長蘇清達中將（Suchinda Kraprayoon），他是泰國陸軍少壯派的領袖，軍校五期畢業，當時已嶄露頭角，特別引我注意，他站在昭華立身旁，沉默無言。後來竟發動軍事政變，跳過昭華立，搶先登上總理寶座。

在昭華立掌握軍權時期，中泰將領互訪頻仍，一九八七年二月二十三日，我國安全局局長宋心濂將軍，同年九月九日，臺灣警備總司令陳守山夫婦及一九八九年二月十日，國軍退除役官兵輔導委員會許歷農主任委員先後訪泰，都受到昭華立將軍熱烈接待。泰國海軍總司令尼蓬上將（Nipon Siridhara）夫婦，於一九八七年四月十五日訪華，我國海軍總司令劉和謙上將在臺北碧海山莊設宴歡迎，正值我回臺述職，應邀作陪。劉總司令任海軍艦長時，曾率艦訪泰，席間談及我國軍艦當年訪泰時受到泰方歡迎的情況，猶感溫馨。

一九八九年四月，昭華立將軍以陸軍總司令升任兼代最高統帥，披集將軍升任副統帥，順通將軍升任統帥部參謀長，他的愛將蘇清達任陸軍副總司令，軍權集於一身。在他任內，泰共接受安撫，紛紛走出山林投降，越共已自柬埔寨撤軍，邊境威脅紓緩。昭華立將軍號召全國軍民，開發東北部。他曾請求我國支援。我深感泰國東北部區域遼潤，地瘠民貧，開發費用浩大，非我國外援經費所能負擔，未敢輕易承諾。

(四)組織政黨　出任總理

泰國軍方規定，凡是軍人，六十歲必須退休。昭華立將軍依照他本人的規劃，提前於一九九〇年十月退休，出任國防部長，由順通將軍升任最高統帥，蘇清達將軍升任陸軍總司令，一九九一年二月二十三日，順通統帥以反對政府貪污爲名，推翻民選的察猜政府。泰王蒲美蓬任命外交官出身的亞南（Anant Suranavanich）任過渡總理，訂於一九九二年三月舉行國會大選。昭華立將軍具有民主理念，糾合泰國東北部地方有勢力人士，組織新希望黨（New

Aspiration Party），參加一九九二年三月二十二日國會大選，結果卻由卡塞背後策動成立的「正義統一黨」取得國會最多數七十九席，正義統一黨由軍方幕後策動，結合泰國黨、社會行動黨、泰國公民黨、民眾黨，以國會過半數一九五席，組成聯合政府，並公推正義統一黨黨魁乃隆組閣。未料美國公然指乃隆涉及毒品交易，最後由新軍事強人、最高統帥兼陸軍總司令蘇清達搶先當上總理。昭華立滿懷希望，辛苦參選，最後卻落了空。

蘇清達基於利害關係，引用了一批「雜牌軍」來政治分贓，依照憲法限定閣員名額，參加聯合政府的各政黨，依照每個政黨具有五名眾議員，得佔有一名閣員配額，進行分配，自然授予反對黨抨擊的口實。

昭華立的新希望黨，與同屬軍人出身的針隆少將領導的道德力量黨，聯合民主黨及團結黨，組成民主政黨聯盟，反對蘇清達的軍人獨裁政府。針隆少將曾任曼谷市長，在曼谷具有極大號召力，他以「誠信」、「民選」政府為標幟，號召傾心民主的市民，起而反對軍人執政。在蘇清達上任還不滿一個月，開始要在國會報告施政時，針隆就發動數萬人，舉行示威絕食。蘇清達為和緩局勢，表示願意修憲，增訂「總理來自民選」的條文，使連續一星期的十萬群眾暫時散去，但隨後又馬上改口，五月十七日，針隆號召了一、二十萬群眾在皇家田及五馬路一帶集會遊行，遭到軍警阻擱，引起暴力衝突，軍隊在街頭濫射，群眾死傷很多。在政潮流血四天後，雙方對峙不下，局勢極為嚴重，乃由前總理秉上將出面斡旋。因為蘇清達原是秉在陸軍任總司令時的舊屬，針隆曾是秉總理內閣的秘書長，經協調後，蘇清達答應修憲，針隆應允解除抗爭，最後由秉樞密大臣率領蘇清達和針隆二人晉見泰王蒲美蓬，兩位政敵匍匐跪在泰王面前，聆聽訓示二十分鐘，一場流血動亂，始得以和平化解。

一九九二年六月十日，泰王再度任命亞喃（Anant Suranavanich）任臨時政府總理。鑒於民意反對軍權，亞喃開始對軍事強人削權，強化以文人主導軍隊的體制。九月大選結果，四個民主政黨聯盟，在眾院三百六十席中，共獲一百八十五席，推選民主黨華裔黨魁乃川、立沛（乃川是第二代華裔，本名呂基文）出任總理，新希望黨黨魁昭華立出任內政部長。

一九九五年七月十二日，泰國大選，泰國黨獲勝，黨魁挽限組織七黨聯合政府。他迫使國會立即召開首次會議，選出當年提拔他的泰國黨資深政治家汶余爲國會議長，負責提名挽限出任新總理。十三日，汶余議長前往挽限家中佈達國王任命令，挽限全家和其他六黨黨魁肅立聆聽。宣讀後，汶余把任命令放在香案中間泰王肖像前。挽限向泰王肖像行跪拜禮，揭開香案前花蓋表示領受後起立，向泰王宣誓，並感謝王恩。隨後，走到香案前接取任命令，成爲泰國六十三年君主立憲史上第二十一位總理，也是泰國華裔商人致富從政的「布衣卿相」。

挽限出生在泰國中部素攀省直轄市一家華人小店舖，華文招牌「永裕豐」，父親馬成金，是潮州人。挽限幼年讀當地華校，名叩馬德祥，十二歲時，轉來曼谷升讀高中，畢業後，跟著父兄學做生意，他有「算盤頭腦」，二十四歲自行創業，進入建築業而致富。一九七四年開始從政，參加泰國黨，獲選爲素攀省眾議員，連續當選六次，曾任內政、工業、交通及農業合作部部長。一九八五年八月二十六日，我曾陪同泰國黨重要議員訪華，由前任黨魁巴曼（Pramram Adireksarn）率領，議員中有挽限等七人，他們在臺灣停留一週，我曾陪同他們拜會經濟部王建煊次長、輔導委員會鄭爲元主任委員，外交部朱撫松部長及總統府沈昌煥秘書長等，並陪同他們參觀新竹科學工業園區、臺中福壽山農場及臺北故宮博物院。大家生活起居在一起，很快就建立起良好友誼。當時我就知道挽限主管泰國黨的財務，泰國黨參加選舉所需經費，都是由他一手籌措，因而他在泰國黨中最具影響力。

挽限政府受到反對黨的挑戰，一直不能穩定政局。一九九六年九月二十七日解散國會，昭華立領導的新希望黨，靠大選前挖角成爲最大政黨，組成六黨聯合政府，終於十二月一日，登上國務總理寶座，並兼任國防部長。誰知人算不如天算，昭華立縱有孔明之妙算，可是上臺後，面臨泰國空前的金融風暴。他雖掌握軍政大權，但對如何處理金融危機，卻感到一籌莫展，束手無策，勉強維持政局不到一年，於一九九七年十一月，被迫黯然下臺。

參　我認識的泰國政壇人物

一國駐外人員，必須對於駐在國的政局有足夠的瞭解，始能推展其所擔任的外交工作。要想瞭解當地國家的政治情勢發展，必須究研這個國家的歷史文化及典章制度，尤其重要的，要能認識當時政壇上的一些人物，進而交往，建立友誼，外交工作始易展開。

我出使泰國期間（一九七五—一九八九），適值泰國政局動亂不安，國內外情勢危疑震撼，政海風浪詭譎萬端。有些政治人物，曇花一現，隨波而去，有些是政壇上的不倒翁，對泰國政局有舉足輕重的影響。這些泰國政壇上人物，有的現已作古，有的還活躍政壇。今就我記憶所及，敘述與他們相交的一點往事，藉以表達我對他們的敬意與懷念。

一、社尼與克立兄弟

往昔東方國家，政權常操在家族手中。泰國建政以來，一直是王國，政權自然操縱在王貴冑族之手。一九三二年之後，泰國雖實施君主立憲，但王族在社會上仍享有崇高地位。社尼巴莫（M. R. Seni Pramoj）與克立巴莫（M. R. Kukrit Pramoj）兩兄弟，出生王族，封爲親王。自幼在英國牛津大學受西方良好教育社尼學法律，克立攻讀政治經濟，昆仲均學養深厚，才藝出衆。第二次大戰之後，社尼是民主黨黨魁，克立另立門戶，自組進步黨，後來演變成爲社會行動黨。八〇年代中期，兩黨輪流執政，兄弟兩人替換出任國務總理，這時泰國政權，操在巴莫家族手中，顯赫一時，惟兄弟間之情誼，則因爭掌政權，而愈趨疏遠。

(一)戰時社尼領導「自由泰」抗日

一九四一年十二月七日（當地時間）晚間，日本駐泰大使出現在鑾披汶（Phibun）總理官邸。有重要事要見總理。適値鑾披汶前往泰國東北部視察新從高棉收回的各省，乃由外長廸瑞克（Direk Jayanama）代見。日本大使通知泰方，日本已對英美宣戰，要求借道泰國，攻取英國殖民地馬來亞及新加坡。泰國外長當予拒絕，立即通知鑾披汶總理趕回曼谷緊急會商。數小時之後，八日拂曉，日軍開始向泰攻擊，同時日軍偷襲珍珠港，空軍轟炸曼谷廊曼機場，兩棲部隊在暹邏灣七處強行登陸。鑾披汶於八日清晨七時回到曼谷，立即下令停火，爲了國家生存，採取同意日軍借道泰國，但要求日本保障泰國的獨立，並於十二月十二日，與日本締結軍事同盟。

一九四二年一月二十五日，泰國政府在日本壓迫下，決定向英美兩國宣戰。當時社尼任泰國駐美公使，認爲泰國對美宣戰爲非法，不能代表泰國民意，他決定不向美國政府遞達宣戰書，並成立自由泰（Free Thai），與美國戰略勤務署（The Office of Strategic Service-OSS）合作，在唐諾萬將軍（William Donovan）領導下，召集在美國各大學唸書的泰國學生，志願參加軍事訓練由飛機空降或潛水送回泰國，從事地下反抗活動，爲盟軍收集情報。另有一部份泰國愛國志士與華僑青年，遠赴中國受訓，然後潛回泰國，與盟軍併肩對日本作戰。一九四四年十月五日，美軍戰略勤務署設在雲南思茅的聯絡站，收到自由泰從泰國發出的電訊，報導在泰日軍調動的情況，對盟軍在東南亞與日軍作戰有很大幫助。

一九四四年，在東南亞之盟軍正採取攻勢，日軍節節敗退，潛伏在泰國境內的「自由泰」份子，反日活動日趨活躍，一部份受駐重慶盟軍指揮，一部份受設在印度及錫蘭的英軍總部指揮，積極訓練泰國人民，從事破壞日軍工作，爲盟軍搜集情報，開闢飛機跑道，準備迎接盟軍。此時因日軍大勢已去，英國主張進佔泰國，使泰國成爲被保護地，泰國政府便透過「自由泰」與中美聯絡，要求中美兩國領袖從中疏解，最後得到美國羅斯福總統及中國蔣委員長的大力支持，因此戰後泰國才能維持獨立自主。

㈡社尼出任戰後首任總理

一九四五年八月十五日，日本宣告無條件投降，泰國攝政大臣乃比里（Pridi）立即宣佈泰國對英美宣戰違法，並宣佈鑾披汶政府與日本結盟的條約無效，以資恢復泰國戰前的地位。

泰國總理社尼巴莫親王（左四）偕夫人伍莎娜（右二）與沈代表夫婦合影

當時的乃寬總理爲了表明他領導的政府與日本合作的錯誤，自行辭職下臺，國會宣佈邀請社尼巴莫返國，出任戰後泰國首任總理。

九月初，英國認爲戰時泰國准許日本借道攻佔馬來亞及緬甸，使得英國損失重大，向泰國要求賠償，其中包括歸還賠償英國損失的財產，無限期在泰駐軍，無償提供泰國白米一百五十萬噸。社尼巴莫運用「自由泰」戰時與中美兩國所建立的友好關係，設法阻止英國這些不合理的要求。

社尼巴莫執政期間，推行民主政治。前總理乃寬（Kuang Aphaiwong）領導的民主黨，乃比里（Pridi）支持的人民黨，社民的弟弟克立巴莫組織的進步黨，及東北部政客成立的合作黨，參加一九四六年一月的大選，結果民主黨獲勝，國會推選乃寬出任總理。五月制訂新憲法，實施眾議院及參議院兩院制。社尼巴莫擔任戰後總理，爲期不到半年。

戰後泰國民生凋敝，通貨膨脹，官吏貪污，社會不安，民主政府不能穩定政局，軍事政變迭起，政權遂落入軍事強人之手，其後二三十年，分別由鑾披汶、乃沙立、他儂先後掌握政權，實施威權統治。直到一九七三年十月十四日，學生示威抗議，才推翻了他儂政府，由曾任法政大學校長桑雅（Sanya Dharmasakti）出組文人政府，恢復民主體制。

㈢克立組閣與中共建交

一九七五年一月，國會大選，這時左派氣焰高漲，左傾政客紛紛組黨參選，結果沒有一個政黨獲得多數席位。社尼巴莫繼承乃寬，領導民主黨，試圖與兩個左傾政黨聯合組閣不成，乃由其弟社會行動黨黨魁克立巴莫運用圓滑的政治手腕，與十三個小政黨聯合，組成中間偏左政府。

一九七五年四月間，高棉及南越相繼淪於共黨之手，克立政府面臨國家存亡關頭，毅然要求美國立即從泰撤軍，並於七月一日宣佈與中共建交，與中華民國斷交，馬紀壯大使下旗歸國。

一九七五年九月十日，我奉派爲駐泰代表，前往曼谷履新。曼谷原是我舊遊之地，而今情勢丕變，左傾勢力膨脹，共產思想瀰漫。一九七六年三月二十一日，成群結隊的學生浩浩蕩蕩在美國大使館前遊行示威，高喊「美國大兵滾回去」，並列隊到農村宣傳民主。工廠工潮迭起，天天罷工。書肆充滿馬克思、列寧、史大林、毛澤東、周恩來、金日成、胡志明的書籍與畫像。左傾份子高喊階級鬥爭及人民革命，甚至教導人民製造莫洛托夫麵包籃式炸彈，襲擊軍警。任何政令未得學生團體同意，不能施行。社會不得安寧，國幾不國。在此混亂情況下，我的工作無法展開，而且還要籌謀應變措施，心境至爲憂悶。一天週末下午，在聯合國糧農組織工作的我國專家王振伍兄，邀我同去看克立巴莫主演的「醜陋的美國人」電影，劇情與泰國當時情況完全相似，克立巴莫主演劇中的總理，維妙維肖，比他現時擔任的總理角色，表現得更好。劇中美國大使面臨的問題與感受，我心有感感焉。

泰國值此危急存亡關頭，有識人士均認爲克立政府太弱了，不足以拯救國家的危亡，人民一致希望有一個堅強的政府，領導全國渡過危險。反對黨議員遂要求國會舉行不信任辯論，以圖推翻克立政府。克立爲應付反對黨倒閣與各方面的壓力，在不得已的情況下，於一九七六年一月十二日，毅然解散國會，定期於同年四月四日舉行全國大選。

大選揭曉，右派政黨大勝，左派政黨慘敗。在全國二七九個議席中，民主黨獲一一四席，泰國黨五十六席，社會正義黨獲二十八席，國家社會黨獲八席，這四個黨聯合組織政府，共有二〇六席，佔國會全體議員三分之二強，可以組成一個強有力的政府。左傾政黨原在國會佔有三十七席，右派人士預期，在此次大選中可以增加一倍席位，結果全軍盡沒，所有左派政黨僅獲六席，充分顯示泰國人民的覺醒，厭惡共黨。

一九七六年四月二十日，泰國第三十八屆內閣正式組成，推舉民主黨黨魁社尼巴莫出任總理兼任內政部長，其對內對外政策的整個傾向是親西方，反共黨，可以說是一個中間偏右的政府。社尼這一屆政府，由於獲得國王的信任與人民的支持，應可穩定泰國政府於一時。不幸就在新閣宣示就職的第二天，四月二十三日清晨，國防部長乃吉（Kris Sivara）突然逝世。因爲乃吉將軍係當時泰國軍中強人，軍中遽失領導中心，致使社尼政府失去了軍方的支持，加以泰國軍中兩位元帥巴博與他儂先後於八月及九月返國，引起軒然大波。到了九月二十二日國會審查預算時，左翼黨派及民主黨左翼議員對社尼不能迫令他儂離泰，交相指責辱罵，社尼總理氣憤之下，當場宣佈辭職。

社尼政府垮臺之後，左傾議員復推選其弟克立再度組閣。克立在舞臺上演戲，令觀眾讚賞，但他却無力安撫人心，穩定當時的政局。一九七六年十月四日，國王再度任命社尼擔任總理，新政府於十月五日就職，次（六）日清晨就被軍人政變推翻了。這是泰國歷屆政府中壽命最短的，爲時才不過一天。

㈣社尼獲中華民國「桂冠詩人」榮銜

在過去半個世紀中，泰國人一直把社尼當作國家偶像看待，無人不對他崇拜。自二次大戰後，他曾歷任三屆泰國總理，是泰國的一位元老政治家。

一九四一年，社尼年方三十六歲，出任泰國駐美公使。當時泰美雙方尚未互設大使，他是泰國駐美全權代表。一九四二年初，日本曾強迫泰國向美國下達宣戰書，社尼爲維護泰國的獨立，拒絕銮披汶總理的訓令，不將泰國的宣戰書送交美國國務院，使得泰國沒有對美國宣戰，並組織「自由泰」與盟軍併肩對日作戰，因此戰後才能維持泰國的獨立。這一偉大的成就，不獨為泰國人所稱頌，而且在國際外交史上也是空前的創舉。

社尼畢業於英國牛津大學，考取英泰兩國律師執照，曾任泰國高等法院法官，是一位國際知名的法學家，他於卸任司法部長之後，曾在曼谷成立一家有名的律師事務所。一九六一年，應泰國政府之聘，率領一批律師，出席海牙國際法庭，為泰國與高棉爭奪考柏威限寺廟案（Case Concerning the Temple of Preah Vihear）而辯護。當年高棉施亞努王子向國際法院控告泰國無權管轄這座位於泰柬邊界的寺廟。社尼依據一九〇四年兩國邊界條約的規定，指稱該寺廟位於泰國國界之內，應屬於泰國領土，惟國際法院認為兩國應遵守一九〇七年繪製的國界地圖所定的國界綫，裁決將寺廟地區的主權歸於高棉所有。此一案件泰方雖敗訴，但社尼在國際法院中的雄辯，却贏得國際法學界的讚賞。

據當時我國駐泰杭立武大使告訴我，此案敗訴後，曾引起全泰國人民的憤怒抗議浪濤洶湧。當時總理，沙立元帥深感不安，在接見杭大使時，口中念念「考拍威限」、「考拍威限」，不知如何措置。杭大使向沙立元師建議說：「考柏威限寺廟位於泰國境內，泰國祇須派兵封鎖通往考拍威限寺廟道路，高棉軍民即無法進入該寺廟。」沙立元聞言恍然大悟，此一兩國爭吵多年的懸案，竟霍然而解。

我初識社尼巴莫，是在高爾夫練球場上。看到我正在陪同沈昌煥大使練球，便走過來指導我們如何打球。他說：「打高爾夫球正如同跳泰國舞一般，要輕鬆自然。」以後每當我打球時，便想起他這句名言。

一九八二年十一月十五日，我去素坤逸路親王府拜會社尼巴莫，當面邀他夫婦訪華，他欣然接受。他告訴我說：「自由泰對日作戰時，得到中國許多支持，戰後英國主張盟國派軍佔領泰國，受到蔣委員長大力反對，泰國才能保持獨立，因此他對蔣委員感念在心。這次訪華，盼能安排他至臺北中正紀念堂，向蔣委員長銅像獻花，並赴桃園大溪謁陵，以表達他內心的感念與崇敬。」我允一定遵理。十一月十七日中午，我赴機場送社尼巴莫親王夫婦赴華訪問。他們夫婦在華訪問一週，歸來甚表滿意。他告訴我說：「在華訪問期間，得到總統府馬紀壯秘書長精心安排，中華民國詩學會理事長鍾鼎文先生，邀集詩人在臺北賓館集會，頒贈桂冠詩人榮銜給我，並當場相互吟詩唱和。我個人在文學方面的成就，得到中華民國詩人們的讚賞，令我衷心喜悅。」自是之後，每年我

社尼巴莫親王（中）訪華，受到兩位前任駐泰大使沈昌煥（左一）與馬紀壯（右一）熱烈歡迎

舉辦的雙十國慶酒會，他都來參加，成爲中華民國的眞正友人。

社尼巴莫學養深厚，是一位誠篤君子，我每與他晤談，如沐春風，溫馨和煦，不像他的老弟放蕩不羈，在政壇上翻雲覆雨。社尼退休之後，息影家園，偶而參加社團慈善活動。有一次我參加泰國婦女保衛國土大會其夫人伍莎娜（Usma）舉辦的慈善義賣活動，凡捐款泰幣一百銖者，社尼當場爲其畫像。我去參加這項慈善活動，自應捐款，以襄善舉。社尼不費兩分鐘功夫，當場爲我畫了一張素描，簽上他的大名送給我，殊爲珍貴。

一九八二年十月二十日，前駐泰大使總統府秘書長馬紀壯海軍上將由其愛女陪同，代表政府前來參加曼谷建都二百週年慶典，受到泰王隆重禮遇。社尼巴莫在其親王府設午宴歡迎，我夫婦陪同馬秘書長一行前往參加，社尼夫人伍莎娜烹調泰國各式菜肴，熱情招待我們。社尼說他一向祇吃一點午餐當我們用膳時，他却爲我們彈琴唱歌助興，使全屋洋溢著歡樂的氣氛。

社尼巴莫生於一九〇五年五月二十六日，一九八五年五月二十六日是他八十壽辰，我持花籃前往親王府道賀，我問他養生之道。他說：「他平素在家早午餐吃一點，晚餐不吃，保持心境平靜（Mind Tranquil）。」他活到九十二歲，於一九九七年七月二十九日因心臟病和腎衰竭逝世。他領導的民主黨，一直是泰國最大政黨，執政多年。他的良善風範，將永爲泰國從政人士的楷模。

二、巴曼與察猜是姐夫郎舅

巴曼將軍（Pramarn Adireksarn）是乃屛元帥（Phin Choonhavan）的賢婿，察猜（Chatichai Choonhavan）是乃屛元帥的獨子，他們兩人是姐夫郎舅。一九七八年共同創建泰國黨，先後出任黨魁，在泰國政壇上是活耀的一對人物。

一九四七年十一月八日，乃屛元帥領導政變，趕走了乃比里（Pridi 華裔中文名陳佳樂）。參加政變的有砲・是耶暖警察上校（Phao Styanon）及沙立上校（Sarit Thanarat）。後來沙立掌握軍權，出任總理，乃砲任警察總監，權勢煊赫・乃屛屈居副總理，抱憾終生。

(一)察猜外長策劃與中共建交

一九二二年四月五日，察猜誕生於曼谷軍人世家。一九三九年，他從泰國皇家軍校畢業，一九四六年，畢業於騎兵學校，一九四八年畢業於美國裝甲兵學校，一九四九年任駐美少校副武官，一九五五年返泰，升任上校裝甲兵學校校長。在此期間，與我國裝甲兵司令蔣緯國將軍交遊，由於兩人出身相同，都具有大家公子洒脫的風采，氣味相投，交情深厚。

一九五八年，察猜言行不愼，得罪了沙立元帥，幸獲他儂元帥蔭庇，轉任外交官，外放南美阿根廷代辦，一九六〇年升任駐阿根廷大使。一九六三年調任駐奧地利大使，兼任駐土爾其大使。一九六八年調任駐瑞士、南斯拉夫、教廷三國大使，並兼任駐日內瓦聯合國分部大使，在外交壇坫上，可以說是一帆風順。

察猜自幼受其父親薰陶，胸懷大志。十年外交生涯，他認爲是被沙立元帥放逐在外，心有不甘，總想回國大展鴻圖。一九七二年，他儂元帥將其召回國，任外交部政治所所長，後升任副部長，軍階亦升爲少將。一九七五年初，察猜參加大選，獲選爲國會議員，克立巴莫組閣，察猜出任外交部長，這時泰國面臨國際共黨威脅，情勢非常危急。

一九七五年四月十七日，高棉淪亡於東共，四月三十日，北越攻佔西貢。五月五日巴特寮得勢寮國和平轉移政權，美國被迫自東南亞棄守，泰國面臨嚴峻情勢危急萬分。泰國外交在傳統上向以維持國家生存爲第一優先，

巴曼副總理訪華，攜來泰國特產水果之王榴槤，面贈總統府秘書長馬紀壯，沈代表陪同

察猜外長看風轉向，暗中透過秘密管道，向中共表達建交意願，得到善意回應，於六月中旬，選派老練的外交官亞南潛往北京，與中共商談建交細節，一切準備就緒。克立巴莫總理偕同察猜外長於六月三十日前往北京訪問，拜會毛澤東與周恩來，七月一日雙方簽訂聯合公報，宣佈泰國與中共建交，贏得泰國人士的頌讚，認爲這是察猜外長的一大成就。

一九七五年初，正値世界發生石油危機，察猜乘機以友誼價格，向中共購得一批原油運泰交森美公司提煉，解決了泰國石油問題。他爲進一步促進與中共的友好關係，成立「泰中友好協會」，自任理事長，從事雙方各項交流活動。

對於泰國與中華民國斷交，却引起軍方將領的不滿，八月十三日國家安全會議，建議政府與中華民國互設「中泰貿易中心」，以維持雙方的實質關係，並經國務會議通過。待我外交部亞東太平洋司司長周彤華於八月間前往曼谷商談中泰互設新機構問題，泰國外交部深恐引起中共的反對，堅持兩國新設機構，祇能以航空公司名義對外，並限定辦事處須設在華航曼谷分公司之內。

八月二十八日，外交部沈昌煥部長派我前往曼谷主持此一新機構。九月一日，周彤華司長陪我去拜會華航董事長雷炎均將軍，商談我在曼谷華航公司的名義。雷董事長認爲爲了掩護我政府官員身份，最好用華航曼谷分公司副經理的名義對外。我回部向楊西崑次長報告，他說：「政府在無邦交國家設立的新機構，不論名稱爲何，其主官均應統稱爲代表，以國家代表身份駐外辦事。」由於楊次長這一明確的決定，我的頭銜便成爲華航曼谷分公司的代表。

九月七日，我以華航代表名義，赴泰履新，要想展開外交工作，眞是困難重重。在當時

泰國黨黨魁巴曼將軍（右四）率泰國黨要員訪華，在總統府拜會馬紀壯秘書長（右三），團員挽限（右五，後出任泰國總理），沈代表（右二）陪同

環境下，察猜外長自不願接見我，泰國外交部官員更加有意與我疏遠，我如有公務要與泰國官方交涉，其間所遭遇到的艱辛委曲，誠如寒天飲冰水，點滴在心頭。有一天，我的好友泰國法政大學校長陳貞煜博士對我說：「你在中泰斷交之後，來泰國辦外交，我對你所受到的痛苦，深表同情。」

一九七六年四月大選之後，民主黨在國會議員二百七十九席中，獲得一一四席，與泰國黨組織聯合政府。民主黨黨魁社立巴莫出任總理，泰國黨黨魁巴曼任副總理，民主黨披猜（Bhichai Rattakul）任外長，察猜轉任工業部長，這是一個中間偏右的政府，我的工作環境有了好轉，開始與這些政府首長有了交往。八月十五

日，流亡在臺北的巴博元帥突然返回曼谷，引起巨大的政治風潮，社尼政府搖搖欲墜。爲安定政局，泰國外交部不得不出面，商請我政府同意巴博元帥回臺居住。這時我的政府成爲兩國間必要的管道，扮演了關鍵角色。巴博元帥才能於八月十九日午夜由察猜部長陪同，搭專機飛回臺北，平順的解決了泰國的一次政治風潮。

(二)巴曼兩度訪臺

泰國黨是改組他儂元帥領導的泰聯黨而成立的，是軍人與政客的結合，他們親美反共支持政府。立場屬於保守的右派政黨。黨魁巴曼出身軍旅，官至少將，爲人平和，不多言語，行事穩重，待人誠懇，與察猜的外交官作風，迥然不同。一九七六年，巴曼曾任社尼政府的副總理兼國防部長，我對他甚爲敬重，每逢他有喜慶，我都前往祝賀，府上賀客盈門，他周旋其間，雍容儒雅，有政黨領袖風度。

一九八四年六月，我邀巴曼夫婦訪華，他欣然同意，並邀泰國黨國會議員二十四人同行。六月二十六日，他在新金冠（New Rancome）酒樓宴請我，並介紹我與他同行的泰國黨議員認識。全團共三十三人，我特請泰國留華僑生劉文隆隨團照料。劉文隆是一位忠貞華僑，送文隆去臺灣，在國立政治大學畢業，中泰語文均佳。回泰後，與泰國黨議員交往密切，由他陪同前往，將可增加泰國黨與我方的友誼。泰國黨代表團於六月二十九日搭華航啓程，在臺訪問五天，考察我國農工建設，七月四日，返回曼谷，我赴機場迎接，他們對此行甚表滿意，對於臺灣農民生活優裕，至爲讚賞。巴曼夫人問我：「在臺每次參加宴席，佳肴滿桌，但却沒有飯吃，是何緣故？」我說：「大概是主人認爲客人菜已吃飽了，無需再吃飯了。」

第二次巴曼訪臺，是在一九八五年八月二十六日，我親自陪同他們住在臺北環亞飯店，每次參加我國政府首長正式宴會之後，同行的泰國貴賓們回到旅館，再向侍者要白米飯吃，因爲他們習慣每餐必須吃飯，否則腹中感覺沒有吃飽。一天，中華工程公司請他們晚宴，飯前我特別交待黃文熔總經理，宴席中一定要準備白飯，等到宴席快要結束時，我要侍者送上飯來。他說：「臺北餐館預先定好的宴席，都沒有準備飯。」我不便再向黃總經理詢問，祇好由他們回旅館再去吃飯了。

巴曼此行有九人，都是泰國黨重要議員，其中有掌管泰國黨財政大權的挽限，他是華裔商人致富從政的典型人物。他的中文姓名是馬德祥，出生在泰國中部蘇攀布里省直轄市一家「永裕豐」小店舖裡。十二歲時，到曼谷升學，直到高中畢業，並在他哥哥經營的酒業商店裡學習做生意。二十四歲自創建築業而致富，有了錢後，就想有權。一九七四年開始參政，獲選爲國會議員，並用他個人的財富，支持泰國黨議員競選經費，受到泰國黨內多數議員的擁護，歷任內政部長、工業部長、交通部長、農業合作部長等多項閣員職位，待巴曼退出政壇後，一九九三年他躍上泰國黨黨魁寶座。一九九五年七月大選，泰國黨獲勝，泰王任命他爲泰國立憲史上第二十一位總理。

巴曼一行在臺期間，除拜會政府有關部會首長之外，我曾陪同他們赴新竹參觀科學工業園區，並赴臺中福壽山農場，參觀高冷蔬菜業及落葉果樹的栽種技術。行前一天下午，退除役官兵輔導委員會主任委員鄭爲元將軍邀請巴曼將軍在淡水高爾夫球場球敘。他們兩人的行事風格相似，球技也差不多，一場球打下來，很容易便成了好朋友，我也因爲陪同他們一起參加各種活動，與泰國黨的議員們也就有了交情，對於我在泰國的工作，有了很多幫助。

(三)察猜登上總理寶座

一九八八年七月二十四日，泰國舉行大選，泰國黨大勝，獲得國會議員席次最多，依照憲法，應由泰國黨黨魁察猜組閣。當時察猜鑒於秉總理聲望正隆，不願出面組閣，遂邀社會行動黨黨魁實鐵（Siddhi Savetsila，歷任秉政府外交部長，係秉總理的中學同學）、民主黨黨魁披猜及人民黨黨魁田猜（Tienchai Sirisampham）聯袂晉謁秉總理，敦請秉上將續任總理兩年，卻遭秉婉拒。秉上將和緩的告訴他們說：「我做了八年總理，已經夠了，現在輪到你們了。你們都有能力，應該負起國家的重任。」

他們辭出之後，感到群龍無首。社會行動黨元老政治家克立巴莫遂對察猜說：「你的父親乃屛元帥去世之前，曾對我說，他一生沒有做上行政首長的位子，深感遺憾，唯望他的獨生子將來能以實現他的願望。」克立這番話，打動了察猜的心，毅然出面組閣。由泰國黨（八十七席）聯合社會行動黨（五十四席）、民主黨（四十八席）、人民黨（二十一席）、及大羅黨（五席）組成政府。同年八月四日，泰王任命泰國黨黨魁察猜少將爲國務總理。察猜即按照各黨所獲國會議員席位多寡，分配內閣席位，成爲泰國眞正民選政府。察猜自兼國防部長，任命其姐夫巴曼爲內政部長，這時察猜家族掌管了泰國軍政大權。十月四日上午九時，我拜會察猜總理，因他知道我與泰國黨許多議員及他家人關係深厚，他在接待我時，態度顯已好轉。

察猜就任總理之初，多數人民對其主政能力表示懷疑，認爲他的政府難以維持長久。惟其富有外交家隨機應變的經驗，就任之後，四出分訪友邦，肆應靈活，獲得國際讚譽。對內施政，英明果斷，說到做到，頗得人民支持。爲求穩定政局，任命當時軍事強人昭華立爲副總理兼國防部長，以期獲得軍方的支持。

察猜執政兩年多，政府官員貪污事件，時有所聞，引起中產階級的不滿。一九九一年二月二十三日，最高統帥順通上將遂以反對政府貪污爲名，發動泰國現代史上第十一次不流血政變，輕易的推翻了察猜的政府。

察猜蟄居一段時間之後，不甘寂寞，自己另起爐灶，成立國家發展黨，自居黨魁，仍活耀政壇。平日常見他口銜著雪茄，擺出一副英國紳士的派頭。後因患腸癌，赴歐醫治，不幸客死英國異邦。

三、乃樸・沙拉信父子

乃樸・沙拉信（Phote Sarasin）是泰國一位賢能的政治家，德高望重，享有清譽，受到各方推崇。一九五〇年代初，他出任泰國駐美大使。一九四九年中共佔據中國大陸，一九五〇年六月韓戰發生，一九五四年越共聲勢高漲，中南半島情勢危急。美國、英國、法國、菲律賓、泰國、巴基斯坦、澳大利亞及紐西蘭八國爲防止共黨在東南亞的擴張，於一九五四年九月八日在馬尼拉簽訂東南亞集體防禦條約，一九五五年二月十九日生效，成立東南亞公約組織，總部設在泰國曼谷，推選乃樸·沙拉信爲秘書長，負責東南亞地區的政治指導工作，深得各會員國的信任。

一九五七年九月十七日，沙立元帥發動政變，推翻鑾披汶政府。他說：「他是代表泰國人民，廢除骯髒舉出來的國會」，成立臨時政府。沙立因患肝硬化，須赴美就醫，遂推舉乃樸·沙拉信出任臨時國務總理，以博取美國好感。年底大選，執政黨雖贏得多數，乃樸拒絕續任總理，改由沙立元帥副手他儂出任總理。乃樸這種讓賢的風範，受到泰國朝野人士的讚賞。

一九七五年，我任泰國代表時，乃樸已退出政壇，從事商務，擔任泰國興業銀行董事長。一九七八年十月二日，外交部楊西崑次長前來泰國訪問。三日上午十時，我陪同他去興業銀行拜會乃樸（泰語乃字係對男士的尊稱，猶如中文稱爲先生）。乃樸對中華民國當前困難的外交處境甚表同情。楊次長向他說明：「我國目前所面臨的困境，是他國所未有。但是我國仍堅持民主、自由、反共的立場，加強與我友好國家的關係，拒絕與共產國家往來。希望東南亞國家能認清共產國家的眞面目，是在企圖赤化顛覆這些國家。它們爲了達到目的，不擇任何手段。今天它願與你來往，不管你怎樣，它都和你往來。如果明天它不願與你來往，不管你如何牽就，它都不願同你往來。」乃樸回答說：「從事外交要冷靜現實，以貴國今天的處境，應該加強開展與各國的經貿關係。兩人的談話雖然沒有完全交集，但是乃樸語重心長，他所提出的意見的確是出乎友情的建議。後來事實證明，凡與我國斷交的國家，由於我國本身經濟發展快速，再加上力求增進彼此經貿關係，雙方貿易額不見減少，反而大幅度增加。所以我們對於這些國家，雖無形式的外交，仍能維繫實質關係於不墜。

外交部次長丁懋時（右）訪泰，與泰國前總理乃樸·沙拉信（左）餐敘

乃樸．沙拉信對泰國經濟建設貢獻甚大，與我國經建首長李國鼎、孫運璿等人交誼甚篤。一九八七年十一月十日，李國鼎先生來泰參加麥格塞塞得獎人大會，我邀請乃樸與其餐敘，兩人相談中泰經濟建設的往事，如數家珍。乃樸說：「泰國建設公路之初，力主開國際標，防止國內不肖廠商圍標，

並交由國際工程公司監工，可防止偷工減料情事發生，因此泰國公路的品質優良。」我記得泰國一家僑商承建曼谷市區至廊曼機場一條公路，監工檢驗，認爲不符合標準，令其挖掉重建，使得該僑商幾至破產。在一九六〇年代，就因爲乃樸主張開國際標，我國有中華、榮工、泛亞三家工程公司，在泰國得標，承建泰國三條邊陲公路，完工品質優良，信譽獲得國際承認，從而發展成爲國際工程公司。當時中華工程公司泰國分公司的經理黃文鎔、榮民工程公司處長嚴孝章、泛亞工程公司經理陳豫，他們在國內及國外工程建設上都有輝煌的成就。

乃樸·沙拉信祖籍海南，富有家業，在曼谷市中心最繁華的是隆路口，有一條博蓬路，這條街道是他家的產業，因而命名爲「乃樸·沙拉信巷」。他在巷內營建一座大的庭院，自己住在主屋，週圍環繞着各自獨立的樓房，由其兒女分住，維持中國大家庭一家人生活在一起的習俗，享受天倫之樂。

乃樸育有四子，均很傑出，可說是一門俊傑。長子蓬·沙拉信從政，參加社會行動黨。一九八八年七月二十八日，泰國黨黨魁察猜組織聯合政府，邀請乃蓬·沙拉信出任副總理，享有清譽。一九八三年十月二日，外交部次長丁懋時夫婦訪泰，我在曼谷東方酒店頂樓法國餐廳，邀請乃樸·沙拉信與丁次長餐敘。乃樸由其長子乃蓬夫婦陪同前來參加，同席還有從美國來的友人李傳璋博士夫婦。酒店面臨湄南河畔，夜色燈火迷人，餐廳氣氛柔和，菜肴鮮美，交談歡樂，這是一次極爲成功的交誼。後來我得知乃樸應邀訪問日本，我特請其順道訪臺，安排與其老友行政院院長孫運璿及李國鼎等人晤談。此行由他長子乃蓬隨行照料，亦可見其父子情深。

乃樸次子抛・沙拉信，出身警界，曾任泰國緝毒委員會秘書長，警察副總監、警察總監、國務院副總理，與我交往較多。國內每有警界首長來泰參觀訪問，我都安排與其晤談，對於中泰合作緝毒及逮捕逃犯有很大幫助。一九四六年四月初，我返國參加使節會議期間，調查局翁局長約我商談，如何緝捕逃往泰國重要嫌犯林宗誠及廖世倫問題。我說：「我國不能直接派員前往泰國逮捕嫌犯，必須將嫌犯的犯罪事實通知泰國警方，由泰國警察將其逮捕，交給泰國移民局，由泰國移民局認定其爲非法入境，強令遣返，派員押上華航飛機。調查局可派員在機上接收，將嫌犯押回偵辦。」翁局長認爲此項緝捕程序妥適，請我回泰多方協助。我回泰後，即分別宴請泰國警察副總監抛・沙拉信中將及移民局局長瓦立（Wanich）少將，獲得他們兩位首長充分的合作，很順利於五月底將林廖兩嫌犯緝捕回國審訊。

乃樸第三個兒子阿沙・沙拉信從事外交，才華優異，甚得當時外交部長他納柯滿器重，歷任泰國外交部經濟司長，駐比利時大使，不知因何緣故，後轉往金融界發展。聽說乃樸第四個兒子是軍人，我無緣認識。

四、泰國兩位傑出的外交家

泰國有兩位傑出的外交家，一位是他納・柯滿，一位是披猜・叻達軍。他們兩位都曾做過外交部長、民主黨黨魁、國務院副總理。他納是一位職業外交家，一生從事外交工作，具有傳統外交家的風範，舉止端莊，見解高超，議論精闢，言詞犀利，享名國際，深受尊重。披猜出身商界，參加國際扶輪社，從事國民外交，風流瀟洒，不拘小節，樂與人交往，人人皆愛之，是泰國一位最好的親善大使。我有幸與他們兩位交往，受益甚多。

(一)名外交家他納・柯滿（Thanat Khoman）

一九五七年九月十七日，沙立元帥政變成功，因患肝硬化，出國就醫，國務總理交由乃撲沙拉信暫時代理。當時泰國左傾思潮瀰漫，工潮迭起，生產癱瘓。一九五八年中，沙立病癒，思考回國施政問題。他以七個月時間，與他納密切研商。他納認爲：「泰國政局不能穩定的根本原因，在於遽然移植外國制度於我國土地上，未有適當顧及本土傳統環境，以及泰國人民的性格與特質。換言之，未能顧及泰國的民族性，以致造成功能不彰，甚至引起社會混亂。回顧泰國歷史，我們很清楚可以看出，泰國在威權統治下，反而政府更有效能，社會繁榮。所謂威權統治，並非暴政，而是集合全民力量的統一治權。」這番議論，深得沙立讚許，認爲泰國需要以革命的手段，解決泰國面臨的各項問題。

一九五八年十月二十日，沙立元帥由英倫悄然返回曼谷，立即宣佈戒嚴，廢除憲法，逮捕左傾的智識份子與新聞工作人員，嚴格管制新聞自由。在他五年執政期間，對內嚴格打擊犯罪，要求社會秩序及環境清潔。對外實施親西方反共黨的政策，由外長他納柯滿主導。

一九六一年一月，寮共破壞一九五四年日內瓦協定，肆行攻擊，威脅泰國邊境安全。東南亞公約組織開會研商對策，美泰等國主張以軍事干涉寮國戰事，因英法兩國反對而無法採取行動。他納乃說服美國國務卿杜勒斯，發表美泰兩國聯合聲明，由美國向泰國保證，必要時得單獨履行東南亞公約義務，協助泰國抵抗共黨侵略，無須徵得他國同意。此一聯合聲明，後來被引用時，被稱爲「他納柯滿與杜勒斯協議」，保障了泰國的安全，這是他納外交上的輝煌成就。

一九六三年十二月八日，沙立逝世，他儂元帥繼任國務總理。他儂雖無沙立元帥的魅力與魄力，但他待人忠厚寬容，在他執政十年（一九六三—一九七三）期間，他納一直擔任外交部長，延續親西方的政策。第一，泰國接受美援，出兵參加越戰。第二，大力發展經濟，加速現代化。第三，引導中產階級興起，民主自由思想澎湃。此時，泰國外受越共的威脅，內有泰共的顚覆活動，國家安全情勢危急。他納外長運用他高明的外交，於一九六四年四月十三日東南亞公約組織在馬尼拉舉行十週年理事會時，說服各締約國外長，同意締約國中一國或數國得單獨履行義務，援助受共黨侵略之國家，而無需徵得全體同意。因此使泰國的安全獲得進一步保障。

他納主持外交期間，屬主張親美，但他並不是一味聽從美國的頤指氣使，而常指責美國對東南亞政策的錯失，不顧及當地國家的國情，硬將美國的思想制度強加於他國，引起各國人民的反感。自從一九五〇年，聯合國亞洲暨太平洋經濟委員會由中國上海遷移到曼谷，曼谷已成爲國際活動中心，他納運用他高超的識見與睿智，縱橫國際壇坫，提升泰國的國際地位，而他自身也成爲國際馳名的外交家。

沈代表（左一）陪同他納柯滿副總理拜會外交部長朱撫松（右二）及教育部長李煥（右一）

辦理外交的使者，他的交涉對象是駐在國的外交部，這是常規。可是有時爲了達成任務，不得不隨駐在國政權中心所在而轉移交涉對象。在沙立元帥執政期間，我國駐泰大使杭立武博士便與沙立總理交往密切，有事就直接與沙立交涉，越過泰國外交部，引起他納外長的不滿。及至到了他儂元帥執政期間，我國駐泰大使彭孟緝與馬紀壯兩位將軍，與他儂及巴博兩位元帥氣味相投，更加直接交往，自然引起泰國外交部的反感。到了沈昌煥大使，以外交部長身份出使泰國，受到他納外長的重視，我駐泰大使館與泰國外交部的關係始獲改善。

一九七五年九月，我赴泰履新，在中

泰斷交之初，要想與泰國外交部正式交往，確感棘手。這時他納柯滿已不做外交部長，我知道他對泰國外交仍具有很大的影響力，可是我又無緣去拜會他。一九七六年一月八日，外交部楊西崑次長路過曼谷，我知道楊次長與他納相識，遂將楊次長來泰的訊息用電話告知他納，他納不但願意接見，並在愛侶灣大酒店設宴歡迎。席間，他納對我在泰工作甚表關注，並向我表示：「倘遇有困難，願意相助。」他如此關懷，令我感奮。

自我認識他之後，我們之間的交往逐漸密切，我遇事向他請教，他也眞誠的相助。一九七六年八月十八日杭立武博士來泰訪問，次日他納在家中設午宴歡迎，我在座相陪，聆聽兩位老外交家談論中泰關係往事。十月二十日，我邀宴他納伉儷晚餐，他也欣然光臨。以後凡是國內來的政要，祇要我通知他，不論識與不識，他都在家設宴接待，這時他已不在政府中任職，費用全由他自掏腰包。就我記憶所及，像孫運璿、趙聚鈺、張光世、辜振甫、杭立武、楊西崑、錢復諸位先生都曾是他的座上客。我曾數度邀請他訪臺，他不顧政府不許官員訪臺的禁令，欣然前往，他對我國人民奮發自強經濟繁榮的景象，稱讚不已。他也曾赴大陸訪問，歸來告訴我：「共產黨統治中國數十年，但對中國的傳統文化並無重大改度。」

一九八〇年十月二日，外交部次長錢復訪泰，時他納柯滿任副總理，掌管外交事務，他以國賓之禮公開接待，當晚設盛宴歡迎，並邀與我有邦交國之駐泰大使作陪，席間，他納抨擊美國對東亞政策之失當，造成今日東南亞之危機。散席後，錢次長說：「他納之坦率直言，好像葉公超。」我則認爲：論才識經驗以及在國際上所享有的聲譽，他納堪與我國顧維鈞大使相媲美。

(二)社會運動家披猜・叻達軍（Bhichai Rattakul）

一九七六年四月二十日，泰國民主黨黨魁社尼巴莫組閣，任命披猜叻達軍爲外交部長。我持鮮花前往道賀，他不受傳統外交慣例的拘束，對於我這個無邦交國的代表，特別友善親近。這時他才四十九歲，一表人才，英俊瀟洒，沒有外交官裝腔作勢的壞習氣，態度隨和，談吐自然，短暫的禮貌拜訪，在和諧歡愉的氣氛中，好像已經變成爲老朋友了。

披猜是華裔，中文名陳裕財，他出生在三攀他旺府（Samphanthawong）三亞（Sam Yak）縣。他的父親經營西藥業，自幼送他到香港聖彼得學校唸書。一九四一年史提芬學院（Stephen College）畢業後，回到曼谷，承繼家庭商業，一直做到耀華力公司（Yaowarad Co.）總經理，成爲泰國一位知名的富豪。他平素參加扶輪社，從事社會公益活動，擔任扶輪社三三〇區（東南亞區）主席，交遊廣闊，是泰國社會上一位活躍的人物。一九七五年冬，我履任之初。披猜公司新建大廈落成，舉行開市典禮，一時冠蓋雲集，我應邀參加，與美國駐泰大使並肩而坐，相互交談，受到的禮遇，爲眾多賓客所注目。

在社尼兩屆內閣中，披猜都任外長，在此期間，我與泰國外交部交往順暢。一九七六年八月中旬，巴博元帥，突然引起政治風暴，泰國外交部爲請求我國准許巴博返臺，特派副次長察萬與我交涉，深夜親臨寒舍兩次，坐等一兩個小時，終使風波迅速解決。經歷這次危機處理，使我深深感到，當他國有求於你時，則事情好辦，當我國有求於他國時，則較困難。駐外人員辦外交，求人的時候多，當人求你時，你要本着眞誠相助，藉此機緣，與對方建立起友誼，以後遇事就好辦了。

一九七九年越共部隊入侵柬埔寨，推翻棉共波樸政權，高棉人民四散逃亡，掀起了洪水一般的難民潮，引起各國人民的同情與關注。蔣夫人宋美齡女士曾在美國八家大報刊登啓事，呼籲世人對難民伸出援手，國人紛紛響應。臺北扶輪社組織救援團，携帶大批藥物及救濟品，於一九八〇年十一月十五日飛抵曼谷，十六日晚間，披猜在其郊區私邸，設盛宴歡迎，中泰雙方扶輪社友百餘人前來參加，我也躬逢其盛。披猜用英文致詞歡迎，講話中偶然夾雜幾句華語，詼諧幽默，引起全場歡笑，一團和樂的氣氛昇華至高點。飯後雙方談妥，由曼谷扶輪社安排，於十八日陪同臺北扶輪社友，前往泰國東北部尖竹汶府邁律難民營，分發救濟衣物及藥品，並由臺北扶輪社出

外交部長披猜叻達軍（左一）與沈代表（右一）晤談

資，交由曼谷扶輪社代爲購置抽水機，在難民營掘井抽水，以解決難民們的飲水問題。

一九八二年初，我邀請披猜副總理訪臺，他欣然接受，於三月十九日成行。在臺期間，受到他的老友我國歷屆駐泰大使的熱烈歡迎。時任總統府秘書馬紀壯大使設盛宴款待，席間，外交部長沈昌煥致詞，稱讚披猜副總理是一位才華超眾的外交使者，也是一位熱情洋溢的社會運動家，更是一位高瞻遠矚的政治家。披猜站起來，謙遜地說：「我祗是一個平庸的人，具有一顆爲社會服務的心，熱愛朋友，因而也受到友人們的愛護。」馬紀壯秘書長、沈昌煥部長與披猜副總理三人都是具有親和力而又擅長言詞，老友異地重聚，談往話舊，氣氛格外友好溫馨。

其後，披猜數度出任泰國國務院副總理。一九九八年泰國民主黨執政，披猜當選國會議長，對泰國詭譎多變的政局，多少會發生些調和鼎鼐的功能。二〇〇〇年九月間，全世界國家國會議長在紐約聯合國總部召開首次會議，我在電視螢幕上，看到這一位笑容可掬元老政治家的風采，顯現在各國議長的耆英群中，眞不愧是號稱微笑國裡的人民代表。

五、泰國政壇兩位青年才俊

我在泰國任職期間，先後認識泰國政壇上兩位青年才俊：一位是創建泰國國民黨的沙目先生，領軍參政，一鳴驚人；另一位是泰國社會行動黨的新秀素維先生，一入政壇，即獲重用。他們兩位都是泰國的帥哥，英俊瀟洒，風度翩翩，才華出眾，形象清新，爲泰國年輕一代所喜愛，連任國會議員，多次出任部長及副總理，今後要想登上總理寶座，就要看泰國政治上的風雲際會。

(一)泰國副總理沙目（Samak Sundaravej）

初聞沙目先生大名，是在一九七六年秋，這時他以民主黨的青年才俊，出任社尼巴莫內閣的內政部副部長。我於這一年十一月二日到內政部去拜訪他，在他辦公室內，擠滿了求見的民眾。他從容周旋於賓客之間，和藹可親，與每一位訪客，親切交談，詞鋒犀利，氣宇軒昂，給我留下美好的印象。

自從一九七五年，越棉寮三國相繼淪爲共產國家之後，泰國外受隣近共產國家的威脅，不時與寮國高棉發生邊境衝突；內受泰共叛亂分子滲透顛覆，學潮罷工迭起，政局動搖激盪，情勢岌岌可危，大有可能成爲東南亞下一張倒下的骨牌。當此國家存亡之秋，泰國有識之士，無不憂心忡忡，奮起圖謀拯救國家於危亡。

一九七九年三月十七日上午，沙目先生以在野之身，來我辦公室暢談救亡圖存之道。我爲他的救國熱情所感動，隨手在書架上找出兩本書贈送給他，一本是英譯版三民主義，一本是臺灣土地改革與經濟發展。我說：「孫中山先生爲了救中國，述這本三民主義。一直是我國政府的施政綱領，現今經濟建設，就是實踐他的理想，我送這兩本書提供你參考。」

沈代表與沙目副總理把酒敘談

過了一段時間，沙目先生又來看我。他說：「為了達成我的救國救民的宏願，我將另組政黨，命名為泰國國民黨，其宗旨在追求泰國國家的獨立自主，泰國人民的福祉安寧，並將參加下屆國會大選。計劃第一次參選，要贏取京都地區議席的多數，第二次參選，贏取曼谷及京都附近省區議席的多數，第三次參選，贏取全國選區議席的多數。依照泰國憲法規定，國會每四年改選一次，他的目標訂在十二年後，泰國國民黨將可執政，施行他的福國利民政策。」我聽了他的雄圖之後，對於這樣一位有理想有抱負的政治家，敬佩之心，油然而生。

沙目先生領導新成立的泰國國民黨，參加一九七九年四月二十二日國會大選。在競選期間，沙目先生在曼谷王家田廣場上，振臂高呼，每次聽講的群眾超過數萬人。他呼籲泰國人民團結起來，保衛國家，擁戴王室，維護佛教，共同來為泰國民主自由奮鬥。他競選演說，雄辯滔滔，像湄南河水，一瀉千里，當時雖赤焰使沙目先生一夜之間，一躍而成為泰國政壇升起的熠熠明星。

泰國國民黨囊括曼谷地區三十二席中的二十九席，又贏得省區三席。此一漂亮的選舉結果，所得，作為國民黨的競選經費，這也是近代民主國家政黨籌措競選經費的創舉。開票之日，高漲，亦莫之能禦，因為他說出泰國人民的心聲。他的演說錄音帶，在大街小巷銷售，全數

一九八三年五月七日，沙目先生任秉內閣的交通部長。他就職當天上午，親來我辦公室拜訪。他說：「今天是他上任之日，他要第一個先拜訪的就是中華民國的代表。」我聽了甚為感動。認為他是一位有情義的友人。在他任內，中泰合作關係有顯著的增進。他決定將宋卡海港碼頭工程交我榮民工程處承建，繼將貫通泰國南北交通的宋卡大橋交給中華工程公司建造。秉總理對於在他家鄉興建的這兩項重大工程，非常重視。中華工程公司開始建造宋卡大橋的橋基工程，因河水淺而淤泥深，初期稍有延誤。秉總理聞悉，親往視察工程進度，指示一定要如期完成。我特為此事，飛回臺北一趟，商請中華工程公司加快建造此橋的進度。中華工程公司為求趕工，決定從橋的兩端同時施工，這樣加速進行，宋卡大橋遂得順利提前完成。一九八六年八月二十六日，舉行通車典禮，泰國南部人民歡欣鼓舞盛大慶祝。為紀念秉總理施政對泰國的貢獻，這座大橋就以秉總理之名，命名為「秉丁素拉暖」（Prem Tinsulanonda）大橋。我與沙目部長同往參加此一盛典，兩人相見，都為這座象徵中泰人民友誼的大橋完工同感歡欣。

一九八三年二月九日晚間，我去參加僑領謝正民、國民兄弟們為其尊翁卜蜂公司創辦人

謝易初老先生在越貼素聱佛寺舉行的喪禮，在座有前總理堅塞上將。我正在與堅塞談話，這時沙目先生步入禮堂，他看到堅塞上將出家爲僧，身披袈裟，沙目先生馬上走到堅塞面前行下拜禮。我站在一旁，親眼目睹這一幕情景，印象深刻。在我國人眼中，沙目與堅塞二人，不啻是政敵，沙目先生尊佛敬老，眞心誠意，向堅塞上將下拜，這種雍容禮讓的君子之風，實是現代政治家民主風範的最佳寫照。

一九九四年雙十節前幾天，沙目夫婦應我國府政府邀請來臺訪問，在這期間，行政院新聞局頒贈國際傳播獎章給他，以表彰他多年來爲促進中泰友誼所作的貢獻。我邀請他賢伉儷參加中泰文化經濟協會歡迎泰國華僑回國慶賀團於十月八日在中泰賓館舉行的茶會，沙目先生以貴賓身份在會中演講，他的才華與風采，不減當年，引起全場僑胞熱烈的迴響。坐在他身旁的沙目夫人，雍容華貴，溫婉莊麗，展現出泰國婦女和藹慈祥的高貴氣質。

一九九五年六月十三日，欣逢沙目先生六十華誕，我雖遠居美國，仍獲邀撰文爲他祝賀。

一九九六年十二月一日，泰國第二十二位總理昭華立組織新閣，沙目再度蟬連泰國副總理，而今他已成爲泰國的元老政治家。他一直堅持著他的政治理念，爲民主自由而致力，雖得到曼谷京都地區智識分子的支持，因他不願與金權黑道掛勾。終難得到廣大鄉村地區民眾的多數選票，在泰國敗壞的選風中，要想登上總理寶座，看來似尚遙遠。

他爲了實現爲民服務的理想，於二〇〇〇年，委身參加曼谷市長選舉。以他多年從政的聲望，一舉當選，登上首都市長寶座，得以施展他福國利民的宏圖。

(二)泰國副總理素維（Suvit Khunkitti）

曼谷中華會館理事曹似能先生，一天帶著他的外孫素維來到我的辦公室。我與曹似能相識已經很多年，他在泰國東北部坤敬府經商有成，在曼谷設有居所，經常參加僑團各種活動，是一位樸實的商人，具有中國傳統濃厚的鄉土氣質，而站在他身邊的却是一位受過現代化良好教育溫醇英後的青年，我乍見之下，就感覺到他有遠大的前途。曹似能說：「我這個外孫剛從美國留學回來，在美國大學獲得科學學士和碩士的學位，但對中國文化很少認識，我想帶他去臺灣，讓他瞭解一點中國的山川文物。」當時我滿口答應說：「讓我來安排你們祖孫二人一同去臺灣參觀訪問，使他藉此機會能以認識中國文化。」

我寫了一份報告，說明曹似能先生多年來在僑社的愛國貢獻，晚年擬携其甫從美國學成歸來的外孫素維赴臺灣作尋根之旅，請國內有關單

沈代表夫婦與僑領曹似能夫婦（右二、三）合影

位代爲安排其訪問行程。經呈報核准，並允提供他們祖孫二人在臺灣的食宿費用。

曹似能帶著他的外孫素維到了臺灣，受到僑務委員會委員長毛松年的熱烈歡迎。因爲毛委員長二十年前曾在泰國工作過，他對泰國僑情甚爲瞭解，與曹似能又是舊識，不但設宴招待他們祖孫二人，而且安排他們參觀國父紀念館、故宮博物院、歷史博物館以及臺灣的各項經濟建設。他們祖孫二人對於這次祖國之行甚表滿意，從此我們常相過從，加深了我與他們兩人的友情。

素維的父親是坤敬府有名的木材商，家財富有，在泰國東北地區甚孚人望。素維本人又受過良好教育。一九八六年七月二十七日，泰國國會舉行大選，社會行動黨徵召素維參加國會議員選舉，輕易的獲得當選。初進入國會的素維，因爲在美國受過良好的教育，社會行動黨爲充實他的政治歷練，任命他兼任泰國外交部的顧問。一九八八年升任外交部機要秘書，在這段期間，他對我在泰工作有了很多幫助。

素維參政不久，由於他才能優異、形象清新，很快就在政壇上成爲耀眼的明星。一九九二年九月三十日，內閣改組，素維出任司法部長，年僅三十五歲。後來又轉任農業部長，當時聯合國糧食暨農業組織我國專家王振伍博士曾在泰國東北部工作多年，與曹似能及素維家人相識很久，建議我國運用此一時機，選派農技專家，協助泰國東北部開發，以增進中泰邦誼，惜此計劃未能爲我國政府所採納。

一九九七年十月二十六日，泰國新希望黨黨魁昭華立組織聯合政府，素維以社會行動黨的新秀，出任副總理兼司法部長。素維一九五七年十月十七日出生，時年四十，正值青壯茂盛年華，好自為之，相信他會領導泰國民主政治。走上正途。二〇〇一年二月十七日，泰王任命「泰愛泰黨」黨魁克辛出任總理，素維任首席副總理，不久，又兼任教育部長，聲望日隆，政治前途未可限量。

六、曼谷兩位名市長

泰國節基王朝（Chakri dynasty）自奠都曼谷以來，經兩百多年的經營，曼谷已經成為全國的政治、經濟及文化的中心。曼谷位於湄南河畔，瀕臨暹羅灣，地勢低窪，每年雨季來臨，常成為水鄉澤國，市內溝渠，可以行船，故有東方威尼斯的雅號。一九六六年，我初履斯土，曼谷商業地區，店舖多為二層樓房，住宅多為平房，郊外全是四根木柱撐起的高架屋，既可避雨水，亦可享受風涼。到了八〇年代，工業興起，高樓大廈林立，曼谷逐漸發展成為現代化都市。

我在任駐泰代表期間，公務接洽對象，多為泰國中央政府部門，但首都市長地位重要，我也有機緣認識曼谷兩位有名的市長。一位是泰國民主黨元老譚瑪農，一位是泰國道德力量黨黨魁針隆，他們兩人在泰國政壇上地位也是赫赫有名。

(一)譚瑪農市長（Tammanoon Tian-ngern）

一九七五年七月一日，泰國與中共建立邦交，承諾不與我政府發生官方關係。我到任之後，要想打開此一僵局，不免遭遇相當困難，因爲泰國官員與我交往多少有些顧忌。一九七六年四月初，我接到外交部通知，臺北市長張豐緒夫婦訪問約旦，九日路過曼谷，停留兩天。我藉此機緣，於八日下午二時，前往曼谷市政府，拜會譚瑪農市長，說明張市長夫婦次日途經曼谷，有意前來拜訪請益。譚市長概允於十日上午接見，並安排午宴款待。席間兩位市長交換市政經驗，張市長當面邀請譚市長訪華，譚市長亦表首肯。

張豐緒市長返國後，於五月下旬寄來正式邀請函。我於五月三十一日持函往見譚瑪農市長，譚市長見到邀請函甚表高興，允即安排隨行人員，將於近期成行。

曼谷市長訪華團人員，包括譚市長夫婦，市府秘書長藍達卡夫人（Khunying Nandaka Suprabhatananda），市議會議長操瓦立（Chaovalit Singcharoen），兩位副議長、市政顧問、四位區長、市長秘書及隨從共有十四人，他們於六月十七日下午搭華航班機飛往臺北，我前往機場送行，對他們說：「中泰斷交一年來，你們是第一個官方正式訪華團。」他們聽到都感到榮幸，期望此行能增進雙方的友誼。

曼谷市長訪問團在臺訪問一週，受到張豐緒市長熱烈款待，並安排他們參觀臺北市政及臺灣各項經濟建設，甚感滿意。他們回來之後，曾於七月十八日晚間，在福祿壽大餐廳設宴邀請我夫婦歡敘。席間，他們暢談訪臺觀感，對於當時行政院蔣經國院長所推行的行政革新及十大建設，至表讚揚。

他們回泰之後，自動為我國宣揚，引起曼谷市議會議員們的興趣，紛紛要求組團訪華。市議會推請議長操瓦立與我接洽，經向國內報准之後，我於九月三十日在福祿壽餐廳為他們餞行。曼谷市議會訪華團赴臺訪問一週，各位市議員對於臺灣社會安定及人民勤奮得到良好印象。因這兩次邀訪，我與曼谷市政府及市議會建立了良好的關係。

為增進臺北與曼谷兩國首都市的友誼，我建議譚瑪農市長備函邀請臺北市長正式訪泰，譚市長欣然同意。這時臺北市長已經由林洋港接任，譚市長遂分函邀請臺北市前市長張豐緒夫婦及現任市長林洋港夫婦訪泰，政府批准由林市長率團訪問，經雙方商定，林市長訪問團訂於一九七七年二月二十七日來泰訪問。

二月二十三日下午，我請泰文秘書陳碧波兄前往曼谷市府，安排林市長來泰訪的詳細日程。不久，碧波兄從市府來電話說：「林市長訪泰行程有了變化，因為曼谷市政府接到中共駐泰大使館的抗議，怕接待林市長，會受到泰國政府的指責。」我乍聽之下，不免一驚。當即告知陳秘書，我馬上來見譚市長，當面商談此事。我趕到市府，已是下班時間，譚市長獨自留在辦公室見我。他說：「今天上午，中共駐泰大使柴澤民親自來見，對於曼谷市府邀請臺北林市長訪泰，表示反對，使我甚感困難，不知如是好。」我說：「林市長是你正式去函邀請，他已獲得我國總統批准，準備日內啓程，行程無法更動，必須如期來訪。至於如何接待，中國有句話說，客從主便。林市長來泰是你的客人，你如何安排，對於林市長都是光采。」譚市長是一位有擔當的元老政治家，聽了我這一番話，他已感到安心，當即召來他的秘書安努叻（Anurak Sermsuwan），要他與我作妥慎的安排，務使林市長能以順利成行。

沈代表（中）偕夫人任培眞（左）迎接曼谷市長譚瑪農

林洋港市長夫婦一行五人，於二月二十七日下午七時搭華航班機抵達曼谷，當晚住宿市區中心最大旅館律實他尼，我在同樓預訂一間套房，設西席盛宴歡迎，曼谷市長譚瑪農夫婦及市府有關首長均應邀作陪，席間，林市長善飲，又會勸酒，酒還未過三巡，氣氛就熱鬧起來。譚市長夫人思格昂（Ong-On）說她是華裔，娘家姓林。兩位初見面的市長，立刻成了親家，話題多了起來，氣氛更加融洽。

次日上午，林市長夫婦同去拜會譚瑪農市長，隨後由譚市長夫人陪同，前往曼谷郊區林氏大宗祠祭祖，中午林來榮理事長在祠堂內恭宴宗親林市長一行。晚間，曼谷市長譚瑪農夫婦在最有名的東方大旅館（Oriental Hotel）設盛宴歡迎。席間，林市長在談話中得知，譚瑪農市長夫人是一位教育家，在春府辦了一所學校，要去參觀，譚夫人甚表歡迎。三月一日上午，即由譚夫人陪同林市長夫婦，前往春府參觀她辦的中學，看到男女學生均穿整潔校服，列隊歡迎，校舍甚具規模，林市長大為稱讚。下午順道觀賞拍他耶海邊風光。晚間，由曼谷市議會議長操瓦立設宴歡迎，並邀曾經訪華的市議員參加，話題親切，氣氛輕鬆愉快，林市長和每一位議員乾杯，在飲酒談笑中，建立起眞實友誼。

四月二日清晨，由譚市長夫人及我夫婦陪同林市長一行，飛往清邁參觀訪問兩天。經過五天的交往，由於林市長的親和力，使得兩位首都市長成為一家親。此行甚為成功，未有發生任何波折，賓主均表滿意。我為了感謝曼谷市府的盛情安排，特於三月十日，設宴答謝曼谷市長、市議會議長及訪臺的市議員們，從此之後，他們都成了我的朋友。

(二)針隆市長（Chamlong）

針隆市長是一位堅持原則的政治人物，大家公認為他是一位「清廉先生」。我在曼谷期間，聽到許多有關於他的傳奇性的故事。

針隆是一位虔誠的佛教徒，嚴守清規。他獨自一人住在曼谷一幢現代化住宅前圍起來的一座木臺上，不與太太同床。每天早上四點起床，坐禪一小時，天天吃素，而且依照小乘佛教的規定，過午不食，睡前再坐禪一小時。

一九八六年，他當選曼谷市長後，就在各貧民地區，開設幾處平民食堂，售價低廉，泰幣三、五銖一碗粿條，就可吃飽。針隆市長每逢週日假期，親自去到食堂做侍者，爲貧苦民眾端菜送飯。市民爲了瞻仰市長的風采，平民食堂的生意特別興隆。

有一天清晨，掃街的清道夫，突然發現針隆市長就在他們中間，與他們一同在掃街，大家都感到驚訝。針隆說：「我想親身體驗做清道夫的辛苦。」報紙刊出這則新聞，成爲一時美談。

針隆是華裔，父親早逝，寡母是個小販，童年生活十分艱苦。窮苦的生活却孕育了他力求上進的衝力。他回憶說：「我在學校唸書時，有如一隻猛虎，一直努力要表現得比別人好。在中學六年當中，我每一次考試都是第一名，一直到軍校畢業都是這個樣子。」

針隆從軍校畢業後，從事軍旅工作，他本着堅苦奮鬥的精神，苦幹實幹，從低級軍官，逐次升到陸軍上校。由於他待人非常誠懇，又非常聰明，工作表現優異，成爲陸軍少壯派的領袖。一九八○年初，陸軍少壯派擁戴陸軍總司令秉上將出任總理，秉總理即拔擢針隆爲國務院秘書長，成爲秉總理的幕僚長，推行

沈代表在曼谷市政府拜會針隆市長（左）

秉總理的清廉政策，後來他因反對墮胎合法化而辭去國務院秘書長的職務。當時這項法案已獲國會多數議員的支持，最後却在針隆所策動的人民反對聲浪中被否決。

一九八六年九月，距他獲升爲少將僅有三天，針隆決定退役，出來競選曼谷市長。當時他的抱負，是要在一個買票盛行、政黨間彼此惡意攻擊的政治環境中特立獨行，建立一個清廉而有效率的政府。他指出：「在我國現行的政治制度裡，候選人買票，當選後，不得不偷偷把錢撈回來。我們面臨的最大敵人不是共產黨，而是腐敗的政治。我們須先解決這個問題，才能談其他問題。我覺得自己是有能力這麼做的少數幾個人之一。」

針隆就以這種堅強的信念和獨特的行爲，在沒有任何政黨支持下，以非正統的競選方式，出來角逐曼谷市長。他僅有二百四十美元的競選經費，不能大量印發精美的競選海報，我曾看到他的海報是印在廢紙和廢棄的肥料袋上，用竹竿插在市道旁。由於他個人的魅力，許多小市民自動出來爲他助選，提供小額捐款爲他宣揚，他竟打贏這場選戰，開票結果，他獲得百分之四十九的選票，而震驚政壇，登上曼谷市長寶座。

一九八七年一月二十七日，泰國參議員素坤（Sukhum）約我和羅組長致遠兄在他家中午餐，曼谷市長針隆亦應邀前來參加。我們站起來相近，看他身穿簡樸的泰國裝，脚穿舊輪胎做的拖鞋，針隆自我介紹說：「我叫盧金何，是中國潮州人。」開席之後，因爲時間已經過了午時，他坐在桌前，看着我們吃飯，他未曾舉箸進食。我問他市長政務繁忙，他過午不食，如何維持體力。針隆說：「我早餐吃得很多，習慣了，並不覺得饑乏。」我看他清癯瘦長，留個平頭，是個樸實正直的軍人，而他的行爲，却是一位苦行僧。他又不像出家的佛門弟子，摒棄世俗。他說：「當和尚很好，但不是唯一的自救方式，菩薩教導我們要留在人世間，救助他人。」問他爲何從政，他說：「我不曾蓄意成爲政治人物，然而政治却是左右國家發展方向的中心力量。唯有政治清明，人民才能安居樂業。」針隆又說：「一位政府官員僅靠誠實是不夠的，必須要有能力解決問題。」這談之間，大有捨我其誰的氣概。

二月六日上午十時，我去曼谷市政府，正式拜會針隆市長，針隆很有禮貌的接待。他暢談他的施政重點在於公共建設，減緩曼谷洪水和交通問題，並致力於市容整潔和整頓攤販由於受到他本人的工作熱誠的鼓舞，市府官員都願爲他拼命，顯得較爲廉潔而有效率，爲市民所稱道。

四年之後，針隆競選連任，他的清廉形象，受到中產階級市民的熱烈支持，一場針對他而發的抹黑運動引起反彈，他以空前的百分之六十高得票率，當選連任。

針隆在曼谷市長期間，由於行事作風獨特，政績昭昭在人耳目，深愛泰國人民讚賞。一九八八年七月二十四日泰國大選之後，最受人民愛戴的秉總理決定退出政壇，針隆遂有起而繼之的念頭，成立道德力量黨。道德力量黨的政綱是「掃除貪污，維護民主」，他要角逐泰國的領導權，建立「誠實而有效率的政府」。首次參加國會議員選舉，即獲得十四席。一九九二年三月二十二日，針隆領導道德力量黨親自參選國會議員，在曼谷市全部三十五席中贏得三十二席，並在其他省區當選九席，他曾公開宣稱，他無意入閣擔任部長級職位。

大選結果，由軍方策動成立的「正義統一黨」，結合泰國黨、社會行動黨、泰國國民黨、民眾黨組成聯合內閣，由當時的陸軍強人蘇清達出任總理，實施「政治分贓」，引起針隆與另一軍事強人昭華立的強烈反對。五月十七日，針隆號召一二十萬群眾，由皇家田步行到繁華僑，遭軍警阻攔，引起暴力衝突，發生流血事作。

泰王蒲美蓬在政潮流血四天後，出面斡旋，使泰國這次歷時半月的動亂，一夕化解。蘇清達揹負了獨裁劊子手的指責，針隆過去雖受人們尊敬，但這次他「帶人民去送死」，也無法推諉責任。從此之後，他遂息影家園，終日唸經拜佛了。

肆　國際最高科技學府亞洲理工學院（Asian Institute of Technology）

一、創校經過

一九五〇年代，國際共黨氣焰高漲，爲防止共黨勢力在亞洲滲透擴張，美國、英國、法國、菲律賓、泰國、巴基斯坦、澳大利亞及紐西蘭八國，於一九五四年九月八日在馬尼拉簽訂「東南亞集體防禦條約」，成立東南亞公約組織，設總秘書處於泰國曼谷，選任乃樸・沙拉信（Pote Sarasin）爲秘書長。

一九五七年秋，乃樸・沙拉信建議由會員國出資，創辦一所區域科技學院（Regional graduate School of Technology）。此項建議於一九五八年三月經東南亞公約組織部長會議通過，並經泰國國王於一九五九年七月三十日頒佈命令，成立「東南亞公約組織工程學院」

（SEATO Graduate School of Engineering）。臨時借用泰國朱拉隆功大學（Chulalongkorn University）教室，於一九五九年九月八日開課。當時有教職員八人，來自巴基斯坦、菲律賓及泰國的學生十八人，聘請美國科羅拉多州立大學教授衣凡思（Thomas H. Evans）爲院長。一九六一年三月，舉行首屆畢業典禮，畢業生僅有八人，由東南亞公約組織工程學院與泰國朱拉隆功大學共同頒授碩士學位。首屆畢業生中有一位是泰籍華裔女生，她是來自上海交通大學的畢業生。

一九六二年，招收新生不限於東南亞公約組織會員國家，於是有我國、印度及馬來西亞的學生入學就讀，成爲名正言順的區域性的學院。

一九六五年六月，東南亞公約組織部長會議決定，讓這所工程學院，成爲獨立學術研究機構，易名爲亞洲理工學院（Asian Institute of Technology），不再受東南亞公約組織的管轄，另外設立董事會（Board of Trutees），獨立經營，自由辦學。亞洲理工學院校章經送請泰國國會通過，並經泰國政府於一九六七年十月公佈，亞洲理工學院正式成爲在亞洲地區的最高科技學府，從事工程及科技有關學科的研究。校董會由東南亞公約組織會員國駐泰大使及有關各國政府指派的代表與企業界和學術界領袖混合組成我國政府指派經濟部長孫運璿及辜振甫二人爲董事。一九六八年一月召開第一次校董會，推選泰國名教育家曾任法政大學校長乃培・黃帕功（黃培雄）（Dr. Puey Ugphakorn）爲董事會主席，美籍教授班德（Milton E. Bender）受聘爲校長。泰國、英國、美國及澳大利亞在會中宣佈，共同提供五百五十萬美元爲學校十年發展資金。由東南亞公約組織各會員國參與此一學術性的合作形成一股防堵共黨勢力屏障進而發展經濟。一九六九年一月，校董會開會，商討設立亞洲理工學院新校園的計畫，最後決定校址設在曼谷北郊的蘭實（Rangsit），位於曼谷北上公路旁約三十公里，距離曼谷廊曼國際機場僅十公里，交通方便。佔地約四百英畝，先後建築教室、教職員及學生宿舍，有六百個座位的大禮堂、各種大小的會議室、圖書館、實驗室、餐廳、旅館，運動場有游泳池、網球場、籃球場、足球場及一座九個洞的高爾夫球場，還有良好的醫務所及小學，一切設備完善。全校師生多住在校內，環境安靜、優美，是一個理想的校園。

亞洲理工學院（簡稱ＡＩＴ）爲適應亞洲各國經濟發展的實際需要，逐年增設各種學科，以供師生研習新科技。迄今設有四個學院：一是高深科技學院，二是土木工程學院，三是環境、資源及發展學院，四是管理學院，共有四十多個學系，其中包括電腦科學、資訊管理、遙測及地形資訊系統，環境技術及管理、國際商務等學系，泰王的二公主詩琳通曾來校研讀衛星遙測新科技。

學生在校攻讀博士或碩士學位，多由校方或其政府及公私機構供給全部獎學金，也有一部份學生是自費。學校設有各種不定期短期訓練班及研討會，由各國選派人員，前來接受在職訓練，或專科研究。學校也接受各國委託，由在校師生從事校外專案研究，協助各國處理在經濟發展中所面臨的各項難題。

亞洲理工學院經過四十年的不斷發展，已經畢業的學生達萬餘人，他們大多數都回到自己的國家，在公私機構擔任重要職位，對於各國的經濟發展，作出重大貢獻。

二、中華民國與亞洲理工學院

過去我任駐泰大使館領事期間，因與我所管的業務關係不多，所以少與亞洲理工學院接觸。一九七五年九月，我二次回泰出任代表，得知來自我國的學生在亞洲理工學院求學的有二、三十位之多。九月二十三日，我應邀參加亞洲理工學院校慶，會見到新任校董會主席他納柯滿（Thanat Khoman）、校長班德（Milton E. Bender）、我國籍教授莫若楫及學生代表。會後我國同學們引領我參觀校園及新近完工由我國政府資助美金四十萬元興建的區域實驗中心（Regional Experimental Center），佔地面積約二千五百平方英呎，實驗室房舍建築約三百五十平方英呎，室外經整修過的地面尚有八千平方英呎，室內設置各種工具模型，供研究微生物，養殖魚類及土壤化學等項實驗之用。

我國政府自一九七〇年開始，提供獎學金，保送九名學生進亞洲理工學院，攻讀工程碩士學位。後來臺灣工業界也出資提供獎學金，送學生前來深造。其中有臺灣糖業公司、亞洲水泥公司、中國海灣塑膠公司、中興紡織公司、華隆公司（Hualon Teijin Corporation）、六和棉紡工廠（Lio Ho Cotton Weaving Mills）及大同電器公司。自一九七一年至七七年，我國政府提供獎學金資助七十九名學生前來求學。一九七九年三月，我國民間機構中興工程顧問公司（China Technical Consultents Inc.）、中華工程公司、臺灣電力公司、中國石油公司、榮民工程處等又提供十名獎學金，其中榮民工程處處長嚴孝章，對於出資派送其處內工程人員至至亞洲理工學院深造，最爲重視。每年增加獎學金名額，增派在職人員前來進修，用以提高榮工處工程人員的素質，因而在校求學的我國學生的人數，年有增加。

(一)中華民國對學院的貢獻

最初我政府選派經濟部長孫運璿及臺泥董事長辜振甫出任亞洲理工學院校董，後來孫部長出任行政院院長，所遺校董一職由後任經濟部長張光世繼任。他們每年前來曼谷參加校董會，都由我親自接待，並陪同他們參加在泰期間各項活動。由於三位大老對亞洲理工學院的全力支持，我國政府及公私機構對於亞洲理工學院的捐獻遂不斷增加。

我國捐獻的項目約可分爲四類：第一類是選聘教授前往教學，教授薪資及所需費用，全由我政府負擔。第一位選派的教授是李博士（Dr.

沈代表(左一)在歡迎校董張光世部長(左二)，辜振甫董事長（左三）及衣復得教授（左四）宴會中致詞

Nelson C. Li），自一九七三年至七五年，他在亞洲理工學院，講授應用數學。一九七六年，我政府選聘衣復得博士，前往擔任水資源工程教授，後來改授環境工程。一九八三年九月，我政府又增派一位王博士（Dr. Tsan-Wen Wang）前往教授水資源工程學科。

第二類捐獻是我國政府及公私機構合資設立獎學金，選拔優秀的在職人員前往亞洲理工學院深造。自一九七一年至七九年，我政府選送七十九名學生在校選讀碩士或博士學位。一九七九年至八〇年，我政府獎學金名額增至十二名。一九八〇年至八一年，我政府捐獻十二萬七千一百美元，提供給學校作爲獎學金及資助教授費用。同年臺灣電力公司也捐贈二十萬美元，提供學校設立高級管理研習會費用。中鼎工程顧問公司、中油、臺電、臺泥等公司合計提供二十二萬四千三百九十二萬美元，作爲獎學金。一九八一年至八二年，我政府捐獻金額增至二十七萬二千六百美元，公私機構包括中華工程公司、中鼎工程顧問、中油、榮工處、臺電、臺灣自來水公司捐獻金額增至二十三萬五百美元。一九八二年至八三年，我政府捐獻三十七萬二千美元，公私機構捐獻十五萬五千美元，多數作爲我國學生的獎學金。歷年來我國對亞洲理工學院的捐獻金額，至一九八四年止，約佔各國政府及公私機構對學校的捐獻百分之三·八七，但我國在校求學人數佔第二位，僅次於泰國學生，我國在校學生最多時，一學年幾達百人。

第三類捐獻是我國政府提供經費，委託亞洲理工學院選派師生前來臺灣，從事專題學術研究，協助我政府解決實際面臨的困難問題，臺灣電力公司曾於一九七九年提供九萬八百零三美元，委託校方選派水資源工程系教授安南（Dr. Anat Arbhabhirama）、塔瓦猜（Dr. Tawatchai Tingsanchali）及沙瓦林格（Dr. S. Selvalingam）前來我國研究大溪水資源利用問題。安南教授是亞洲理工學院早期畢業生，後來出任泰國農業部長，對我國至為友好。臺電認為此項學術研究，有助於我國水利開發。後來又出資，委託亞洲理工學院選派水資源工程系教授衣復得、塔瓦猜及蘇法（Dr. Suphat Vongvisessomjai），研究臺灣濁水溪水資源利用問題。

第四類捐獻是我國政府提供經費增加學校設備，學校現有的區域實驗中心及學生宿舍，都是我政府供給經費興建的，我政府亦曾捐款二十五萬美元作為建校基金。

沈代表（左六）在庭院中春宴亞洲理工學院全體中國同學，歡迎衣復得教授夫婦（左八、九），歡送莫如楫教授夫婦（左四、五）

㈡參加亞洲理工學院各項活動

我到任後第一個中國新年元旦，在家中庭院內，舉行聯歡餐會，邀請亞洲理工學院我國同學參加，共度春節。同時歡送莫若楫教授回國創業，並歡迎我政府資助新來校的教授衣復得博士。會中，我贈送一個獎牌給莫教授，答謝他教學的辛勞。莫若楫是臺灣鐵路局前局長莫衡的二公子，他回到臺灣，與他哥哥合作，創立「亞新工程顧問公司」，業務蒸蒸日上，後來在新加坡成立分公司，業務發展到東南亞國家，享有盛名。

不久，亞洲理工學院爲籌集建校基金，召開捐獻國會議（Donor's Meeting）政府指派我參加。我在會中發言說：「十多年前，亞洲理工學院成立之初，臨時借用朱拉隆功大學教室上課，全校師生僅二十多人，而今來到亞洲理工學院新校園，看到各項設備齊全，學校建築美輪美奐，師生有千餘人。亞洲理工學院發展之快速，令我欽佩。我國是亞洲理工學院的贊助國，也是亞洲理工學院的受惠國，對於亞洲理工學院這次發起擬募集八百萬美元的「建校基金」（AIT Endowment Fund），我國自應盡力。」後來經我呈報政府，我國於一九七九年捐款二十五萬美元，作爲亞洲理工學院建校基金。

一九八二年二月三日，經濟部張光世部長偕辜振甫先生同來曼谷，參加亞洲理工學院「捐獻國」會議，會中討論到我國出資興建的區域實驗中心，現因學校科系增加，已不敷使用，希望我國增加捐款擴建。經張、辜兩位先生回國向政府說明有此需要，政府決定再捐獻四十九萬四千零六十八美元，作爲區域實驗中心擴建之用。

我接到這筆捐款，於一九八三年二月二十一日，偕同羅致遠及熊琛兩組長，前往亞洲理工學院，當面將美金支票交給班克斯校長（Dr. Robert B. Banks），說明這筆捐款，是我國政府捐獻給亞洲理工學院作爲擴建區域實驗中心之用。同時我說：「我國政府深知亞洲理工學院對於亞洲地區經濟發展與繁榮有很大的貢獻，我國在校學生人數僅次於泰國，佔全校學生人數第二多，而已畢業的我國學生，回國參加國家建設也有良好表現，因此我願藉此機會向校長及教授們表達我政府的感謝之意。」班克斯校長接著說明中華民國歷年來對於亞洲理工學院的贊助最爲熱心，中華民國來校求學的學生，都有很好的成績表現，這次捐款將使全校師生受益，他們衷心感激。

亞洲理工學院區域實驗中心擴建工程藍圖，委託原設計人我國陳工程師（C. K. Chen）繪製，由中華工程公司承建，一九八三年破土施工，歷時一年完竣。一九八四年四月三十日舉行揭幕典禮，辜振甫校董特趕來參加。

校董會主席他納柯滿致詞說：「多年來，中華民國對亞洲理工學院提供各種捐

亞洲理工學院校董張光世部長（右八），辜振甫董事長（右七）與沈代表（右九）經濟組方仲民組長（右六），衣復得教授（右五），羅致遠組長（右四），卓宗舜秘書（右三）及中國同學在區域實驗中心前合影

獻，今天區域實驗中心擴建完工，象徵中華民國對本院又一次的重大貢獻。這座堂皇的建築對於本院師生從事教學及研究有莫大價值，我謹代表校董會及全校師生向中華民國政府及人民表達誠摯感謝。」

英國籍新任校長諾斯（Alaslair M. North）講話說：「亞洲理工學院區域實驗中心分兩期完成，全部經費及工程設計建造，全由中華民國提供。主要可供農業暨食品工程系、水資源工程系及環境工程系師生從事各項實驗研究。在此優美校園內，增設此一優美建築，象徵著中華民國的慷慨捐獻，不僅使全校師生受益，也使整個亞洲地區所有國家受惠。」

辜振甫先生和我也簡短致詞。我說：「我很高興看到區域實驗中心如期完工，提供來自各國的師生從事教學實驗。我國此一捐獻，可以說明我國與亞洲理工學院的密切合作關係，並祝亞洲理工學院繼續發展。」

爲增進亞洲理工學院與中華民國的關係，校董會主席他納柯滿及前後任校長均曾數度應邀訪華。他們藉此機會，與我政府有關公私機構多加瞭解。諾斯校長說：「在訪華期間，曾拜會行政院孫運璿院長，孫院長極爲讚賞亞洲理工學院畢業生對於臺灣經濟繁榮所作的優異及寶貴的貢獻，保證今後將盡力支助亞洲理工學院校務的發展。」

亞洲理工學院每年初舉行校董會，我國校董張光世部長和辜振甫先生均來參加，我都陪同他們參加各項交誼活動。畢業及新生入學，無論是畢業典禮或是迎新送舊聯歡會，我都應邀參加。每逢我國慶祝節日，我均邀請我國同學，來我家中聚餐，歡度佳節。數年下來，我和亞洲理工學院師生有了深厚的感情。

㈢孫運璿資政接受亞洲理工學院榮譽博士學位

一九八四年二月二十四日清晨，行政院院長孫運璿突然中風，消息震驚臺灣政壇，也引起遠在曼谷亞洲理工學院師生的關懷。五月十五日，內閣改組，孫運璿辭去院長職位，轉任總統府資政。這時他的病情已經穩定，在家中休養。

亞洲理工學院校董會開會商討，認爲孫運璿在行政院院長六年任內，對中華民國經濟發展有重大貢獻，決議頒贈榮譽博士學位給他。一九八五年一月二十四日，經濟部張光世部長前來曼谷參加亞洲理工學院董事會議，董事會主席他納柯滿在家設宴歡迎張部長，我陪同前往參加。席間，他納將亞洲理工學院頒贈榮譽博士學位這一決定告訴張部長。他說：「依照學院的規定，受贈人一定要親來學院在學生畢業典禮中領受，建議孫院長坐輪椅前來。」張部長說：「孫院長現在身體恢復情況良好，但仍不能長途飛行，請求校方去臺北頒贈。」他納深表同情。

經數度協商，亞洲理工學院決定破例由校方在臺北頒贈榮譽博士學位給孫院長，時間定在一九八六年一月九日下午四時。我於一月七日陪同亞洲理工學院菲律賓籍副校長巴瑪（Pama），衣復得教授及董事會秘書伊瑪麗（Emaly）搭華航班機飛抵臺北，往宿福華飯店，次日下午約同孫院長秘書嚴孝京至三軍軍官俱樂部，察看會場佈置情形。隨即趕往機場，迎接董事會主席他納柯滿及校長諾斯，當晚外交部朱撫松部長設宴歡迎。

九日上午八時，我陪同亞洲理工學院董事會主席他納柯滿、校長諾斯等人一行，前往榮民工程處禮堂，參加亞洲理工學院校友會年會，亞洲各國校友會會長齊聚一堂。校友們看到董事會主席及校長親來與會，反應熱烈。十時，我們驅車前往新竹科學園區，先聽取簡報，繼參觀聯電公司，由曹興誠董事長陪同說明公司創立經過及半導體製造過程，我們穿上防護衣，進入無菌室，觀看晶片的製造。隨後又到交通大學，參觀交大師生研製的機器人。午間，回到臺北臺灣水泥公司大樓，參加辜振甫董事長午宴。四菜一湯，精緻可口，賓主盡歡。

亞洲理工學院校長諾斯（右二）校董會主席他納柯滿（右一），及衣復得教授（右四）頒贈榮譽博士學位給孫運璿院長

當天下午四時，在三軍軍官俱樂部舉樂舉行頒授學位典禮。行政院俞國華院長率領全體閣員與會，各國校友會會長及在臺校友均來參加。典禮由衣復得博士主持，首請董事會主席他納致詞。他說：「孫院長施政理

念在求人人平等享用國家資源。他任臺灣電力公司總經理及董事長時，力求家家有電用，在交通部長任內，力求村村有道路。在經濟部長任內，紓緩石油危機，扶植中小企業，使各灣經濟起飛，成爲亞洲四小龍之一。在行政院長任內發展高科技，完成十大建設，使臺灣邁入新興工業國家之林。此一輝煌成就，贏得舉世稱讚。亞洲理工學院決定將榮譽博士學位，獻給這位爲臺灣人民貢獻良多的孫運璿先生。」諾斯校長致詞時，詳述孫院長歷年來對於亞洲理工學院所作的各種貢獻，接著授予榮譽博士學位，孫資政從輪椅上站起來，恭謹地接受，臺下響起滿堂掌聲。孫資政緩緩移步走到講臺前，仍如既往，筆直的站立，用他山東口腔的英語，不看講稿，一口氣講完他的答謝詞，臺下又響起掌聲和一群幼稚園兒童的唱歌讚美。孫資政坐著輪椅由護士緩緩推下講臺，孫夫人俞蕙萱女士趕往前去迎接，兩人相擁而泣，場面極爲溫馨感人。

孫院長在任亞洲理工學院董事時，有一次爲了參加董事會，於一九七七年一月二十六日搭華航班機前來曼谷，我偕同我國在聯合國亞太經濟社會理事會工作的專家們李慶遠、王宗道、保紫宸、葉清平等人前往機場迎接，並曾設宴歡迎，他親切平和的風範，一直留在我腦海中。在他任院長期間，我每次返國述職，都趨階請訓，但無私交。一九八九年，我從公職退休。一天清晨，我去植物園運動，看到孫院長坐著輪椅也來到園中，許多正在早操的民眾都圍著上前問候，我也跟著上前致意。多年未見，孫院長還能叫起我的名字，使我驚佩他的記憶力。而今我寫這段回憶，使我想起他平素的言行及待人的風格，以及國家失此良相，內心感慨萬千，熱淚也就不自覺的流了出來。

㈣衣復得博士獻身亞洲理工學院

我國政府遴選學生前來亞洲理工學院深造的同學，大多數都是公私立機構的現職工程人員，他們進入這個國際學府初期與各國師生相處因學校採取英語教學，在課業及生活方面不免有些困難，需要教師從旁輔導。政府選派衣復得博士來校任教，正符合此一需要，他不僅學有專長，而且有豐富的人生經驗，在職期間，甚受校方及全校師生的重視。

衣復得畢業於北京清華大學，赴美進入愛德華大學深造，獲水利工程博士學位，即在美國田納西水霸管理局（Tennessee Valley Suthority）任工程師。抗戰期中回國，在雲南昆明西南聯合大學任教。民國三十一年，參加遠征軍，任新一軍軍長孫立人將軍的上校英文秘書，抗戰勝利前夕，隨孫將軍訪問歐洲戰場。民國三十八年，來到臺灣，他任參謀總長周至柔將軍的機要秘書。周至柔出任臺灣省政府主席，衣復得轉任新聞處長。周主席離職後，衣復得才回到他的本行，在臺灣電力公司擔任水利開發工作。一九七六年，政府遴派他前來亞洲理工學院任教。

衣教授到校之初，學校尚未建教師宿舍，他和夫人及愛子在曼谷市區租屋居住。我和衣教授相識甚久，兩家相隔不遠，過從甚密。他每天自行駕車，前去學校授課，一天傍晚駕車回家，途中被撞，受了輕傷，他仍駕車回家中。他的夫人打電話告訴我，我立刻駕車前往探視，並送他到是隆路基督教醫院檢查，所幸未傷及腦部，醫師囑咐他回家服藥休養。後來學校興建教師宿舍，他就搬進校內居住，免了每天駕車奔波。每逢星期假日，我若有空，也常去看望他。亞洲理工學院內有很好的游泳池，還有九個洞的高爾夫球場，有時我攜同家人前往游泳，有時他也邀我和同事們前往打球。他打高爾夫，祇用一根球桿，在綠茵的草坪上，揮桿自如，談笑潚洒。他在亞洲理工學院任教十多年，是他一生最平淡安定的生涯，他曾一度被校方選任副校長，不久他便辭去，寧願過他自由自在的教書生活。

一九八八年九月初，衣教授患心肌梗塞症，住進醫院。我聞訊前往探視，走進醫院，看到房舍破舊，設備簡陋，心想曼谷有的是好醫院，爲何到這家地方醫院開刀，有意勸他轉院就醫。衣教授臥在病床上說：「這所醫院院長是亞洲理工學學院女校醫的夫婿，且是心臟外科專家，女校醫建議他來此醫治，醫院長願意親自爲他開刀，並請來在美國洛杉磯爲克立巴莫總理開刀的心臟科醫師協助。」我聽他這樣說，也就不多說甚麼。衣夫人從美國趕回來照料，也勸他轉院，衣教授碍於女校醫的好意，堅持不肯。

衣教授開刀第二天上午，衣夫人打電話告訴我說：「醫院通知說：衣復得開刀後，因爲缺氧，將來可能下肢不能行動，會終生殘廢。」她一邊說，一邊哭泣。我說：「你不要難過，我馬上去醫院看望。」我到了醫院，衣教授尚昏迷未醒。找到醫院院長，院長向我解釋說：他開刀沒有錯誤，是開刀後照護不週，使得腦部缺氧，影響腿部行動。我問他當務之急，是要如何救治，他也提不出良好辦法。我再問他：「衣教授目前能否轉院？」他說：「用救護車送去，應無問題。」我轉身安慰衣夫人幾句，我說：「我到曼谷找一家好醫院，安排衣教授儘快轉院療治。」

我知道盤谷銀行董事長陳弼臣先生在曼谷素坤逸路三巷開辦一所私家的康民醫院，設備最新，聘請名醫住診，我處同仁都到這家醫院病。我駐曼谷多年，很少向僑領請託。這次爲了救治衣教授的病，特地打電話給陳弼臣夫人姚文莉女士，說明衣教授開刀經過情況，請她通知醫院，立即派救護車，將衣教授接來曼谷醫治。姚女士允即照辦。

衣教授轉來曼谷康民醫院之後，經名醫診治，病情穩定，祇是不能下床行走。我又和醫院商洽，選派針灸醫師，替他用針灸治療，並且派護士幫他做復健運動，身體狀況慢慢恢復，但已經受損的腦細胞無法復原，恐將終生癱瘓。我和衣夫人商議，這樣長久住院不是辦法，而且花費很大。我乃去函行政院退除役官兵輔導委員會，說明衣教授曾任輔導會副秘書長，現因公患病，擬返國就醫，請安排他到榮民總醫院治療，很快獲得批准。

空軍衣復恩將軍是衣教授胞弟，在衣教授返國之前三天，衣復恩將軍夫婦前來曼谷迎接，我和衣將軍談及其胞兄治病經過，我說：「當初我未能勸他轉至曼谷大醫院開刀，內心深感遺憾。」衣將軍說：「我的哥哥個性很強，從不聽人勸告。」我聽了，稍感寬慰。一九八八年有月三十日，衣教授坐著輪椅，在家人護持下，搭華航飛回臺北，住進榮民總醫長期療養。

一九八九年夏，我調回臺北工作，聽說衣教授女兒已將他接到美國西雅圖居住。一九九五年初，我移居舊金山，曾囑小兒春因前往西雅圖探視。衣夫人說：「復得住在老人療養院，已經癱瘓，不能說話，看到親友，衹是流淚。」為免他傷心，春田也未能見到衣教授一面。想到他一生多彩多姿，才華洋溢，晚景如此淒涼，令我不禁唏噓！

㈤亞洲理工學院受政治干擾

亞洲理工學院內我國學生眾多，人數僅次於泰國，我國學生在各方面的表現也很優異，尤其是在校內舉辦各種愛國活動，他們都積極參加。每逢雙十國慶，他們在校園內舉行升旗典禮及慶祝會，引起各方側目。我處有些同仁，認為在無邦交的泰國，我國學生能在這所國際學府校園內，將我國國旗升起，值得誇耀，多方加以鼓勵。

一九八〇年代初期，中國大陸學生前來亞洲理工學院就讀的人數，逐年增加，他們在校的成績，也多優異，臺灣學生和他們相處亦甚融洽，開始引起中共駐泰大使館人員的注意。這時校方也在多方爭取中共的參與，雙方有了合作意願，必將影響我方在學校的地位。

中共駐泰大使開始與亞洲理工學院董事會主席他納柯滿接觸，進而邀請他納訪問中國大陸。他納返泰之後，我曾去拜望他。他納是一位老練的外交家，自然不會吐露眞情。我問他訪問大陸觀感，他說：「中國人民經過共產黨數十年的統治，但是中國傳統文化仍然未變，人民的生活觀念依然如故。」又說：「我在國際會議場合中，看到雙方代表交談親切，並無敵意，雙方應能和解。」顯示對中共有了好感。

一九八八年六月六日，亞洲理工學院董事會，其中大多數董事都是與中共有邦交國家駐泰大使兼任，主席他納柯滿乘我國董事未有參加的時機，逕行決定：自即日起，校園內一律不許懸掛各國國旗，不許唱各國國歌，並擅自將我國國號改為「中華、臺北」（Chinese, Taipei）。消息傳出，引起我國學生憤怒，紛紛向校方提出抗議。並揚言我國出資可以選派學生赴英美留學，不必要在亞洲理工學院求學。

我聞訊後，甚感氣憤，認為學校無權擅改我國號，同事中亦有人主張我國應該退出。但我冷靜加以考慮，認為學校是師生研究學術的地方，不是政治角力場所，為了我國學生學業前途，不宜輕言退出。而且我國赴歐美留學的人甚多，在亞洲求學的人甚少，這是一所培養亞洲各國青年知識與感情交流的園地，從長遠處看，對於我國將來與近鄰亞洲國家交往影響甚大，不應為一時氣憤，斷絕我國學生前來深造的機會。

亞洲理工學院諾斯校長（右）設盛宴歡送沈代表（左）

次日下午三時，亞洲理工學院校長諾斯偕副校長巴瑪前來我處解釋事件經過。我乃詢問他：「學校有何權力擅改我國號？」向他表達嚴重抗議。他乃說明此事出於董事會大多數董事的議決，非他們能力所能挽回。我也明知此事非出於他們的本意，責備他們徒傷感情，於事無補。後來我將此事呈報國內有關單位，雖未受到指責，但我深感有虧職守，未能預作防阻，是我在泰外交上一大挫折，內心遂生歸去之意。

一九八九年六月，我奉命調部。離泰前夕，亞洲理工學院諾斯校長爲我舉辦一次盛大的惜別餐會，全校各系主任均參加，席間還講了許多好話，感謝我多年來對亞洲理工學院的支持。

三、亞洲理工學院校友會

自一九六九年八月亞洲理工學院校友會（AIT Alumni Association AITAA）成立以來，分佈在各國的校友亦成立分會，每年年會輪流在各國舉行。我國畢業校友約有千人之多，分在國內各工程單位工作，其中以在交通、環保、水利、營建各部門較多，對我國各項工程建設扮演重要角色。

我回國之後，曾數度應邀參加我國校友會的聚會，與孫運璿院長同爲亞洲理工學院我國校友會的榮譽校友，看到他們對國家建設的貢獻以及他們在事業上的成就，我深感欣慰。

伍　中泰經貿關係

一、人才流入與技術轉移

一九四九年，中國大陸易幟後，上海棉紗大王榮家逃亡香港，後來老四榮毅仁回到上海，把家產全部捐獻，成爲民族工業家。老五榮仁逃到曼谷，以五十萬美元接辦一家廢棄的紗廠，兩年辛苦經營，紡紗擴充到二萬三千錠。同時從上海逃到泰國的李政之與沈錦華在曼谷創辦幸福紗廠，紡紗織布，頗具規模廠房開啓了泰國的棉紡工業。

一九七〇年，我國駐泰經濟參事劉永理兄，精明幹練，在他奔走努力之下，中泰雙方達成合作協議，在泰創辦人造纖維公司，由我國紡織業界鉅子呂鳳章等人出資，邀請泰國僑領林來榮、鄭午樓、黃永林、黃彰任等人合資，在曼谷近郊設立亞洲纖維公司，推選林來榮任董事長，潘明德前來設廠，安裝機器，一切準備完好，於一九七〇年九月八日，舉行揭幕典禮，我曾應邀參加，廠房設備完全現代化，生產尼龍布料，適合泰國民生需要，內銷暢旺，又將原料自製成衣，外銷美國。永理兄自經濟部退休後，即受聘爲亞洲纖維公司總經理，業務蒸蒸日上，開創了中泰經濟合作的先河。

泰國正大公司，現今已是馳名國際的跨國公司，在東南亞及歐美各國都有分公司，尤其在中國大陸各省市，設有飼料、畜牧業及塑膠工廠，業務從農業擴展到工業及電訊。當初謝易初老先生開創這家公司時，祇是從潮州運來蔬菜種籽到曼谷販賣。抗戰時，他送他的四個兒子正民、大民、中民、國民回國唸書。抗戰勝利之後，他們回到泰國，承繼父業，擴大經營畜牧業。

謝家四位兄弟，都是經營事業的能手，而且同心協力，把正大一家小公司的業務，從泰國擴展到印尼、新加坡、馬來亞、香港、臺灣。據我個人與他們兄弟相處多年的觀察，認爲他們經營事業成功的關鍵，在於他們不惜重金，聘用專業人才，使用現代的科技與方法，經營農牧業。

正大公司在曼谷郊外開設一座飼料工廠，特從臺灣聘來一位臺灣大學畢業的飼料專家林振昌先生，依照科學方法，配製養鷄、養豬、養魚及養蝦的飼料，受到廣大農民的歡迎，銷售到東南亞，爲公司賺了不少錢。謝家兄弟不惜錢財，資助林振昌前往美國大學進修飼科專業，獲得博士學位後，回到泰國，終生爲正大公司效力。

正大公司又向我國農村復興委員會挖來一位畜牧專家余如桐博士，到泰國從事豬的育種和在農村教導農民使用科學方法養豬，由正大公司以保証價格，統一收購，再送至工廠屠宰清理包裝，運送市場銷售，遍及全泰國鷄肉、雞蛋與豬肉食品市場。

我在曼谷常聞中泰人士對正大公司的讚譽。一天承蒙謝正民董事長和謝國民總經理陪同我去曼谷近郊參觀他們經營的畜牧事業。我們同乘一輛專車先到一個農村，參觀一個農家，依契約生產方式，飼養上萬小雞，這些小鷄都是正大公司用科學方法大規模孕育出來，分配給農家飼養。每天所需飼料，也是正大公司提供。正大公司並派有專人教導農民飼養及防治疫病方法，小鷄長大之後，所生的鷄蛋及肉鷄，均由正大以保證價格收購，農民有賺無賠，祇需出一己之力，照顧飼養，不要讓疫病侵害，長成就可有錢收入，所以鷄農無不盡心盡力去做，生計得以改善。

接著我們去參觀宰鷄工廠，機器設備完全自動化，從宰割，清洗、分裝一貫作業，既清潔衛生，又節省人工勞力，送到市場，甚受主婦們歡迎。

最後我們去參觀一座新型的豬種場，車一進門，就須受自動機清洗乾潔。我們進場之前，必須消毒。每人須換上膠靴，穿上白色外套，防止帶入細菌。余如桐博士介紹說：「這裡飼養的豬種，都是從歐洲各國購買來的最優良的種豬。豬最愛乾淨，豬舍一塵不染，且有水冷式冷氣設備。在這裡用人工授精繁殖方法，培育適宜在泰國生長的精肉型新豬種，肥肉不能過多，瘦肉要達到一定程度，這樣豬肉才能在市場銷。每隻種豬年可生產二十頭小豬，全場培育出來的新品種小豬，供應給農民飼養。」余博士又說：「豬最聰明，小豬生下來三天，就認定母豬的奶頭吃奶，絕對不會吃錯奶頭，如果母豬祇有十二個奶頭，多生了一隻小豬，就沒有奶吃了。」

我國農業發展委員會主任委員李崇道偕同秘書長王友釗、水利專家章元羲、地政專家沈時可等人，應泰國總理堅塞上將的邀請，於一九七九年初前來泰國考察農業。一月十二日，我陪同李主任委員一行，飛往清邁，參觀泰王山地農業計畫。十四日，我們搭乘直昇機南下，沿途考察泰國農田水利。中午飛抵甘烹碧省，參觀正大公司新開發的農業社區。這個新農業開發區是由余如桐博士策劃主持，他看到老長官李主任委員等人遠道前來參觀他新規劃的農村開發，熱情相迎接待。當時房舍尚未完全建好，就招待我們在河畔樹蔭下圍坐在一起。余博士簡報說：「一九七七年，正大公司與甘烹碧省府議定，設立農牧漁結合的生產體系。由正大公司擔保，向銀行借貸一筆鉅款，在這河邊，購置廣大的農地，分配給由省府挑選來的六十四戶貧窮的農民耕種。每戶分地二十五萊，約有十英畝。由正大公司在每塊農地上建蓋農家、豬舍、魚塘，分配給貧農居住，並提供每戶飼養母豬三十六頭，豬糞一部分可以養魚，一部分可以利用其產生沼氣發電，豬糞也可用作田肥。母豬生產小豬，每隻售價一百銖。初開始時，每戶每月純益約泰幣一千銖，除生活必需費用外，餘款分期償還土地價款。這六十四家貧農，原本一無所有，現今有了房舍居住，豬舍養豬，田地種植稻米，正大並提供一切生產所需工具，而且派有專家，教導他們飼養耕種的科學新方法，這些貧農得到如此美好的照顧，都全心全力的工作，夜半聽到豬隻有點吵聲，馬上起床察看，因爲他們養的豬，就是一家生活的財源。

過了十年之後,有一次我因公務路過甘烹碧省,再去探望正大公司這一廣大農業發展區。剛走進這個新社區,便看到一片繁榮景象。農地上架設有自動噴水系統灌溉農田,禾苗。長得碧綠,周圍果木扶疏,道路上,農民騎著機車來往,兒童背著書包上學,充滿朝氣蓬勃的景象。余如桐博士擁有一座現代化養豬實驗場,他正在忙著與他的助手們培育新一代豬種。余博士引領我去參觀一個農家,她們一家是四個姊妹,父母雙亡,無依無靠。初來時,大姐不到二十歲,帶著幼小妹妹們在這裡養豬種田,勤勞工作,收入年有增加,生活逐漸改善,妹妹們進學校讀書,有的已大學畢業。現今這四姊妹,各自成家,各家飼養一百二十頭母豬,每月收入達到泰幣四萬銖,約合美金一千多元,在泰國農村算是富有之家。余博士說:「全村六十四家貧戶,現今都已富有,再過幾年,還清土地借款,他們住的房舍及耕種的土地,都是他們自己的了。他們的子女,送到曼谷唸書,很多都已大學畢業了。家家都有電視機及電冰箱,有的還擁有汽車,過著平和安樂的日子。」

余如桐博士在甘烹碧省農村,辛苦經營農漁牧綜合發展計畫,獲得如此輝煌的成就,給貧窮農村帶來了新希望。我曾邀請他去泰北難民村教導難胞養豬,改善難胞生計,並選派難胞子弟到甘烹碧現代化養豬村,學習新的養豬科技。余博士不顧安危艱險,隻身深入永泰難民村,爲難胞建立一座新型豬種場,繁殖最好的仔豬,供應各村難胞飼養。永泰原是一個最貧窮的難民村,因爲養豬收入增加,現在家家過著富有的生活。

余博士扶助永泰佤族村民改善生活的訊息,很快傳遍了緬甸的佤邦。緬甸政府及佤邦領袖遂起而效法，請正大公司給予技術支援，在緬甸景東建立一座大規模養豬場，養母豬一千頭，因經營初始，難以賺錢，特邀請余博士前往指導。余博士曾兩度前往察看，指導他們改善管理及飼養的技術，並建議他們仿照永泰村的發展模式，在萬宏佤族新移居的，建立一個農漁牧綜合經營示範場。

中國大陸開放後，余博士本著熱愛鄉邦的情懷，運用他與美國愛我華大學農學院教授們的良好關係，同去協助浙江大學改善農學院教學。比利時教會要在華北地區協助當地農民改善生活，余博士應邀前往考察農業，他看到農民太窮了，便向當地領導建議設立一個發展農漁牧綜合示範區，他在比利時天主教會的協助下，甚至拿出他私人的積蓄，幫助當地地農民發展此一扶貧計畫。

余博士的愛心宏願，我衷心欽佩。我與他相交愈久，對他崇高的德行，愈加敬重。

二、中泰貿易

臺灣光復之初，出口產品，以米糖爲主。泰國位於熱帶，米糖爲其主要農產品，因而雙方貿易額有限。政府遷臺後，經十多年慘淡經營，農工業逐漸發展，對外進出口產品隨之增加。一九六七年，我到泰國的第二年，我國對泰出口僅有二千六百萬美元，而泰國輸入產品我國的亦祇有一千三百萬美元。

一九七〇年代初，臺灣農村發展畜牧業，家家戶戶養鷄養豬，需要進口玉米，作爲飼料。泰國每年生產玉米約三百萬噸，我國每年向泰採購玉米約四、五十萬噸。一九七五年中泰斷交時，兩國玉米交易陷於停頓，對於泰國從事玉米出口商影響甚大，而且這些商家都是華僑，他們急於要恢復中泰玉米交易。

一九七五年九月初，我第二次赴泰工作。二十八日星期天下午，我正在新居庭院中游泳。泰國玉蜀黍土產出口商公會理事長胡玉麟偕同理事黃培雄、馬少銘等人前來相見，並約我次日到美麗華餐廳晚宴。我們都是舊識，相見甚歡。不過當時我還未公開活動，問他們怎會知道我的住處。胡理事長說：「我們是芳鄰，我就與你對門而居，住在同條巷內。」

二十九日下午七時三十分，我應約參加泰國玉米公會晚宴，同席有前駐泰大使館經濟參事劉永理兄，他對中泰間貿易甚爲嫻熟。席間談及中泰玉米交易問題，泰商期望早日恢復。我說：「中泰斷交後，泰國政府受到中共壓力，不與我國官員交往，如何能恢復兩國貿易。你們應要求泰國政府，許可我國外貿官員來泰商談，玉米交易始可恢復。」

當時泰國貿易院院長歐布對我國一向友好，與泰國華商關係密切，經多方磋商，泰國政府終於同意請我國經濟部國際貿易局局長汪彝定率領我國進口玉米商林坤鐘等二十二人，於一九七六年七月三日來泰，洽談玉米採購協定。我曾於七日七日晚宴中泰兩國玉米代表團全體團員五十一人，彼此都是熟人，相聚交談，很快議定玉米交易價格。當年我國決定向泰國採購玉米四十五萬噸，雙方於八日簽訂協定後，當晚泰國商業部副部長設盛宴歡迎我國玉米代表團。自是之後，我國每年都向泰國採購玉米四、五十萬噸，對中泰雙方貿易均極有利。

我國爲了向泰推銷國產機器，曾在曼谷叻巴頌市區成立「泰中公司」，由黃其焜任經理，展示臺灣各廠家出產的機器產品，其精良程度可與歐美媲美，但其價格却比韓日便宜。揭幕之日，華商前來參觀者甚眾，有興趣客戶不能當場交易，祇能訂購，而訂購到的機器，又因品質問題，曾引起貿易糾紛，終因績效不彰，而告歇業。

一九七七年七月，外貿協會推銷小組前來曼谷考察，有意在泰籌設「臺灣機械展示中心」。當時我即向他們說明「泰中公司」的實例，與其由公家主辦，不如協助泰國華商經營一個機械公司，代理臺灣出產的機器在泰出售，較有成效。後來廣肇籍僑商黃渭浩、黃渭酬兩兄弟有意籌組「黃威域機器公司」，我曾指示我處經濟組同仁，盡力協助黃氏兄弟取得臺灣機械產品代理權，由僑商經銷臺灣產品，利之所在，自然會有好的業績。

七十年代，臺灣工業發展快速，我國向泰輸出主要產品項目爲人造纖維、紡織機械、其他產業機械，塑膠製品及電訊機具設備等，我國向泰採購項目主要爲林產品、食品、雜糧及特用作物等。一九七八年，中泰雙方貿易金額達美金一億九千七百六十萬元，我國向泰出口金額一億美元，向泰進口九千多萬美元，雙方貿易幾近平衡。

一九八二年是泰國節基王朝在曼谷建都二百週年，舉辦各種慶祝活動。僑務委員會毛松年委員長特於四月十五日，邀集亞洲各國僑領前來共襄盛舉。他們分別來自日本、南韓、香港、菲律賓、新加坡、汶萊、馬來西亞、印度、緬甸、印尼等地的僑商有一百多人。十五日下午二時，在曼谷皇宮酒店舉行紀念會，十六日中午，我邀請亞洲華裔在家中午宴，餐後共商華商在亞洲的發展，一致決議成立亞洲華商聯誼會，每年輪流在亞洲各國舉行，謀求亞洲華商的團結與發展，後來擴大成爲世界華商聯誼會，華商在當地居留經商已根深柢固，政府善加運用，將可作爲國產品的推銷商，同時亦可成爲我國進口物資的供應商，不僅雙方有利，而且可團結僑心。

三、中泰投資

六十年代初，政府爲了發展工商業，獎勵華僑回國投資。泰國華僑林國長率先回國投資，在臺設立「中泰麵粉廠」及「中泰賓館」，協助發展臺灣民生工業及旅遊業，成效顯著。林先生年輕時，離開潮州家鄉，身上祇有九塊龍洋。到了泰國他刻苦作工，稍有積蓄後，就在曼谷唐人街「耀華力路」，經營金舖生意，越做越大，後來開設數家大金行，日進斗金，成爲泰國富有僑商。他克己待人，日常隨身備有三種香煙，以最好香煙敬貴賓，二等香煙招待普通客人，他自己吸最便宜的香煙。平日飲食，他習慣吃

沈代表（右三）與他儂元帥（右四），盤谷銀行董事長陳弼臣夫人姚文莉（右二）及京華銀行董事長鄭午樓在酒會中談話

潮州稀飯，不喜大魚大肉，他每次參與盛宴之後，回家仍自享用青菜稀飯。他把「中泰賓館」

的禮堂命名爲「九龍廳」，就是紀念他自己一生事業是從九塊龍洋起家的。

泰國盤谷銀行董事長陳弼臣先生，響應政府號召，回國投資，在臺北開設盤谷銀行分行，經營中泰兩國金融通滙業務，這是國外銀行在臺最早設分行的一家，隨著以後中泰經貿關係的增加，分行業務亦日見興隆。陳先生十七歲時，離開潮陽家鄉，到泰國謀求發展。開始爲頭家跑街管帳，學做生意。一九四五年，日本戰敗投降，泰國局勢安定，乃與友人合夥，集資泰幣四百萬銖，在曼谷叻察旺路兩層的排屋，創辦盤谷銀行，初期全部職工僅有二十三人。五十年代初，得到泰國警察總監乃砲的大力支持，奠下良好基礎，乃砲失勢時，陳先生留在香港，主持東南亞各國分行業務。在此期間，泰國盤谷銀行業務，完全由其賢內助姚文莉女士一手撐持。姚女士禮賢下士，笑臉迎人，銀行職工，均樂予效命，因而盤谷銀行的業務更加鼎盛。姚女士不僅是一位經營事業的能手，而且對於僑社的體育運動，提倡不遺餘力。她自己在家朝夕練習太極拳，從國內請來名師指導，因而身體硬朗，心情愉快，從來不擺老闆娘的臉色。陳弼臣先生爲人平實忠厚，待人和善親切，善交遊，重友情，知人善用，他的得力助手有許敦茂、汶趨（中文名黃聞波）及菴雷（中文名林日光），先後擔任盤谷銀行重要職位，輔助陳董事長擴展銀行業務。他們三人在泰國政壇上都是響噹噹的人物，許敦茂曾任泰國商業部長及國會議長，汶趨曾任財政部長，菴雷曾任副總理，政績顯赫，在財經界均享盛名。陳先生自一九五二年，出任盤谷銀行總裁，直到一九七七年，連任二十五載。這期間，他把一家私人的小銀行，迅速擴展成爲世界有名的大銀行，分行遍佈泰國各府縣及世界各大都市，共有三百四十七家，總資產超過泰幣二千七百億銖，職員共有一九、七八六人。陳先生在泰泰白手起家，勤奮一生，事業有如此輝煌成就，堪爲華人在海外創業的典範。

沈代表（右三）與泰國銀行總裁陳有漢（右二），立法委員黃河清（右四）及我國赴泰投資的企業家陳由豪（右一）合影

六十年代後，政府大力發展工業，經濟迅速起飛，到了八十年代中，臺灣勞力密集工業發展到升級階段，又值新臺幣大幅升值，臺灣廠商感受到外銷利潤減少，加以國內勞工短缺，工資提高，雇用勞工不易，臺灣土地價值飛漲，成本隨之增加。同時受到歐美保護主義的種種限制，使得我國勞力密集的工業產品，已無法在國際市場上競爭。必須向外謀求發展，另尋生機。

這時正逢泰國政府大力獎勵外來投資，而且泰國又是一個資源豐富、勞力充沛及地價低廉的國家，工資僅及國內的五分之一。泰國產品外銷可享受美歐及東協國家的優惠關稅，受美國配額管制的項目尙少，正適合我國廠商來泰投資發展。自一九八六年下半年開始，臺灣廠商來泰投資形成一股熱潮。一九八六年國人向泰國投資委員會提出申請獎勵之投資案件，計有三十五件，投資金額爲一億九百萬美元。到了一九八七年，國人向泰投資的案件，即增至一七八件，投資金額增至五億六千八百萬美元，件數與金額都增加四倍多，僅次於日本，而居外人在泰投資的第二位。尚有不少臺灣廠商，在泰與僑商合作，未向泰國申請投資獎勵。另有從事貿易者，如高林、滙僑、三商行等，共有二十多家。國人在泰投資的規模，實際上遠大於官方的統計。

在這兩年期間，臺灣廠家像一窩蜂似的飛來泰國，尋求投資機會。各行各業，紛紛組織考察團，前來泰國考察投資環境及投資可行性。泰國政府、民間及僑社，爲迎接臺灣廠家前來投資，紛紛舉辦投資說明會，邀請臺商參加，向他們說明泰國政府獎勵外人來泰投資的優惠條件及申辦的各種手續。

臺灣廠商來泰投資貿易，最大的顧慮，就是泰國局勢能否長久維持穩定。我在曼谷京華銀行董事長鄭午樓先生舉辦的工業城投資說明會上說了以下一段話：

「我是於一九七五年九月來泰國工作的，當時印支三邦——越南、高棉、寮國——相繼淪於共黨，赤焰氣氛高漲，泰國岌岌可危，自由世界都認爲泰國是下一張骨牌，不久就會倒下去。當時我向泰國朝野人士探詢，他們却很有信心的告訴我：泰國絕不會倒下去。我問他們原因何在？他們告訴我：『泰國人相信三寶，必可維護泰國安全。甚麼是泰國三寶呢？就是泰族、佛教與國王。第一、大泰民族立國迄今八百餘年，從未被異族征服過，每逢國家遭遇外敵侵犯時，人民必群起捍衛國家的獨立生存。第二、泰國是一個佛教國家，相信天上諸佛必佑泰國。全國人民虔誠信仰佛教，他們絕不接受共黨無神論說。信佛的人戒殺生，泰國人民不會自相殘殺，因而不會發生內戰。第三、泰王勤政愛民，是泰國的領導中心，全國臣民無不擁戴。泰國有此三寶，絕對不會覆亡。』當時，我聽了半信半疑，後來我在泰國住得愈久，我愈相信此言不虛。事實證明泰國不僅能消除外患於無形，而且泰國政府運用安撫與征剿並施的手段，使泰共繳械投誠。現今武裝的泰共幾已絕跡，泰國局勢愈來愈安定。今後美蘇的對抗情勢會和緩下去，預期泰國局勢可以長久維持安定。」

臺灣永豐裕公司與泰國水泥公司合資，率先在曼谷郊外建立一座造紙廠，由於泰國造紙原料充沛，營運狀況良好。一九八六年十一月七日，紙廠擴建落成開幕，我應邀前往參加，典禮之後，何壽川總經理陪我參觀廠房，他說：「全部機器都是永豐裕公司自行設計，完全自動化，僅需少數操作人員，經由電訊傳輸，臺北總公司完全可以掌控這個分廠的製紙過程，機器發生任何故障，可隨時指令操作人員修理。」我看了之後，這才明瞭臺灣向泰投資，並不是把不用的舊機器搬來泰國設廠，而是裝置最新的設備，如此始能提高產品的經濟效益。

我曾參觀臺灣廠家來泰投資建立的愛廸達運動鞋代工廠，廠房新穎寬大，雇用五百多名女工，穿著整潔的制服，排列坐在生產線的工作檯上，從鞋料裁樣，到鞋底鞋面的縫製，分工合作，一貫作業。總經理告訴我：他們不僅是來泰投資，而且把多年在臺灣獲得的技術與經驗完全帶來，每年爲泰國增加大量的外滙收入。

沈代表（右三）在泰國貿易投資研討會上致詞，經濟部次長徐國安（右二）貿協秘書長江炳坤（右四），中小企業處處長黎昌意（右五）

國人來泰投資之行業分佈甚廣，最初以勞力密集產業爲主，其中有運動鞋及鞋材、汽車音響、皮包、紡織品、玩具、聖誕燈飾、家俱、塑膠製品、橡膠手套、輪胎及食品罐頭等。廠家有華夏海灣、聲寶、味全、統一、光南、正豐塑膠、東帝士等。後來日月光等公司來泰開設高科技工廠。一九八八年一月十六日，臺灣工商協進會理事長辜濂松與泰國工業總會簽訂合作協定，共同來推進中泰工商合作事項。

在短短一兩年內，臺灣廠商來泰投資有數百家之多。過去國人赴國外經商作工，都是單打獨鬥，各自作戰，形同一盤散沙。現今臺灣廠商來泰投資如此之多，我認爲政府有關機構應出面輔導，出錢出力，將他們團結起來，始能發揮群策群力的團體力量。

我首先將在泰已經成立的「臺寶技術人員聯誼會」，擴大爲「臺商聯誼會」，每月舉行午餐會，聯絡感情，交換意見，並邀請中泰主管官員講述工商業有關的問題。我記得先後曾邀請經濟部部長張光世講臺灣的工業發展，對外貿易協會秘書長武冠雄講如何開展國際貿易市場，臺灣中信銀行董事長辜濂松講臺幣升值問題，不但受到臺商的熱烈迴響，而且引起泰國僑領亦前來聽講。

我曾籌劃將「臺商聯誼會」改組爲「臺灣商會」，成爲泰國官方承認的民間社團，與「美國商會」、「日本商會」、及「中華總商會」等，參加「泰國貿易院」召開的會議，享有相同地位與發言權，可向泰方爭取臺商應有的權利。我曾和泰國貿易院秘書長談及此事，他表示贊同。我遂向政府申請二十萬美元，作爲籌備費用，計劃聘用對泰國移民及稅務法規有經驗的人員擔任顧問，爲來泰投資的廠商解決居留及進出口關稅等各項問題。後來因我離職，未能達成計畫目標。

臺灣廠商來泰投資設廠之初，最迫切需要的是熟練的技術人員。他們有意選派泰國勞工去臺灣總公司受短期技術訓練，格於當時法令規定，廠商須先經有關機關核准，始能辦理，手續費時，緩不濟急。我曾計劃在泰設立「臺灣技術訓練中心」，培訓泰國工人，供應中泰雙方廠家需用，終因所需經費龐大，未能獲准實施。

一九八八年五月二十六日，經濟部次長徐國安偕中小企業處處長黎昌意在泰召開我國駐亞太地區商務人員會議。次日，對外貿易協會秘書長江丙坤來泰主持泰國貿易投資研討會。我在會中建議政府鼓勵國內金融業赴東南亞設立分支機構，加強提供海外投資優惠融資、信用保證及金融支援服務，中國輸出入銀行放寬辦理機器輸出融資、海外工程融資及輸出保險，以及建立海外投資保險制度，由政府出資設立海外投資保險基金，承擔海外投資不可避免的風險，協助國內企業在海外投資發展。

我認爲國內廠商來泰投資設廠，是國力向外伸展，不僅未使國內工業空洞化，而且壯大國內廠商成爲跨國公司，增加我國產品在國際市場上的競爭力。由於我國廠商在泰投資快速，中泰兩國雙邊貿易亦隨之快速增加。一九八七年，雙邊貿易總額達六億五千六百萬美元，我國自泰輸入一億七千一百萬美元，我方順差達四億八千五百萬美元，到了一九九三年，我國廠商在泰投資已達四十五億餘萬美元，雙邊貿易額增加到二十九億九千餘萬美元，我國對泰輸出二十億一千餘萬美元，自泰輸入九億七千餘萬美元，我方順差十億四千餘萬美元，這是我國廠商對泰投資所獲得的顯著效果。

泰國朝野人士多認爲泰國要發展經濟，不必學歐美，也不需學日本，只要學臺灣就夠了。所以他們對於我國廠商來泰投資特別重視，認爲有助於泰國工商業發展，解決泰國勞工失業問題，因此我國在泰國的地位隨之提高。他們對於我這個無邦交國家的代表，過去有意疏遠，而今形勢變遷，他們却爭相與我往來。記得在兩國有邦交時，駐泰大使館，爲了維護我國在聯合國的代表權，想要與泰國外交部主管官員洽談，都頗費周章。而今泰國政府高級官員，爲爭取臺灣廠商來泰投資，都樂與我交往。可見外交是內政的延長，國與國間，有無邦交，祇是形式，國家的實力，才是外交的眞實憑藉。

陸　泰國華僑社會

一九六六年九月，我奉部令調任駐泰大使館一等秘書兼理領事事務。由於我在外交部工作時，主辦聯合國及國際組織業務，對於泰國事務很少涉及，關於泰國情況所知也就有限。十月初，我隨新任大使彭孟緝將軍赴任，正逢泰國僑社活動最頻繁的時節。凡是僑團有重要的活動，大使均須前往參加，我必陪同照料，次要的活動，大使不去，我須代表參加，我深知軍人長官對部屬要求嚴格，無論參加任何活動，我都不敢怠忽，事前要作充分的準備，臨場要應付各種狀況，這樣緊張地忙了三個月，我的體重瘦了七公斤，因而我對泰國僑社逐漸有了些認識，與泰國僑領不斷接觸交往，慢慢也建立起友誼。

一、泰國時空環境

泰國地處中南半島中央，西隣緬甸，東北以湄公河與寮國爲界，東南毗連高棉（現稱柬埔寨），西南伸入馬來西亞，瀕臨印度洋，南瀕暹羅灣，以其四週地理環境而言，可知泰國戰略地位，至爲重要。

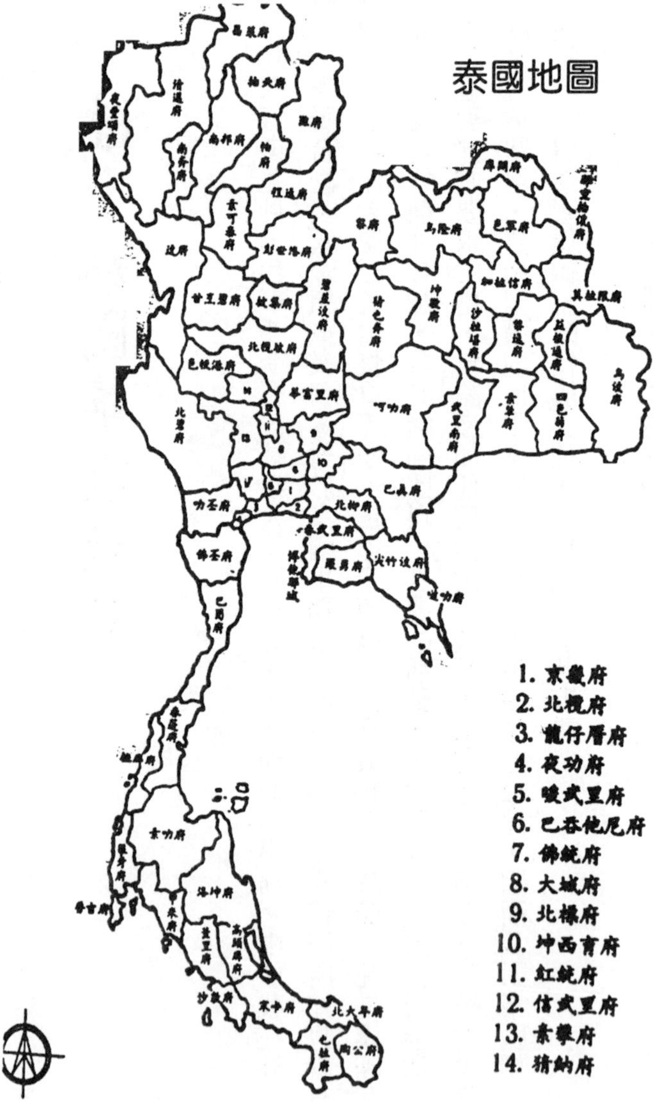

泰國土地面積，約五十一萬三千平方公里，分爲東北部、北部、南部、西部、東部及中部六個地區，計有七十二個省（或稱府）。總人口約五千九百萬人，華裔人數約佔十分之一，泰國地處熱帶，氣候炎熱，常年如夏，氣溫在攝氏二十三度至三十五度之間，爲熱帶性氣候。每年分雨旱兩季，雨季由每年五月至十月，旱季由十一月至翌年四月。如赴泰國旅遊觀光，以十一月至二月間氣候較爲適宜。

泰國氣候炎熱，適於稻穀生產，是一資源豐富國家。當地俗諺有謂：「有田即有米，有水即有魚。」眞是魚米之鄉。在暹羅灣現已發現天然氣，在陸地發現有石油礦，在南部有錫礦與橡膠等資源，可說是一天賦豐厚之國。

泰國古稱暹羅，一九四九年五月十一日正式改稱泰國。大泰民族，包括泰族及撣族，原居我國雲南境內。後漢時有滇國，唐代有南昭，宋代有大理。直到今天，雲南省「西雙版納」的居民之語言與風俗習慣，和泰國人民相似，兩地人民可用泰語交談。泰國新年稱爲宋干節，爲每四月十三日，俗稱爲「潑水節」，與雲南省「西雙版納」居民新年節日相同，兩地人民都以潑水爲禮，相互祝賀節慶。由此證明泰族是由我國雲南省，沿著薩爾溫江，經由緬甸撣邦，進入泰北，再沿著湄公河，逐漸向南遷移發展，定居在中南半島。

史書記載，泰國建國迄今，約有八百多年，歷經四個王朝：

㈠素可泰王朝，約於八百年前，建國於素可泰，前後經歷約一百四十年，由公元一二三八至一三七八年（中國元代一二八一——一三五六）。

(二)大城王朝，經歷四百一十七年（一三五〇—一七六七），屢遭緬甸侵犯，相互爭戰，最後大城爲緬軍攻陷，王宮被焚燬，大城王朝敗亡。

(三)呑武里王朝，當時中國人鄭昭擔任甘烹碧省長，擁有兵力，他糾集暹羅人，共同起來抵禦外敵，經歷七年苦戰，四度擊退來犯緬軍，統一全境，被擁立爲鄭王，遷都呑武里，稱呑武里王朝。此爲中國人在海外建立之唯一王朝，在位十四年（一七六七—一七八二），現在曼谷對面之呑武里建有鄭王廟，紀念他光復泰國的功勛。

(四)節基王朝（Chakri Dynasty），鄭王晚年被屬下大將所弒，納他那哥信繼登王位，建都曼谷，稱爲節基王朝。

節基王朝自一七八二年迄今，已歷二百餘年，由拉瑪一世至現任泰王蒲美蓬拉瑪九世，共歷九代君王。西片電影「國王與我」，就是描寫泰王拉瑪四世的故事，他聘任英籍女教師安娜（Anna Leonowens）在王宮教授王子接受現代教育。至拉瑪五世即位，開始大事改革政經體制，興辦教育，興建鐵路海運，力求泰國現代化，成爲泰國最有聲望的國王，和日本明治維新有相同的成就。

現任泰王蒲美蓬，於一九五〇年五月五日，他十八歲時登基，迄今已是泰國在位最久的國王。他即位以來，勤政愛民，深入窮鄉僻壤，爲民解除疾苦，深受泰國軍民愛戴，成爲泰國的領導中心。他對旅泰華人，一視同仁，沒有任何歧視，因此中泰兩族人民，和睦相處，親如一家人。泰國自一九三二年開始實施民主憲政，華裔參政不受限制。由於華裔家世經商富有，受有良好教育，每每參加國會選舉，當選議員比比皆是。有人說：「泰國國會開會時用泰語發言，散會後，議員多用潮語交談。」可見華裔參政者甚多，而位居軍政要津者亦不乏其人，他們對於泰國政經社會發展都有重大的影響與不可磨滅的貢獻。

二、華人移殖泰國經過

中國人前往泰國，約在一千多年前。漢書記載：「自粵徐聞合浦船行五月有都元國（在婆羅洲北岸），再船行二十餘日有諶離國，步行十餘日有夫甘都盧國。」諶離國及夫甘都盧國，在今泰國巴蜀與春蓬之間，可知早在公元二世紀時，泰國已有華人足跡行踪。公元七九五年，有十名潮洲人前往泰國，教授泰人製作陶器。今日泰國最有名陶器爲宋膠洛陶器，其形式、彩紋、顏色與我國龍泉陶器甚爲相似。我曾參觀清邁附近一家製陶廠，看燒出來的陶器，經過改良，有泰國文化的特色。

㈠在素可泰王朝時期，藍甘杏大帝（Ramkamhaeng）曾於一二九二年開始派使前往中國，先後派使往中國進貢九次，元朝亦派使臣答訪泰國三次。一九八七年四月，泰王蒲美蓬之姐來我國訪問，她是一位歷史學者，我曾陪她參觀臺北故宮博物院。當時的秦孝儀院長特爲她打開地下庫房，讓她查尋中泰古代文物。她曾發現一金葉表文，銘刻有許多泰文，此原爲暹羅王藍甘杏於一二九九年派遣太子昭祿羣膺來我國朝貢之物。

(二)中國明代（一三六六—一六四四）和泰國大城王朝雙方使節交往最為頻繁，明朝先後派使十九次往訪暹羅，大城王朝曾派使至中國多達一百零二次。明代鄭和下南洋，亦曾到過泰國。

(三)到了清代（一六四六—一九一一），中泰兩國人民乘用帆船，相互通商，往來更加頻繁。當時中國輸往泰國主要貨物是瓷器、銅器和絲織品，泰國向中國出口的是大米、胡椒、降香及蘇木等，中國人隨著商船前往泰國移殖的，亦逐漸增多。

(四)當節基王朝（即拉瑪王朝）於一七八二年在曼谷開始建都時，需要大批工匠，遂向我國招募，前往泰國建造王宮的工人，後來便在泰國居留下來。到了一八五七年，據法國學者估計，暹羅已有華僑一百五十萬人。

(五)中國抗日戰爭勝利（一九四五）後，適值廣東潮汕地區發生大饑荒。當時我國國際地位提高，國人前往泰國幾乎不受限制。於是有大批潮汕人民乘船前往泰國，抵埠以後，各自投奔親友，設法謀求工作。數年間赴泰移民僑胞，約有二十六萬人之多，平均每年有五、六萬人前往。這些在抗戰後期移往泰國之僑胞，至今仍多留居泰國。據他們說：「當年赴泰無需簽證，都是一船一船整批前往，由潮汕乘船至暹羅登岸，大部分散佈於曼谷平原。他們分別投靠親友，稍獲安定，再由親友資助，向內地發展，分至中部、東部、東北部地區，從事種植稻米，少數人作技藝工匠。有的前往泰國南部橡膠園或錫礦裡作工，對泰國的經濟開發有很大的貢獻。」因之今日泰國，即使在窮鄉僻壤，也有中國人散居。中國人散佈泰國之廣，

沈代表夫婦訪問泰南華橋在合艾海濱留影

眞是無遠弗屆，無處無之。我曾遍訪泰國七十二省（府），無論是山之巔，水之濱，每當走進住戶人家，都看到他們家中供奉著祖宗牌位。

到了一九四八年，泰國下令規定移民額，華人及其他國民每年移民定額均爲兩百人，用意顯然是在遏阻華人大批移民泰國。一九四九年，中國大陸赤化之後，仍有不少華人前來泰國避難，上海有許多工商人士，亦紛紛前來泰國創設紡織廠，從此興起泰國棉紡工業。

三、泰國華僑近況

泰國華僑人數眾多，確實數字，無從查考。保守估計，有中國血統的華裔約五百萬人，如誇稱千萬，亦不爲過。他們多數已取得泰國籍，據泰國移民局統計未入籍泰國，而仍保留中國籍者，約有三十萬人。過去華人移民泰國，多無力攜帶妻小前往，他們定居之後，大多和泰女結婚，生育子女，經過兩三代泰化之後，都已成爲暹羅人了。

移居泰國的華僑，以潮州人爲最多，約佔全僑人數百分之五十六，其次爲客家人，約佔百分之十六，再次爲海南人，佔百分之十二，再次爲廣府人（廣州及肇慶二府），及福建人，多約佔百分之七，雲南人佔百分之一。近年來，由臺灣前往泰國移民的人數亦不在少。另外也有自江蘇、浙江及上海一帶商人，前往泰國經商貿易而留居下來，泰南地區還有少數廣西人。

移居泰國的潮州人，散佈面很廣，多數居於曼谷平原，據估計，在泰國京畿周圍地區的華人，約有兩百多萬。雲南人是從陸路進入泰國北部，多數散佈在泰北清邁、清萊地區。也有部分福建華僑，他們先到馬來亞，然後再進入泰國南部，種植橡樹，收割橡膠，有人遠至普吉，開採錫礦。

早期華人赴泰，多爲謀求生活，赤手空拳，從事勞務，或種田，或開礦，或開發山林，或經營土產，或作米糧生意，亦有從事當鋪業。目前僑胞經濟多已有了基礎，進而進入工商、金融或中小企業。無論是販夫走卒，以至銀行工廠負責人，華裔約佔百分之九十以上。曼谷市內，所有高樓大廈，多數爲華人所有，當地大型民營銀行，多爲中國人所經營，可見僑胞在泰國方面之影響力。據我個人的觀察，泰國人可分爲兩個階層，那就是貴族（包括政府文武官員）與平民，中間階層的農工商都是華人，在現代民主社會裡，中產階層有舉足輕重的影響。

近二、三十年來，我國經濟發展快速，教育進步，很多技術人員，受泰國工商企業之聘，前往泰國從事技術工作，如工廠技師，農業專家，協助泰國發展農工業。他們長期居留泰國，待稍有積蓄，亦開始自行創業，自任老闆，經營工商，從事生產，其中事業有成者亦頗不乏人。

臺灣經過五十年的辛勤努力，經濟發展，到了二十世紀八十年代，勞力密集工業已經飽和，加以臺幣升值，勞工短缺，手工業及中小企業難以在國內持續發展。鑒於泰國資源豐富，勞工充沛，工資低廉，土地又易取得，臺灣中小企業紛紛前往泰國投資設廠。他們這些廠具有資金和技術，又有經營經驗，運用泰國勞力與資源，對促進泰國經濟快速發展，大有幫助，因而受到泰國政府的重視，華人在泰國的地位亦隨之提高。

四、中泰一家親

中國是一個農業社會，人民安土重遷，都不願遠離父母鄉邦。因爲受到天災人禍，戰亂饑寒，兵荒馬亂，民不聊生，沿海居民，被迫逃生，飄洋過海，前往南洋，來到泰國者，都是赤手空拳，身無分文，祇好單槍匹馬，孤軍奮鬥，流血流汗，拚死拚活，謀求生存。幸運兒獲一棲身之所，謀得一工作崗位，勤勞刻苦，混到一碗飯吃，節省積蓄，多年下來，有了一點錢財，找一個泰女結婚成家，生兒育女，三代之後，這些子孫，不會說漢語，都成了泰國人了。也有富商華僑的女兒，嫁給泰國官員，他們的子孫，更是名正言順，成爲泰國人了。中泰兩大民族，經過數百年通婚交往，已經融和成爲一體，在中國人家庭裡有泰國人，在泰國人家庭裡有中國人，成爲中泰一家親，分不出彼此。加以中泰兩族人民都信仰佛教，思想觀念相同，故能和睦相處，親切融洽。

第二次世界大戰期間，日軍進佔泰國，有名的僑領，如中華總商會主席張蘭臣，黃魂中學校長張亦錚，恐遭日本人迫害，紛紛逃離泰國，回到祖國避難。許多年青華僑，激於民族大義，紛紛回國從軍抗日，也有留在泰國參加「自由泰」，從事地下抗日工作，寫下中泰兩族人民攜手並肩對抗日軍侵略的史詩。

抗日戰爭勝利後，中國成爲世界五大強國之一，海外華僑無不感到揚眉吐氣。從事地下抗日工作的泰國華僑青年，更是耀武揚威。日軍投降之初，他們從地下出來，組織自衛隊，在華商雲集的耀華力路，維持治安秩序，不許泰國警察過問華人糾紛，引起泰國人反感。後來泰國政府派軍警將他們驅散，曾一度發生衝突。

戰後華文學校在泰國各地，像雨後春筍一般，紛紛成立，當時華文教師又多左傾，鼓勵畢業生回國升學，引起泰國政府的關注。這時正值泰國總理鑾披汶（Phibun Phibunsongkhram, 4-8-1948-9-16-1957）執政期間，大泰民族意識高漲，開始採取排華措施。一九四七年元旦，北攬坡華文學校因懸掛中國國旗問題又引起中泰人民衝突，泰國政府遂下令關閉北攬坡華文學校，中國駐泰大使館雖出面交涉，也無效果。泰國政府從此之後，對華文學校採取各項嚴厲措施，不許華校在正式上課時間教授華文，目的在加速華人子弟泰化。

鑾披汶政府爲了保障泰人生計，曾於一九四二年六月十日下令禁止華人從事泰國人民傳統手工藝二十七種行業，例如製傘、造磚，及理髮等行業，當警察取締一位理髮師去爲人理髮，這位理髮師申訴說：「我一家十口，只有我一個是華人，其他九口都是泰人，包括我的妻子和八個兒女。我一個華人賺錢，養活泰人九口，你不許我爲人理髮，誰來維持這九個泰國人的生活。」這位泰國警察給他說得啞口無言，祇好讓他繼續工作下去。同時這些保留給暹人的行業，暹人多無興趣，也鮮有能力來充擔。

中國移民從無殖民思想，政府亦無移民政策，中國人散居世界各地，得不到政府的保護，全憑吃苦耐勞，與僑居地人民和睦相處，謀求生存發展。孫中山先生提倡民族主義，有助於推翻滿清，建立民國，也有助於促進若干落後國家民族意識的覺醒，及至毛澤東要利用華僑赤化世界，自不免引起許多有華僑聚居的自由國家的恐懼，甚至釀成一些排華事端。幸而現今世界已被公認爲一個地球村，許多國家爲了便利人民交往、通商貿易及文化交流已經取消或簡化了複雜的入境簽證，遂使人際關係更加自由，國際樊籬逐漸消失，民族意識也由「天下一家」的意識所取代，有識之士，乃鼓勵華僑要融入當地主流社會，這樣自可增進彼此了解及友誼，也可避免隔閡孤立或引起誤會歧視。中泰兩大民族，經過數百年相互通婚，現今已經融爲一體，共存共榮。

柒　僑團與僑領

泰國華僑，多數來自廣東潮汕。他們到了泰國後，各自投靠親友。先來的華人，在當地事業有成，協助新來的鄉親在當地謀生，紛紛集會結社，組織僑團，推舉富有而熱心公益的僑領出來領導，這些僑團逐漸發展，現今組織都很健全，對於華僑在泰國的發展有很大的貢獻。泰國僑領多數出錢出力，幫助貧窮鄉親，潮州人稱呼他們為「頭家」，或稱他們為「座山」，可見他們對鄉親貢獻之大。

一、泰國僑團組織

泰國僑團眾多，不可勝數，重要者可分為以下數類：

㈠綜合性僑團：計有中華總商會、中華會館，前者係旅泰華商的總會所，後者係旅泰愛國華人為發揚中華文化教育的活動中心。

㈡地緣性僑團：有潮州、客屬、廣肇、海南、福建、江浙、臺灣、雲南、廣西九個同鄉會。另有潮州府所屬之潮安、潮陽、揭陽、普寧、澄海、大埔、豐順、饒平、興寧九縣同鄉會。因潮州人移居泰國最多，還有各鄉鎮聯誼會的組織。

㈢血緣性僑團：中國人自古重視血緣關係，所謂「五百年前是一家」，凡是同姓，都是一家人。當大陸發動文化大革命期間，旅泰華人深感有家歸不得的痛苦，爲使子孫不要數典忘祖，紛紛在泰成立宗親會，設立祠堂，每年舉行祭祖大典，各宗親攜兒帶女，前往參加跪拜，情況極爲熱烈。旅泰華人有五十六個宗親會，其中人數最多，宗祠最大者：有林氏宗親總會、陳氏宗親總會、鄭氏宗親總會。成立最久的有沈氏宗親總會，已有百年歷史。我曾多次應邀參加有關活動，看到許多泰國官員也來參加，他們已不會說中國話，但他們認爲自己是沈氏之後代子孫。所謂血濃於水，眞是親情深似海。

㈣同業公會：旅泰華人多數從事工商業，爲使同業間相互幫助發展事業，很自然的形成組織。最初旅泰華人多經營土產及米業，因而泰土產同業公會、米業公會，火礱（磨米）公會最先成立。其後木業、五金、織業、火鋸（鋸木）、皮業、出入口公會等亦相繼成立。他們會員多是從事工商業，財富充裕，很有影響力。

㈤慈善團體：泰華慈善組織共有四十五個，其中組織完善，規模最大者，要以報德、玄辰、世覺、道德、崇德五個善堂爲首，其次尙有天華醫院、中華贈醫所、華僑互助社、挽卿養老院、華僑孤兒院等，他們賑災救難，養老育孤，贈醫施藥，成績顯著，爲旅泰華人稱道。

二、泰國中華總商會

中華總商會，創立於一九一〇年，是泰國僑團的最高組織。凡是有全國性或全僑性的活動或集會，都是由中華總商會出面領導與主持。例如發動僑社參加泰國各項重大慶典，或是救助泰國各地發生的各項災難，以及從國內前來泰國訪問的政府首長的迎送公宴，均由中華總商會邀集各僑團會商策劃進行。因而中華總商會成爲旅泰華僑與中泰兩國政府間的溝通橋樑。

歷屆中華總商會的主席，如伍佐南、馬立群、陳守明、蟻光炎、馮爾和等人，都是眾望所歸的富有僑領。我初到泰國期間，中華總商會名譽主席是陳弼臣和鄭午樓，主席黃作明，副主席鄭明如和丘細見，會董有六十人，都是從各行各業傑出的華商中選出來的，他們都要出錢出力協助會務的發展。

在杭立武大使任內，爲要加強僑社團結與僑領間溝通意見，倡導八屬首長餐會，每月輪流由一屬首長作東，邀集八屬正副首長及總幹事參加，並邀請大使館派員出席指導，共商僑社間公益事務。我主管僑務，每次聚餐都須參加。在一起聚會久了，我和僑領們漸漸熟識了，感情也就建立了，對僑務推行有莫大幫助。後來各姓宗親會首長也舉行每月聚餐會，人數較多，情況更加熱烈，對於僑團首長間情誼的聯繫發生良好的效果。

泰國僑團首長，是由「頭家」出任，他們大多數均屬富有商家，平時出力、出錢幫助鄉親。可是他們要經營自己的商業，沒有時間兼管僑團工作，乃由僑團聘用有辦事才能的人擔任僑團總幹事，處理僑團的日常業務，因而僑團總幹事成爲辦理僑社工作的要角，他們每月也舉行餐會，邀我參加。我說：「我是駐泰大使館的總幹事。」輪到我作東，邀請全體總幹事參加。大家情感打成一片，做起事來就方便多了。

旅泰僑胞對於中華總商會故主席張蘭臣先生無不稱頌，說他出錢出力，救苦救難，排難解紛，不遺餘力。他一向強調：「凡是對僑胞有利的事，無論怎樣辛苦，我都願意去做，只是希望全體僑胞，團結一致，通力合作，共謀僑胞福利。」據說一九六一年過年時，他跑到日本去躲債。當時沙立元帥與他私交甚篤，得知張蘭臣經濟困難，立即將京都製酒專買權授予他經營。張主席獲此奧援，始脫離困境，本想大展爲僑胞服務的志願，未過半年而竟逝世。每年七月二十九日，我都參加張蘭臣主席忌辰紀念會，許多受過他生前恩澤的旅泰僑胞，遠從泰北泰南各地趕來參加，談起張故主席的恩德，無不敬佩懷念。相形之下，僑胞對於現任主席黃作明，就有不同的評價，大家認爲黃主席經管介壽堂不善，引起僑胞許多非議。

三、泰國華僑建獻介壽堂經過

第二次世界大戰結束，我國對日抗戰勝利，萬眾歡騰，中泰兩國隨後建立邦交。我國首任駐泰大使李鐵錚於一九四六年九月九日抵任履新，僑胞萬人湧往機場迎接，盛況空前。李大使於接見僑胞代表時，希望旅泰僑胞，建獻一座介壽堂，藉以尊崇元首，團結僑胞。此一建議，立即得到全體代表熱烈贊同，遂於十月十五日，在駐泰大使館，召開僑團代表會議，由首任駐泰武官卓獻書任臨時主席，選出三十一個僑團爲建堂籌備委員，名單如下：

1. 中華總商會
2. 中華會館
3. 潮州會館
4. 廣肇會館
5. 海南會館
6. 客屬會館
7. 福建會館
8. 江浙會館
9. 臺灣會館
10. 紗布公會
11. 建築公會
12. 銀信局公會
13. 五金公會
14. 米商公會

15. 天華醫院
16. 潮陽同鄉會
17. 火礱公會
18. 火鋸公會
19. 潮安同鄉會
20. 報德善堂
21. 香叻汕公所
22. 金璇公會
23. 聯華藥業公會
24. 木業公會
25. 有益公會
26. 中華贈醫所
27. 罐頭京菓公會
28. 皮業公會
29. 茶商公會
30. 土產佣行公會
31. 印刷公會

另推出十一個僑團爲常務委員會，名單如下：

1.主席：中華總商會
2.副主席：暹羅華僑救濟祖國糧荒會
3.正財政：潮州會館
4.副財政：紗布公會
5.宣傳：三民主義青年團中央直屬駐暹區團部
6.秘書：中國國民黨駐曼谷直屬支部
7.正募捐：廣肇會館
8.副募捐：客屬總會
9.設計：水礱公會
10.建築：建築公會
11.審核：海南會館

一九四八年六月二十八日，召開第八次籌委會，決議將常委會十一個僑團，改爲五位僑領出任，並選出主席張蘭臣，副主席雲竹亭，財政伍柏林，常務鄭午樓與蘇君謙。

籌備委員會主要任務爲籌募建堂基金，成立初期，即積極進行募款工作，在曼谷地區，分區勸募，發起自動獻金、義演、義賣，及舉辦遊園會等各種方式募款。到了一九五八年，計募得泰幣一百二十多萬銖。

籌募款項之後，開始進行購地。當時大家希望介壽堂有一個可容數千人集會的大會堂，還要有圖書館、健身房，以及各種球類和田徑賽等場所。一九五○年八月，購買挽甲必水門一塊地皮，共有五十萊（每萊爲一千六百平方公尺）。地買好後，請伍竹林先生代表出名辦理過戶手續。

一九五八年，泰國政府因曼谷人口增加，擴建碧武里路，從水門到奕甲邁地段，經過介壽堂所購土地，地價因而提高。因此有人建議，趁地價高漲，出售介壽堂地產一部分，以增加建堂基金。一九五九年七月三十日，第十四次籌委會決議，授權常委會決定留下十萊地產，作爲建堂基地，其餘全部出售，共得泰幣九百餘萬銖。

既已有了建堂基金，本可進行建築，但作爲建築介壽堂的地皮上，已被貧民蓋搭臨時木屋居住，要他們即日搬遷，不是容易的事，住戶未搬遷之前，自無法進行建築。

一九六一年張蘭臣主席去世，黃作明繼任中華總商會主席，兼任介壽堂籌委會主席。一九六二年二月十四日，黃主席首次召開壽委會，建議將介壽堂留下的地產十二萊，和天華醫院所有的八萊地產交換。因爲天華醫院的地產，前臨碧武里大馬路，後枕挽甲必小河，交通便利，地面又無住戶，對換之後，可立即著手建築。這一建議，甚爲合理，當即獲得與會委員一致贊同。經與天華醫院商議。天華醫院的理監事，與介壽堂籌委會均有直接關係，大家認爲同是僑團財產，彼此一家，無須計較，換地問題，就此獲得圓滿解決。

換地問題，雖經介壽堂及天華醫院雙方同意，依法仍須由雙方向當地有關機關，辦理換地手續，始可進行建築，如果照這樣去做，又要費去很久時間，方能辦妥，幸而大家都熱心要促成建堂工作，遂採用變通辦法，由天華醫院出具證明書，聲明願意將這塊地皮贈給介壽堂建築。

介壽堂籌委會授權建築股負責設計建築事宜，由張一調工程師繪製圖樣，蘇國材委員計算安全，黎志炳主任草擬合約及主持報標事宜。建築股將各項建築手續擬妥，獲得籌委會同意，在各報刊登廣告，招商投標。決標後，乃與得標商簽訂合約，即著手進行建築。在建築期間，建築股要到工地監工，全部工程直到一九六三年初，始告完成。

一九六三年十月，泰華介壽堂回國致敬團一行二十人，由介壽堂籌委會主席黃作明率領回國，祝賀蔣總統七秩晉七華誕，並呈獻介壽堂模型，曾護蔣總統接見。對於泰國華僑，愛護國家，尊崇元首，通力合作，完成建堂任務，面予嘉獎。

參考泰華介壽堂回國致敬團編印之「泰國華僑建獻介壽堂籌備委員會成立經過情形及其工作概略」報告書

四、介壽堂與大使館

介壽堂籌建工作，經過十六、七年之久，其間雖然國家局勢及僑團人事都發生重大的變化，但終於完成全體僑胞的愛國願望，建堂落成，擔任籌備委員的僑領們，出錢出力，貢獻最多，而擔任籌備委員會的名譽主席杭立武大使，却是推動建堂工作的原動力。杭大使於一九五六年九月二十六日到任之初，即召集介壽堂籌委會開會，調整人事，指示會務進行，他以諄諄教導的長者風度，協和各方，使建堂工作，圓滿完成。並利用介壽堂多餘的土地，建築一座美輪美奐的大使館及大使官邸。

介壽堂與大使館建築完成，是泰華僑社一大喜事。這兩座建築物，在當時曼谷是最華麗的場所。介壽堂可容納千餘人，僑社有任何重大的集會，都在這裡舉行。僑胞有任何喜慶，也在這裡擺設盛宴，每天車水馬龍，日夜不停。大使館是兩層樓的建築，中庭是大廳，可以容納數百人，大使在這裡舉行酒會或宴請賓客，很有氣派，四週樓上樓下都是辦公室，大使就在樓上後座辦公，後院就是大使官邸，上下班極爲方便。當時議定，大使館產權屬於介壽堂所有，大使館向介壽堂承租使用，每月付象徵性的微少租金，大使館房舍有任何毀損，房主介壽堂負責出資修繕。在杭大使任內，雙方尚能相安無事。

一九六四年五月二十六日，駐韓大使劉馭萬調任駐泰大使，他是老練的外交家，爲人忠厚，患有高血壓症。到任之後，住在大使官邸。隔壁介壽堂每晚都有喜慶宴會，鑼鼓喧嘩，人聲吵鬧，每至深更午夜，笙歌不停。煩擾劉大使無法入眠，輾轉反側，心中鬱悶，積久難伸。派員與介壽堂管理委員會主席黃作明情商，也得不到正面反應。日積月累，兩年下來，身心受盡折磨。一九六六年六月七日，劉大使在參加八屬首長午餐會席上，把鬱積心中的悶氣，一下吐露出來，越說越氣，說到激動處，竟昏倒在地，當場中風猝逝。在座僑領，目睹此一情境，無不悲憤。

沈代表（左）與中華總商會主席黃作明（中）餐敘

駐泰大使館一等秘書鮑文年，當時陪同大使出席此一餐會，看到此一情境，回天乏術，更是悲憤。回到大使館，適逢中央社駐泰特派員王勳前來採訪，鮑秘書遂將劉大使逝世經過實情一一說出，中央社發出新聞稿，說明劉大使逝世原因，是介壽堂不聽勸告，每晚鑼鼓喧天，吵得大使不能入眠所致。黃主席看報之後，對鮑文年秘書極爲不滿。駐泰大使館不敢得罪房東，乃電請外交部將鮑秘書調回，以維持雙方和好關係。

一九六六年十月初，我隨新任駐泰大使彭孟緝赴任履新。彭大使對黃作明主席極爲敬重，大使館任何邀請僑領參加的宴會，都請黃主席坐在首位。一九六八年七月三日，國防研究院第九期學員訪泰，彭大使在大使館內設宴歡迎，並邀僑領作陪，至時賓客都已到齊，唯獨黃作明姍姍來遲，而彭大使堅持須等黃主席到後才能開席，致其他僑領頗感不耐。黃作明對於大使館任何請求，尚能配合，大使官邸需要修繕，黃氏也能依照先前議定，負責出資，但在修繕工程進行中，一天晚上，彭大使回家，墻壁突然倒塌，幸好大使側身避過，沒有釀成意外。

一九六七年十月，泰華各界組團回國參加各項慶典，公推黃作明主席爲泰華慶賀團團長。黃氏一行在國內受到熱烈歡迎與親切接待，不料他返泰後，却對此頗有微詞。他說：「國內接待單位，總是以美國華僑爲優先，泰國華僑則不受重視，有被輕視的感覺。美國華僑也許有錢，但泰國華僑人數最多，到底是人重要還是錢重要？」從這段談話，可以約略看出他的氣度。

我因主管僑務的關係，與中華總商會黃主席經常有來往，相處尚算和好。有一次柯叻發生大火，受災僑胞眾多。我與黃主席同車前往慰問。往返途中，兩人閒談，我對他服務僑社，不辭辛勞，到處奔走，席不暇暖，至表敬佩。他說：「原本經營米業，自任中華總商會主席之後，無暇管理自己的事業。爲了替僑胞解決各種困難，須與泰國官員交好，建立友誼。逢年過節，喜慶宴會，都須送禮參加，有時夜晚，還要陪泰國官員打橋牌，總是輸多贏少，每月開銷甚大，單靠介壽堂出租場地的收入，實在難以維持，而僑社對他的難處，多不諒解，反而提出各項指責。」我認爲他所說的也是實情。

我每月參加八屬首長聚餐會，席間，大家除討論議題外，閒話時，八屬首長都對黃主席表示不滿，認爲他經管介壽堂不當，所收經費也不公開。海南會館理事長陳來瓊說：「我是介壽堂的財政，但我從來就沒有看到過介壽堂的帳目，都是黃主席一手包辦。」

我因工作關係，與各僑團首長交往頻繁，深知大多數僑團首長，都是出錢出力在為僑社服務，協助政府推行僑務工作，貢獻甚大。因而我備文建議政府，頒發獎狀給泰華十大僑團首長。包括中華總商會主席黃作明，中華會館理事長余鶴史，潮州會館主席蘇君謙，客屬會館理事長丘細見，廣肇會館理事長黃雲快，海南會館理事長陳來瓊，福建會館理事長黃永林，江浙會館理事長張杰陵，臺灣會館理事長林炳煌。經僑務委員會核准頒發光華獎章各一枚。為期隆重，特請彭大使在中華總商會光華堂頒獎，我事先替彭大使準備了一篇講稿，推崇各首長熱心為僑胞服務，對國家及僑社作出重大貢獻。這是政府首次對泰華僑團首長的嘉獎，九位首長領獎後，都深感欣喜，唯獨黃作明主席認為臺灣、江浙是小會館，怎能與他同等相比，領受相同獎章。為表示不滿，他竟中途退席。他為人如此傲慢，而且斤斤計較，難怪僑社對他沒有好評。

五、介壽堂與謝慧如

到了一九七〇年代，泰國工商業發展加速，曼谷市面日趨繁榮，國外來泰旅遊的觀光客絡繹於途，現代化之觀光旅館應運不斷興建。觀光旅館內的會堂設備，堂皇華麗，服務週到，餐飲方便，僑社喜慶宴會，逐漸轉到大旅館舉行。介壽堂年久失修，相形之下，已顯得破落，沒有人再租用了。

一九七五年七月一日，中泰斷交，中華民國駐泰大館使全部人員撤離，留下的空洞房舍也沒人租用。九月初，我奉命到泰設立辦事處，也不便再重回原址辦公。特到中共大使柴澤民來泰建館，黃作明曾有意將中華民國大使館拱手讓給中共使用。柴澤民嫌其破舊，他要在曼谷市郊購地另建新館。原在曼谷顯赫多時的介壽堂與大使館，現今反而落沒無人問津了。

後來黃主席經多方籌劃，將大使館房舍改設一座碧武里西醫院，令其學醫的公子出任院長。由於經營不善，數年下來，虧損累累，無法維持下去，祇有關門大吉。

僑社傳說，大使館所在位置，風水不好。彭孟緝大使也曾相信，並曾請風水先生來勘查，依照指示，在大使館前院，興建一座神龕，每天早晚敬獻花菓，但仍免不了閉館的命運。等到黃主席公子經營的醫院關閉之後，再無人敢過問介壽堂與大使館的事了。

一九八六年八月，中華總商會主席黃作明生病住院，引起九屬會館首長及許多愛國僑胞關心介壽堂的地產問題，遂推請鄭午樓、謝慧如及周鑑梅三人出面協調疏解，因黃主席對移交財產補償索價高高，無法解決。當初這塊地皮，是請伍竹林先生代表介壽堂籌委會出名過戶，後來黃作明主席接管，產權也就過名給黃主席，因而黃主席此時不將介壽堂產權交出，死後必給僑社留下一個很大的麻煩問題，甚至成了他的私產。有些憤激人士揚言說：「黃作明如不交出產權，我以介壽堂捐款人的身份，向法庭提出控告。」話雖如此，實際上並沒有人眞正願意挺身而出，以謀解決問題。

到了一九八七年初，泰華大慈善家謝慧如先生，自動以黃主席私人朋友的身份，再度出面與黃主席商談，勸黃主席把介壽堂的產權交出來，不要留給後世一個罵名。黃主席乍聽之下，甚爲生氣，質問謝是否想來搶介壽堂保管委員會主席的位子？謝發誓絕無此意，完全站在愛護朋友的立場，勸他不要給僑社留下麻煩。黃主席經過長時間細考，對謝說：「不是我不願將介壽堂產權交出，而是我在這多年保管期間，爲介壽堂虧欠許多債款。介壽堂產權我可以交出去，這一大筆債款將如何償還？」謝慧如當即承諾：「你只要說出一個數字，所有債款，由我完全償清。」一九八七年三月三十一日謝慧如先生私人拿出泰幣四百五十萬銖，又由僑領鄭午樓、林炳南、謝子昂、丘書亮、姚宗俠各出泰幣一百萬銖，共交付泰幣一千一百五十萬銖，黃主席才允將介壽堂產權交出，在他去世之前簽了字。

我初次到泰國就認識謝慧如先生，那時他是潮州會館副主席，八屬首長每月聚餐會宴席上，我都見到他。他不多言語，又不會說普通話，每次我見到他，連寒暄幾句都需要人在旁傳譯，說不上交誼。觀其容

沈代表與僑領謝慧如先生（左）步出會場

顏笑貌，確是一位敦厚長者。我第二次到泰國任代表期間，常在報上看到他捐款行善的消息，而且每次捐款，都是百萬千萬銖。在記者筆下，他是泰華一位大慈善家。據我所知，他在泰國並不是一位最有錢的富商，但他樂於爲善，不惜鉅金施捨，從事社會公益事業，引起我對他的尊敬。謝先生平時無他嗜好，唯喜歡邀請幾位好友在一起餐敘，午間在曼谷一家有名的餐館「香江樓」吃魚翅燕窩席，一擲千金，毫無吝色，我也曾多次應邀參加這樣宴會，老闆娘看到這位財神光臨，曲意奉承，菜色特別鮮美可口，因而泰華有許多文人名士，樂於與他交往。

一九八七年五月十七日，謝慧如先生又邀我到香江樓午餐，同席有僑領林來榮、丘書亮、吳一勇及僑務秘書林宴文等人。席間，謝先生與我們商談介壽堂問題。我首先稱讚他這次見義勇爲，花錢費神解決了介壽堂產權的難題，對整個泰華僑社是一大功德。關於介壽堂今後管理問題，我提出三點意見，請大家商討：第一、介壽堂的名義不能變更；第二、介壽堂管理委員會，應由泰華九屬首長出任委員組成；第三、介壽堂管理委員會主席應推選謝慧如先生擔任。對於前兩點，大家都無異議，唯獨第三點，謝先生堅持不能接受，因爲他曾向黃作明主席承諾，他本人絕無意要來做主席。我說：「這時唯有謝先生出任介壽堂主席，眾望所歸，定會得到全體僑胞一致支持。而且以謝先生樂善好施，熱心公益，必能領導介壽堂，爲泰華僑胞謀福利當仁不讓，務請謝先生不要謙辭。」商談至下午四時許，謝先生爲了不願違背對老友的承諾，堅決不肯。

這時臺灣工業發展已經到了升級的階段，勞力密集工業，由於臺灣勞力缺乏及工資上漲，以致成本大增，產品外銷已無競爭力，紛紛前來泰國投資設廠，開始需要購地租屋。因而我與中華工程公司黃文鎔總經理商量，由中華工程公司投資，在介壽堂這塊十萊多的地皮上，重建兩座高十一層的大樓，用作辦公大樓，出租給臺灣前來投資的廠商，建築費用很快可以回收。中華工程公司黃總經理已經被我說動，指示建築師，繪製兩張藍圖，原介壽堂上的最高一層大樓，留作爲介壽堂，原大使館上的最低一層可開設慈善醫院，租金收入的一部份，用來供介壽堂從事公益活動費用。我記得全部建築經費，當時估計約需泰幣三億銖，倘謝慧如先生肯出任介壽堂管理委員會主席，由他領先向熱心僑領呼籲捐一部分善款，有意租用辦公室的臺商可以預付一部分訂金，中華工程公司再出一部分資金興建，如此合力，則介壽堂改建不難完成。

二〇〇〇年秋，我重回曼谷，市面繁榮，已非昔比，介壽堂周圍，高樓大夏林立，而過去顯赫的介壽堂與大使館已經衰敗成爲破落戶，不能作任何使用，空地淪爲停車場，雜草叢生。我路過下車探視一下，不勝感慨唏噓。謝慧如先生已經作古，我想泰華善心人士甚多，後起之秀，必不讓這塊黃金地，空留在那裡，僅供過往行人憑弔。

六、中華會館浴火重生

一九六六年十月，我抵泰履任之初，第一個去拜訪的僑團是中華會館，因爲這是國父孫中山先生在曼谷手創的革命會所，又是最支持中華民國的愛國僑團。當我驅車來到孔堤萬界三攀區五十二號，看到廣場中間一個泰式高架木屋，好像建築在一個水池上，房屋四周都是草地，沒有修剪，雜草蔓生。走進屋內，地板破損，走在上面，有點搖晃發出吱呀聲響，地板有裂縫破洞，如不小心，腳會踏下去，我看到這樣的場景，心中不禁在懷疑，這就是中國國民黨在泰國的總部嗎？

中華會館理事長佘鶴史先生出來接待我，他是客家人，從事縫衣業，爲人謙和有禮。佘理事長告訴我說：「中華會館原設在四丕耶四一七號，是一所二層樓洋房，一九五六年五月八日凌晨，被歹徒放火焚燬。當時有自由中國音樂家朱永鎮教授適來泰準備開音樂演奏會，寄寓會館二樓，未及逃出，不幸罹難。火勢極爲猛烈，僅一小時餘，二層樓房化爲灰燼，僑胞多認爲係共黨陰謀。到了一九五八年，在毛松年主任指導下，各會員出錢出力，以泰幣五十八萬銖的價格，購得此一住屋，作爲新會所。」

(一)創立經過

一九〇七年秋，國父孫中山先生偕汪精衛等人由越來泰，宣揚革命，在泰京創立中華會所，成立中國同盟會總支部。時在民國前五年，國父指示：「同盟會組織應採秘密原則，中華會所可公開活動。」並指定蕭佛成爲支部部長選許金泉爲中華會所經理。許金泉雖不是同盟會員，但爲接近同盟會的愛國僑胞。會所初設在四披耶路湄南河濱之蕭寓，其後數度遷移，最後遷至四披耶路正街。

國父創立中華會所後，復指導瓊籍盟員王斧軍、林格蘭等組織瓊島會所。翌年，胡漢民偕胡毅生、余次彭、陳炳章、林激貞等由星洲來泰，余次彭說服客屬之群英、明順兩個洪門組織參加革命，成立振興報社，分頭發展。

組織略具規模之後，乃從事教育宣傳工作。於是蕭佛成與陳景華等籌辦華暹新報；陳繹如、吳克夫、王斧軍等，先後創辦華益學校、國文學堂、明德學校、新民學校等，這些文化教育工作，都是在中華會所旗識之下進行的。

辛亥三月二十九日廣州起義之役，中華會所會員回國參加者甚多，其中周華盟友殉難，名列七十二烈士之一。辛亥雙十武漢起義，中華會所回國參加光復工作者有李君達三百餘人。國父說：「華僑是革命之母。」誠非虛語。

民國成立之前，中華會所是草創時期，其中負責人許金泉、蕭佛成、葉定仕、鄭玉山、陳景華等，他們的學問德操都是一時之選。民國成立後，中國同盟會改組為國民黨，中華會所也更名為中華會館，演進成為一個合法的僑民團體。

其後中華會館的業務，隨著國運的興衰而起伏。民國十五年國民革命軍北伐成功，蕭佛成曾被選為中央監察委員，後曾一度出任中央海外部長。抗日戰起，抗敵後援會應運而生，許多有志泰華青年，回國從軍，迄至日軍侵佔泰國，中華會館的會務遂無形停頓。

抗戰勝利，旅泰僑領雲竹亭、陳景川、廖公圃、馬立群、馮爾和等五十餘人發起，恢復中華會館，並推雲竹亭、張蘭臣、蘇君謙、黃鴻秋等人，向泰國政府主管機關註冊成為一合法僑團，舉辦文化及公益事業。一九四七年七月十四日，召開會員大會，選出第一屆理監事，張蘭臣為理事長，雲行亭為副理事長。從此中華會館步上軌道，其間雖因人事更迭，對會務發展有所影響。但近百年來，歷經愛國僑胞的不斷努力，中華會館已經成為泰國華僑綜合性的領導社團。

(二)結合青年才俊

一九六七年三月二十九日，中華會館舉行青年節紀念大會，我陪同彭孟緝大使前往參加。中華會館木屋破舊毀損，屋內已經不能舉行集會，屋外廣場是泥土地，雜草蔓生，也不適合舉行集會。中華會館就在屋外右側，臨時搭蓋一個帳棚，擺了十幾張長板櫈，坐了二三十位僑胞，大都是彎腰駝背，七老八十的忠貞愛國的老會員，看不到有青年人參加。大會開始，主席余鶴史致詞後，請彭大使訓話，都是照本宣讀，最後通過上總統致電文及致三軍將士書。行禮如儀。我回到辦公室，向中央寫了一篇報告完事。在這次集會過程中，我有很深的感觸！紀念青年節大會，沒有青年人參加，徒具形式，毫無意義？

後來我逐漸瞭解，在國父創立中華會館之初，參加的盟友及會員都是青年才俊。革命成功之後，歷經國內政局紛擾，海外中華會館會員也受到影響，經常發生意見紛歧。在泰國鑾披汶總理執政期間實施排華，泰國華僑都不敢公開參加愛國活動。一九四九年中共奪占大陸之後，僑社間也發生左右兩派不同意見，相互衝突。潔身自愛及身家富有的僑領都不願參加中華會館，怕引起麻煩。長久下去，中華會館的地位及聲譽也隨之低沉下去，自然引不起青年人參加的興趣。

次（一九六八）年，在紀念青年節籌備期間，我曾和主辦黨務工作的李劍民兄私下會商，建議改變紀念活動形式。我說：「青年人都喜歡唱歌跳舞，爲了引起青年人前來參加青年節紀念會的興趣，何妨改爲紀念舞會，屆時一定會有青年人參加。」李兄同意後，於三月二十九日晚間，在介壽堂舉行紀念舞會。行禮如儀之後，舞會開始，有樂隊伴奏，由我與內子培眞開舞，前來參加的男女青年，紛紛下場同樂。正在會場氣氛熱烈的時候，有一位老會員攜來兩三位舞女下場跳舞。在場的仕女當即看了出來，紛紛拉著男友退場，弄得舞會不歡而散。

到了第三（一九六九）年，我又和劍民兄商量，建議將青年節活動改爲唱歌比賽。商定之後，先由曼谷華語電臺，舉行唱歌比賽，各組先選出優勝者。三月二十九日晚間，舉行決賽。當天晚上，許多參賽學生的親友都前來觀看，會場充滿熱鬧氣氛。青年節紀念會行禮之後，唱歌比賽開始，青年男女學生，均熱烈登臺表演，展現其優美歌聲，坐在臺下的親友，無不歡欣鼓掌。最後宣佈比賽結果，雖有冠亞軍之分，參賽者都領到獎品，興高彩烈而歸。會後大家都認爲這次紀念青年節大會辦得很成功，以後就接連這樣辦下去，盛況一年勝過一年。會場內觀眾擠得水洩不通，連窗口外都站滿了觀眾。

一九七五年中泰斷交後，我第二度到曼谷，泰國僑團亦隨著政府立場的轉移而有不同，最支持中華民國的祇有中華會館。這時中華會館理事長是林來榮先生，他為人謙恭和藹，平易近人，是一位「好好先生」。他博學多才，精通中、英、泰文。自創泰記有限公司，代理歐美及日本名廠出產之輪胎、摩托車及其他產品，後又與臺資合作，創設規模龐大的亞洲纖維有限公司。此外尚經營金融、信託、汽油和航運業務，蔚為泰華工商界巨擘。早歲參加抗日地下工作，曾沉船淹死日軍。戰後出任泰國總商會副主席，天華醫院董事長，林氏宗親會及潮陽同鄉會理事長華僑報德善堂理事及京華日報董事長，出錢出力，熱心服務僑社，甚孚人望，在此難困時期，他一肩挑起中華會館的重任，我和他密切配合，共謀中華會館業務的革新與開展。

我始終認為中華會館的革新，必須引進青年人參加，充實理監事人選。當時我認識許多留臺同學，他們都非常優秀。我鼓勵他們組織同學會，先後成立臺灣師範大學、臺灣大學、政治大學同學會及黃埔

沈代表與中華會館理事長饒培中（左）暨夫人李明如（右）攝於泰國留華同學會門前

校友會，在曼谷僑社中蔚成一種新風氣。同時我勸他們個別參加中華會館爲會員，其中有張立明、許景琪、黃根和等人，後來又有符傳文、饒培中、謝漢章、許卓光、劉承叔、陳朝海、潘子明、賴文忠、陳世虎、張政銘、丘靜燕、楊岳河、許景怡、李錫祺、陳海燕、紀松材、符敦虎多人參加。他們都是具有現代智識的青年人，和老一輩的會員，在思想觀念上迥然不同，在行事作風上亦有差異，一度曾與曾雄理事長發生衝突，老會員不許臨時整批入會的新會員投票，引起不少風波。留臺同學來到我辦公室申訴。我告訴他們：「長江後浪推前浪，時代潮流是任何人抵擋不住的。」時移勢轉，十幾年後，這批新秀，都成了中華會館的領導人，對整個會務的發展，確實有了顯著的進步，中華會館在僑社的地位也獲顯著的提高。

(三)興建中山紀念堂

一九六五年欣逢國父孫中山先生百年誕辰，中華會館理事長黎立柔在一九六四年元旦團拜時，提議籌建新會館，設立中山紀念堂，以紀念國父當年蒞泰指導先賢創立會館之美意，即席得到全體會員的贊同與支持，隨即進行籌備工作，不幸黎立柔理事長於一九六五年十月二十五日去世，籌建工作遂緩慢下來。

余鶴史理事長繼任後，曾積極展開建館工作。一九六八年五月十九日上午舉行奠基禮，由當時駐泰大使彭孟緝將軍主持。同年九月一日開始招商投標中山堂建築工程，由華僑王盛智所主持之偉力建築公司，以泰幣一百五十萬銖標得承建權。十一月二十九日上午八時舉行破土禮，由余理事長主持，中山堂正式開工興建。

建築期間，在理事長余鶴史，副理事長張亦錚、譚義操，監事長陳廣深通力領導下，正副總幹事呂炳烈、錢士奇不斷努力，駐泰大使館李劍民秘書從旁指導，並派鄭衍烈、吳宏淵、林健雄、林謙等熱心協助，得到曼谷及各地僑胞出錢支持，新型三層樓大廈於一九七〇年二月二十五日完工。繼續進行建築籃球場、裝修中山堂、舞臺及中正所，逐步完成。

一九七一年十一月十一日上午十時，在紀念國父誕辰的大會上，舉行中山堂揭幕禮，由當時駐泰大使沈昌煥主持，泰僧王剪綵，華僧長點粉。余理事長在致詞中感謝各方對於建築新廈的支持，呂總幹事報告建館經過及收支概況。建館工作出力最多的余鶴史理事長、譚義操副理事長及鍾珍雲女士，榮獲總統頒賜匾額。其他捐獻建築費甚多的理事有陳廣深、張亦錚、徐思恒、林來榮、李建南、李瑞泉、余順泉、徐騰飛、劉嘉祿、丘國輝、黃佛章等，榮獲僑務委員會海光及華光獎章。

中華會館新廈落成之後，有廣大的禮堂及藍球場，可以舉辦各種文化活動。每年元旦團拜、三月二十九日青年節舉辦青少年男女藍球賽、歌唱比賽等，陰曆五月初五，舉辦詩人聯歡餐會，九月二十八日孔誕，舉辦教師聯歡餐會，雙十節舉行慶祝會，國父誕辰紀念會，都獲得僑胞的熱烈參與。

㈣泰國僑選立法委員的徵拔

我在海外從事僑務工作二十多年，看到許多愛國華僑，不惜鉅資，甚至生命，貢獻給國家，但國家回報華僑的有甚麼呢？反躬自問，深感慚愧。我覺得海外華僑貢獻給國家的，多於國家給他們的照顧。百年來，中國處在積弱的地位，談不上對華僑的保護，華僑在海外遭遇到災難，或者受到迫害，政府所能給予的支援及救助，也極為有限。海外華僑在事功上有傑出表現，國人無不引為榮耀，可是中國政府對於一紙獎狀，或一枚勛章，格於傳統珍惜國家名器，都不願輕易頒發。我看到泰國政府每年對其臣民，包括華僑，凡有功於國家，或捐獻鉅資於社會的，都敘別等級，年終時由國王親自頒發勛獎，得獎的華僑引為畢生的榮譽，在參加任何慶典集會中，都配戴著勛標，以顯示其崇高地位。因而我認為：政府對於愛國華僑中有功於國家社會的，應該多予獎勵，多發幾個獎狀和勛章，對國家有何損失呢！

一九八〇年代初，政府開始選拔僑選立法委員，泰國第一位當選的立法委員是黃魂中學校長張亦錚先生。張校長在泰京從事華文教育數十年，黃魂中學辦得很有名聲，桃李遍佈中泰社會各個階層。日軍侵佔泰國期間，他率領泰華學生，回到雲南昆明繼續教學，絃誦不輟。戰後仍不改其志，在曼谷重新恢復黃魂中學。其間所經歷的艱難困苦，非筆墨所可形容。現在政府要在泰國選拔一位立法委員，論事功及代表性，非他莫屬。我曾對當時的僑務委員會毛松年委員長說：「你在泰國辦理僑務工作多年，瞭解泰國僑情。選拔張亦錚校長出任泰華立法委員，僑社都稱最爲適當。」

第二屆僑選立法委員選舉時，大家一致認爲余鶴史先生擔任中華會館四屆理事長，在此八年期中，他領導全體理監事，和衷共濟，集中全力，完作建館工作，功不可沒，本屆立法委員非他莫屬。此時適逢臺灣烟酒公賣局局長吳伯雄訪泰，駐泰大使館又向吳局長推薦，將臺灣公賣局出產的烟酒在泰國的經銷權，交與余理事長經營。其中臺灣出產的紹興酒，最受華僑的喜愛，銷售成績良好，用以提升余理事長在僑社的地位。

沈代表與世華銀行董事長林來榮（右）合影

到了第三屆僑選立法委員選舉時，大家公認當時的中華會館理事長林來榮先生是最佳人選，經我徵詢林理事長意願，他一再謙讓，認爲有功於國家社會的僑領甚多，他本人無意從政。經多方徵求僑社意見，政府遂任命忠貞愛國的海南會館理事長陳昌耀先生爲泰國僑選立法委員。

此時政府正在籌備開辦世界華商銀行，由僑務委員會副委員長何宜武前來曼谷募集資金。我曾陪同他拜訪曼谷盤谷銀行陳弼臣董事長。陳董事長說：「祇要政府批准，設立銀行，穩賺不賠。因爲凡事經過銀行，銀行都要賺取費用。」由於他這一句話，當時富有泰華僑領都擁躍投資。世華商業銀行成立後，遂推選林來榮擔任首任董事長，何宜武任副董事長，臺灣各公立銀行董事長由於出資支持，分任世華銀行董事。有一次我返臺述職，林董事長在世華商業銀行董事會餐時，邀我參加。我在席間對林董事長說：「你是臺灣各銀行董事長中的董事長，這是最榮譽的職位。」林董事長說：「世華銀行自創立以來，由於經營有方，是臺灣最賺錢的銀行。」因此林先生連任世華銀行董事長多年，一直至其退休。他任世華董事長期間，深得人和。各國僑領出任世華董事，均能和衷共濟，世華銀行業務發展快速，在臺灣主要城市設立分行。我曾建議在泰國設立分行，限於政府規定，迄未能實現。

陳昌耀先生立法委員四年任期屆滿，有意競選連任。時任總統府秘書長馬紀壯甚表關懷，問我意見，我說：「僑選立法委員是酬庸性質，泰華愛國僑領甚多，有意參選僑選立法委員者，不乏其人，粥少僧多，不能讓一個和尚獨食，如採取優先輪流次序，大家都懷抱希望，可鼓勵僑胞競相努力，報效國家，方可減少紛爭。」

在此競選期間，海南會館有一位新興的僑領雲昌任先生，他在曼谷經營一家「新南宮」大酒店，業務蒸蒸日上，他夫婦兩都很熱心僑社公益事業，由他當選立法委員，僑社咸慶得人。

一九七九年初，中華會館舉行會員大會，改選理監事，投票結果，陳廣深先生眾望所歸當選理事長。我與陳先生相識甚久，深知他愛國的豪情壯志。他是一位富商之子，從小習文練武，精通易經八卦，武林拳術，爲人講義氣，曾參加青紅幫。放言高論，不畏強敵，是泰華僑界中一位奇才異能之人。他曾隻身前往緬甸山區，投効李彌將軍所率領的雲南救國軍，從事反共復國工作。

一九七五年七月一日，中泰斷交後，一時僑社愛國氣氛低沉。這時祇有陳廣深仗義直言，公開宣佈擁護中華民國立場。一九七六年元旦，我邀請數十位僑領在我住家庭院中午餐。他在席間，公開對眾宣佈：「我在除夕之夜，焚香問卦，中共國務總理周恩來將不久於人世。」我追問：「死在何時？」陳說：「不出一個月。」當時在座僑領，說他又在放大砲。一月八日晚間八時許，我的隣居法新社駐曼谷特派員的妻子是一位越南華僑，突然給我一通電話說：「周恩萊死了。」使我不能不信陳廣深的神機妙算。後來我在聚會中與陳先生閒聊，故意問他：「你再算一算中共主席毛澤東的死期？」陳說：「不出今年八月中秋。」後來我以開玩笑的語氣，再問一次，他的答覆是同樣的肯定。到了八月中秋，我約友人在家晚餐過後，並沒有毛主席的死訊。我還在想這次陳廣深的算命不靈了。以後見到他，陳廣深說：「毛澤東死於陽曆九月九日凌晨零時，就是陰曆八月中秋午夜之前。」我沒有去查對曆書，但我對於陳先生精研易經之奧妙，不得不佩服。

陳廣深先生在海濱有廣大田產，爲人仗義輸財，需要用錢時，就割賣一塊土地。地價不斷增長，他所擁有的地產則日漸減少。他在海濱爲自己建築一座優雅的白雲山莊，內有數間房舍充作圖書館，收藏中文書籍甚豐。我曾數度應邀前往觀賞，遠望大海，風光美好。他熱心公益當選立法委員後，曾捐獻泰幣二十萬銖作爲中華會館會員子女助學基金。一九八六年八月三日，他曾邀我去山邊參觀爲他自己營造的墓園，佔地甚廣，其中還建了一座紅門弟兄的紀念碑。一九八八年十三日晚間，我們共同參加宴會後，我開車送他回到素坤逸路住所，不幸當晚他被數名少年歹徒潛入臥房狙擊逝世。次晨聞訊，我甚感哀傷。

一九八一年二月十六日，曾雄當選中華會館理事長，他在任內，曾將會館會議廳及二樓中山紀念堂裝置大型冷氣機，新購置全部桌椅，使會館設備煥然一新。他有意競選立法委員，我爲他的愛國熱忱所感，曾回國向當時任總統府秘書長沈昌煥先生推薦。

曾雄是客家人，自稱在抗戰時是戴笠部屬，戰後出任汕頭警察局長。大陸陷共後，到了臺北，開設新陶芳餐館。一九七〇年代。移居曼谷，與客屬僑領伍勵民等

沈代表夫婦（右三、二）與泰國僑選立法委員陳昌耀（右一）及陳廣深（右四）合影

人合資，開設「福祿壽」餐館，以客家菜出名，一時生意興隆。後改組另與人合資開設「金麒麟」，依然賓客盈門。數年後他自營「藍天夜總會」，生意一直沒有起色。在中泰斷交後，他公開支持中華民國的立場，堅定不移。

一天清晨，我閱報獲悉曾雄當選立法委員，心喜萬分。當即持花籃前往道賀。曾雄看到我，馬上變了臉色，就像在國會議堂，立法委員對待備質詢官員那樣一副面孔，今我寒心。怎麼一個人換了一個位子，面孔都會變了？他在立法委員任內，想進口大陸西瓜子到臺灣銷售，要我為他證明「這批瓜子是泰國的產品」，被我拒絕。

一九八五年一月十二日，他連任中華會館兩屆理事長，任期屆滿，依章應另選新人，他却藉故拖延，引起前任理事長余鶴史、林來榮、陳廣深及多位理監事的不滿，他竟置之不理。最後陳廣深揚言！「曾雄若不辭去中華會館理事長職位，我一定向泰國稅務所控告他逃漏稅。」這樣一來，曾雄怕了。前來請我調解。我草擬了一份合議書，言明曾雄辭職，陳廣深也不提控告。邀請他們四位理事長到我辦公室當面簽字和解，中華會館理事長暫由副理事長張立明代署。

一九八六年底，立法委員改選。中華會館前屆理事長余鶴史、陳廣深、曾雄等人都報名參選。我徵詢中華會館現任理事長張立明意願。他說：「他們都是前輩，我是後生，應該禮讓。」我勸他參加競選：「因為你是現任中華會館理事長，當選了立法委員，便於為泰華僑社服務。」張理事長聽我勸告，也報名參加競選僑選立法委員。十月慶典期間，張理事長率領中華會館盛大的慶賀團回國參加雙十國慶在總統府前廣場舉行的慶祝大會，被推舉代表全球歸國僑胞，向數十萬參加群眾致賀詞，聲音洪亮，語意感人，一鳴驚人，獲得各方讚賞。他也順利當選僑選立法委員，代表泰華僑社，出席國會發言，甚受政府重視。

㈤開展教育文化工作

一九八七年一月十五日，中華會館舉行會員大會，這時新生一代的人員已佔多數，選出來的理監事，多爲一時的青年才俊。張立明當選理事長，許景琪、黃根和、許卓光、陳朝海等爲副理事長，大家同心協力，共謀會務發展，開創泰華僑社教育文化工作。

⑴一九八八年三月二十九日青年節，舉辦泰華青年學生國語演講與乒乓球比賽。自初賽到決賽，參加者極爲踴躍，盛況空前。五月四日，爲擴大服務僑社，特成立「泰華文教服務中心」，並設立圖館書與閱覽室，提供青少年文藝休閒活動。

⑵每年春假期間，舉辦泰華青年回國觀摩團，出國前先講習一天，回國觀光旅遊，增廣他們對祖國山川文化的認識。回泰後，成立「泰國中華會館青年聯誼會」，其中有喜愛音樂的青年，合組「葉菁音樂團」、「長青歌舞團」及「梅花合唱團」，展開演唱活動。

⑶許景琪任理事長期間，曾設立「中山講座」，於一九九三年十一月十三日舉行首次座談，講題爲「中山思想與中國前途」，講員有聯合國亞太經社理事會高級官員蔣亨達、法新社曼谷分社副主任任萊斯科，泰國華僑崇聖大學教授林摩尼，及泰國臺灣商會監事長黃灌君四

位，聽衆有四百多人，開泰華學術講座之先河，爲僑社所稱道。後來繼續舉辦，邀請世界各地有名學者前來主講，內容精彩，贏得泰華僑社一致讚賞。

(4)一九九二年初，泰國政府爲適應華人前來泰國投資需要，開放華文教育。中華會館遂授權理事長張立明代表會館向泰國教育部申請設立華文學校，一九九二年十一月二十三日正式批准。此是泰國政府五十年來批准之第一所華文學校，定名爲「中華語文中心」。推請張立明負責規劃教學設施、聘請教師及有關招生事宜。後來依照「中華語文中心組織章程」，成立第一屆董事會，推選張立明爲校董會主席，黃根和、許卓光、陳朝海、饒培中、符傳文、許景怡爲董事。「中華語文中心」於一九九三年二月二十七日正式開學，學生人數達二九三名，同時籌建教學大樓。

(5)中華語文中心建校委員會在許景琪理事長主導下，通過「獎勵贊助建校基金辦法」，獲得僑領丁家駿先生領先贊助泰幣一百萬銖，僑務委員會支助泰幣二百五十萬銖。建校基金初步累積到泰幣五百九十萬銖。中華語文中心教學大樓於一九九五年十二月十六日舉行奠基典禮，隨即正式開工。一九九六年九月，一生從事華文教育的老教育家許善楨先生，獨自捐助建校經費泰幣一千萬銖，引起僑界熱烈響應，共募得全部建校基金二千八百九十多萬銖。教學大樓完工，依章由許校長定名爲「光華教學大樓」。一九九七年底，我重遊曼谷，特請同事莫藍玉駕車前往中華會館參觀，看到「光華教學大樓」六層建築，內部教室設備完善，有一千多學生前來學習華文，堪與曼谷留美同學會所辦的英文教學媲美。我對中華會館年輕一輩的理監事們，有此輝煌的成就，同感榮耀。

參考泰國中華會館一九九七年一月十一日出版之「成立九十年特刊」編撰

七、華僑報德善堂與鄭午樓先生

華僑報德善堂是泰國僑社會最大的慈善機構。泰國無論何地，發生任何災情，天災人禍，水災火災，第一個到現場救災的，就是華僑報德善堂。受災人民不分華僑、泰國人或印度人，均一視同仁，予以相同救濟。在泰國社會裡，不論任何城市或窮鄉僻壞的民眾，無人不知華僑報德善堂是一個救難的慈善團體，其中以受過災難得到過救濟的貧苦人民，對於華僑報德善堂存著感念的心情，彼等一旦稍有積蓄，都會自動自發的捐出善款，贊助華僑報德善堂，廣施善行。

一九六六年，我到泰國之後，多次參加華僑報德善堂的救災會議。對於泰華僑團報社聯合救災，群策群力，分工合作，出錢出力，絕不後人。我也多次參加救災行動，到受災現場去分送救災物品，看到報德善堂事先計劃周詳，救濟物品分配公允，分發衣食及日用品時，災民領取，秩序井然，沒有紛爭，皆大歡喜。有一次清邁市場大火，受災數百戶，災民千餘人。我隨同報德善堂領導的救災隊，從曼谷坐火車前往清邁，經過一夜十幾個小時長途旅行，下車即趕往災區施賑。燒毀的市場，煙火氣味猶存，災民露宿街頭，看到報德善堂前來施粥，分送衣被日用品及救濟金，無不感激。我也曾隨同報德善堂前往挽卿監獄，探視被拘的難僑。有些貧苦難僑是因為無錢繳交隨身證（居留證）例費而被拘禁，報德善堂在一九六九年一月代貧苦僑民補辦隨身證例費達五千零七十三人。自一九六二年至六七年期間，報德善堂保釋犯僑前後有十六批，共一千五百四十四人。這批難僑如果沒有人保釋，他們就要在監獄中度過一生。報德善堂把他們保釋出來之後，還資助他們到內地各府縣去謀生，報德善堂這樣大恩大德，受惠的難僑，永世也不會忘記。

華僑報德善堂在泰國所從事的社會福利工作，不勝枚舉。報德善堂之能獲得如此輝煌的成就，簡言之，應歸功於董事長鄭午樓先生之卓越領導，和總幹事白明坤先生的辦事有方。

(一)報德善堂創立經過

華人移居泰國，他們所信仰的宗教也隨之移殖。泰國華僑多數來自潮州，潮州人信仰宋代大峰祖師。一八九七年潮陽馬潤先生，由和平鄉恭請大峰祖師全像來暹，以供善信膜拜。初設佛壇於曼谷石龍軍路，一般善男信女，紛紛捐款，購置衣棺及墓地，為貧苦無親的罹難僑胞收殮埋葬。

一九一一年，鄭智勇、陳黌利諸先生發起，向僑社募捐，在曼谷拍拋猜購地創建大峰祖

沈代表與報德善堂董事長鄭午樓先生（右）在酒會中歡敘

師廟。廟成，顏其額曰「報德堂」。爲發揮大峰祖師生前的仁愛慈悲精神，共推鄭智勇先生爲第一任總理，負起救生恤死工作。一九二六年十一明十一日召開會議，決定改組爲董事會，呈請泰國政府批准爲合法的慈善團體，產生第一屆董監事，蟻光炎當選董事長。從此「報德堂」成爲有組織的慈善團體，工作範圍從施棺贈葬，擴大到施粥及醫病等社會福利事業，而大峰祖師廟與報德善堂，亦由一分爲二。即大峰祖師廟屬宗教性質，報德善堂成爲社會福利組織。一九三七年，報德善堂進行重選董監事，中華總商會主席蟻光炎續任董事長。一九三八年創設「華僑產科救護醫師」，由專程來泰宣慰僑胞的黃興夫人徐宗漢女士主持揭幕。

一九三九年十月，蟻光炎先生突遭暴徒狙擊殞命。鄭午樓以二十三歲的青年接任報德善堂董事長。初露頭角，即展不凡身手，大力推展慈善事業，爲僑社所倚重。

㈡開啓僑社高爾夫球運動風氣

駐泰彭孟緝大使愛好高爾夫球運動，每次參加外交團高爾夫球友誼賽，彭大使技高一著，常獲獎品，彭頗自得，因而館員也跟著打球。有一次我隨著彭大使下場看他打球，行進中，他要我試打一桿，結果連球都未打著，我不大服氣。彭說：「你要先練好球，然後才能下場。」

我聽從彭大使勸告，到曼谷郊外一個練球場，請一位球師，教我打球的基本動作。我練了幾週後，球師看我沒有多大進步。他怕我灰心，就對我說：「我曾教過鄭午樓先生，鄭先生有恆心毅力，每天不停的練習，現在他打得很好。」這一番話，確實給我莫大鼓勵。

當時曼谷郊外新建一個高爾夫球場「那哇他尼」（Navathani），鄭午樓每天清晨七時十五分，是他開球時間。週日打九個洞，回家早餐後辦公。週末假日約友好打十八個洞，一年四季，風雨無阻。他曾發起組織一個「群英隊」，邀集大使館官員及僑領參加。當時打球的人不多，隊員不到二十人，公推他任隊長，森美實業公司總經理黃彰任爲副隊長，福建會館理事長黃永林任總幹事。彭大使、董宗山公使、韓大志武官等人都參加，我也附庸風雅，跟他們一起打球。每月比賽一場，打完球，身心感到舒暢。然後在一起餐敘，是最愉快的交誼活動。

鄭午樓天天打球運動，所以身體非常健康，精神也健旺，辦事更有成效。他自己得到益處之後，便在僑社裡提倡。僑領們看到鄭午樓先生因打高爾夫球而身心健朗，大家也就群起仿效，慢慢的改變了中國老年人居家安享清福的舊習慣，大家清晨起來去運動打球，逐漸蔚成風氣。打球的僑領們多了，年青人也跟著學習，於是分別組織球隊，星期假日，常舉辦友誼比賽，在綠茵場地，角逐競技。

在我任駐泰代表期間，我和午樓先生在一起球敘的機會更多了。我倆同場一面打球，一面聊天。他有許多高論，使我受益良多。他常說：「打球要輕鬆（Relat），辦事也要輕鬆。」鄭先生很有智慧，他說：「在辦公室談球經，在球場上談公事。」我認爲這是辦外交的秘訣。後來他在海濱獨自興建一座高爾夫球場，一天清晨，他邀請我去打球。我連打幾個平標準桿（Par），內心非常得意。鄭先生說：「一般高爾夫球場，難度愈高愈馳名，那是爲職業球員設計的。我的球場是專爲業餘人設計的，比較容易打。業餘的人打球反比較多，球打得好，少打幾桿，心情愉快，一場球打完，對身心都有益處。」鄭先生的高明，眞令我佩服。

一九五〇年，鄭午樓與數位友好創辦京華銀行，先後肩任董事、總經理、董事長，由於他經營得法，業務蒸蒸日上，各地設有分行，行員眾多。他爲鼓勵行員士氣及辦事效率，親自倡導組織高爾夫球聯誼會，擁有會員多人，經常舉辦友誼比賽，聯絡感情，效果顯著。

一個有恆心毅力的人，無論做任何事都會成功。鄭午樓先生打高爾夫球，經過三十年，每天不停的磨練，到了八十高齡，有一次竟在三天之內，連續獲得兩次一桿進洞的輝煌成績。

㈢救濟祖國糧荒

鄭午樓先生是在泰國出生的第二代華人，他的父親子彬公是廣東省潮陽縣沙隴鄉一位飽讀詩書的人，年輕時胸懷大志，遠渡重洋，前往泰國經商，先後創設鄭春和、和豐發、永協興等公司。子彬公品格嚴正，個性豪邁，重氣節，喜交遊。親友如遇急難，總是盡力扶助，尤樂於爲他人排難解紛，凡經他調處的事，往往一言而平息。子彬公在家鄉時，即已傾心革命，及至南京之後，益感國族的興衰，對於華僑影響甚大，因而參加盟會，竭力贊助國民革命，奔走宣傳孫中山先生的三民主義。曾發起組織潮州會館，倡導華僑團結合作；贊助新民學校，培育華僑子弟；創辦中原報，宣揚中華文化。

子彬公有八位公子，四位女公子，對於子女管教甚嚴，平日常教誨子女要「懷仁守義，作立身之基，戒惰去驕，爲修身之本。」午樓是長子，天資聰穎，初入培英、新民兩校唸中文，後畢業於曼谷名校「易三倉」中學。他有語言天賦，通曉中、英、泰三國語文，也會說流利的潮州話、粵語及國語。他從小喜愛文學藝術，孜孜鑽研。每日清晨必抽出時間練習中國書法，正襟危坐，集中精神，循規運腕，勤習苦練，因而他寫的字蒼勁瀟洒，端秀蘊潤。曼谷「泰國潮州會館」、「華僑醫院」暨「鄭氏大宗祠」匾額，均是出自他的親筆。他對中國古代書畫有高超的鑑賞力，亦喜愛收集中西名畫。他爲提倡書畫藝術，特在京華銀行第八樓闢爲書畫展覽廳，免費提供名家做展覽書畫場所。國畫大師歐豪年曾在該樓舉行過畫展，午樓先生還親自爲畫展揭幕，歐大師當眾揮毫作畫，引起僑胞學習國畫的興趣。他又在華銀八樓開辦「國畫學習班」，邀請書畫名家，教授中國書畫，培育後起之秀。午樓先生對西洋古典音樂有深厚的素養，曾邀集泰國音樂界名家組成百人「曼谷交響樂團」，他擔任樂團主席，出資舉辦音樂演奏會，提倡中泰人士愛好古典音樂的風氣。

鄭午樓先生常說：「居留在海外的華人猶如出嫁的女兒，自己的國家是娘家，居留地的國家是婆家，既要忠於娘家，也要忠於婆家。」當一九四一年日軍侵佔泰國，午樓先生避免爲敵利用，盡辭僑團所有職任，但却因此招禍，終遭敵方審訊，幸獲泰國官方有力人士交涉營救，始免於難，恢復自由。

一九四五年日軍投降，祖國重光。中國經八年戰火破壞，瘡痍滿目，東南沿海數省，又逢荒年，餓殍載道。午樓先生對於桑梓發生飢荒至爲關懷，立即投身救災工作，聯合泰華熱心愛國人士，發起組織「暹羅華僑救濟祖國糧荒委員會」，並被推選爲理事長。奔走呼籲，各方響應。在極短時間內，募集白米三萬餘噸，時值泰幣三千餘萬銖。經向聯合國救濟總署申請，獲贈米袋三十餘萬條，又先後調來輪船十五艘，協助運送全部賑米，至潮汕一帶災區。午樓先生親自領導監賑團回國監賑，使千萬嗷嗷待哺的飢民得到立即的救濟，活人無數。此一赫赫的善舉，受到中國政府的重視，蔣介石委員長特召鄭午樓先生飛往重慶，當面予以嘉獎。

午樓先生如此熱愛他的鄉邦，自然更熱愛他的家族。他在家庭中是一位孝思不匱的孝子和友愛弟妹的長兄。他曾爲他母親設治壽宴，我去拜壽，看到他家院中，建有「春暉堂」家祠。抗戰軍興，他的父親子彬公在泰國從事救國運動，不幸憂憤逝世。午樓先生乃於戰後一九五五年營建墓苑，安葬子彬公於萬佛巖。國民政府追念其勛勞，特予明令褒揚說：「鄭子彬先生，少懷壯志，獻身革命，迭在暹羅倡導抗敵工作，勸募義捐，毅力熱誠，歷久不渝。當敵軍登陸暹羅之時，屢加威迫，均予拒絕，剛果堅貞，遐邇景幕。旋以憂憤逝世，悼惜良深。應予明令褒揚，用彰忠藎。」午樓先生復設子彬公慈善基會，捐獻鉅資，從事社會福利工作逐年頒發全泰國大、中、小學學生助學金，並撥善款贊助醫院善堂。對於他的弟妹們，他平日教誨提挈不遺餘力。組織兄弟公司，經常集會，坦誠討論商情，輔導弟妹們獨立創業，各有所成。午樓先生特在其京華銀行廣場前，

沈代表（右）陪同鄭爲元將軍（中）拜會鄭氏宗親會理事長鄭午樓先生（左）

豎起由藝術家精心構製的鴻雁，一字並排在天空飛翔，象徵他們兄妹同心同德，群策群力，勇往向前。

旅泰華僑爲了追念祖先，慰藉鄉思，紛紛組織宗親會，建立宗祠。鄭氏宗親在泰國人數眾多，公推午樓先生爲理事長，於一九七一年成立鄭氏宗親會，集資購地，建立祠堂，前臨曼谷拍喃三路，背瀕湄南河，佔地十二萊，祠堂建築格式爲三廳兩個天井，內部分設喜慶廳、會議廳、辦公廳、會客室、圖書館、音樂室、康樂室，祠外設有籃球場、羽球場，供宗親聚會遊樂休憩之用。在大宗祠廣場左側建有「衛生服務中心」，與曼谷市政府合作，爲附近居民免費治療疾病。祠內因供奉鄭皇達信大帝達信公像，故特在祠前廣場，建置九龍照壁。一九八三年十一月二十日，舉行落成晉祠慶典，我曾前往祝賀，看到鄭氏宗祠完全倣照中國建祠圖樣，廟宇巍峨，氣派雄偉，美輪美奐，金碧輝煌，在海外發揚華人光宗耀祖的美德。

(四)籌建華僑醫院大廈

鄭午樓先生精明過人，善於經營，他創辦的事業多得不勝枚舉，是泰華一位大企業家。他本性善良，慈悲爲懷，每年捐出善款不計其數，是泰華一位大慈善家。他一向認爲財富取之於社會，應用之於社會。有人問他一生從事善舉的動機爲何?他說：「這是出於報恩，記得在易三倉中學讀書時，教師諄諄教誨：爲人在世應對社會有所貢獻，人人爲我，我也應報答社會。」他常告勸僑胞說：「社會猶如人的軀體，身上任何器官有病痛，便需治療，不然得不到安寧。我們華人在泰國經商賺了錢，應自覺的去回報社會，社會愈安寧，大家的生活也就更幸福了。」泰國社會每要舉辦任何慈善活動，一定會去找他幫助，而他採來者不拒態度，從不說「不」。有人問他爲何有求必應，鄭先生笑著說：「每個走投無路的人前來求助，應就能力所及予以救助。我以眞誠對待人家，也望人家以同樣態度去幫助他人。」

鄭午樓先生一生本諸大峰祖師生前救苦救難的偉大精神，領導報德善堂凡六十餘年，全心全意獻身社會救濟工作，得到中泰各階層人士的眞誠支持。每年逢大峰祖師聖誕，中泰善心人士前來向祖師祭拜捐獻者，絡驛於途，報德善堂需加派工作人員收錄善款。平時有人捐獻善款者，午樓先生必親自接領，並登報宣揚，鼓勵社會仁風善舉。一九三八年，蟻光炎先生任報德善堂董事長期間，創辦「華僑產科救護醫院」。鄭午樓繼任之後，認爲產科救護醫院所在位置太過狹隘，乃以無畏艱難精神與毅力，將醫院遷至曼谷拍抛猜路，並擴大對僑胞的醫療服務，將產科醫院改組爲「華僑醫院」，曾設護士學校，培訓護士人員。

一九七〇年，鄭午樓董事長倡議籌建二十二層樓華僑醫院大廈，增設最新醫療器材，將產科醫院擴大爲全科醫院，當即獲得全體董事一致贊成。鄭董事長一向以穩健作風，主持堂務，對事無分大小，必躬親實踐。他自己出任建築委員會主席，副董事長黃雲快先生任醫務委員會主席，陳榮煊先生任財務委員會主席，陳香林先生任監建委員會主席，報德善堂總幹事白明坤爲籌建股主任，副總幹事陳立群爲籌建股副主任。分工合作，全力以赴，進行建廈工作。

鄭午樓先生首先以紀念其先翁子彬公名義捐助建廈經費泰幣一百萬銖，他的高堂藹霞太夫人亦捐助一百萬銖，他所經營的京華銀行又捐助二百萬銖，合共泰幣四百萬銖。在他大力倡導下，泰華僑社紛紛響應，捐助百萬千萬者大有人在，甚至有人捐獻家產地皮。這樣龐大的建廈經費，在鄭午樓先生號召下，得到中泰兩族千千萬萬的仁翁善長的支持，很快就收集夠了。

一九七九年初，新建二十二層華僑醫院大廈落成，同年五月八日，恭請泰王蒲美蓬親臨主持揭幕。泰王目睹醫院大廈建築巍峨堂皇，設備先進，甚表嘉許。

回顧報德善堂初建之時，適逢暹羅發生瘟疫，信徒不求助於醫藥，而求助於祖師。而今報德善德由於鄭午樓先生的賢明領導，移風易俗，爲弘揚大峰祖師救人救世的精神，建立一座最現代化的全科醫院，施醫贈藥，救治病患，其德澤可與宋代大峰公先後輝映。

我初到曼谷時，僑社每有宴會，均準時前往，到達會場，有時枯等一二小時，宴會始行開始，費時傷神，甚感痛苦。及至一九八一年，鄭午樓先生登高一呼，倡導「守時節約運動」，各界人士紛紛響應，僑團首長熱烈支持，並以身作則，實踐篤行，推展僑社良好風氣。

(五)創辦華僑崇聖大學

鄭午樓先生學養深厚，具有高瞻遠矚的創新觀念，更深愛中華優美文化。他在湄南河畔，倣照江南私人庭園風格，構築一座別墅，陳設精緻，配合名家書畫，古色古香，風光明媚，

沈代表（右二）與僑領藍東海（右一）及經濟組林義夫（右四）合影

清靜幽雅。我曾應邀爲他的座上客，佳肴美酒，笑談古今，比文中國古代風流雅士的閒適生活，絕不遜色。

鄭午樓先生一生矢志爲社會大眾服務，認爲教育對於社會國家具有深厚而宏遠的影響力量。在他任報德善堂董事長期間，曾將「華僑醫院」附設的「護士學校」，擴大爲「華僑學院」，增設「護理」及「社會福利」兩個學系。

一九九〇年十二月十五日是大峰祖師聖誕，也是報德善堂創立八十週年紀念日。鄭董事長特召開記者會宣佈：第一，將在曼谷市四周，選擇適當地點，建立四個分堂，除供奉大峰祖師外，將分設華僑醫院醫療組及救護隊，以便就近救人救災。第二，將現在的華僑學院，擴辦爲「華僑崇聖大學」，校址已擇定在挽那達十八公里大路旁屬於報德善堂的一百四十萊的地皮上，增辦商學院、文理學院等，以造就工商人才，順序辦成一所綜合大學。

創辦「聖大」是一項百年樹人的重大工作，他深感義不容辭，遂組成籌備委員會並被推選爲建校委員會主席。他首先以其先嚴子彬公的名義捐獻泰幣一億銖，作爲建造該校大禮堂的經費，呼籲社會熱心人士共襄善舉，報德善堂董事會秘書蘇根先生以其先翁蘇谷良名義，捐獻泰幣二千萬銖，用來建造大學圖書館。前報德善堂董事長蟻光炎之二公子蟻錦僑先生，以其先翁名義捐獻泰幣一千萬銖，用來建造大學會議所。鄭欽達董事以其令翁鄭錦良名義捐獻二千萬銖。接著謝慧如主席、馬燦雄先生、蘇旭明先生相繼各捐獻泰幣一千萬銖，余維仁先生爲紀念其先翁余子亮先生亦捐獻泰幣一千萬銖，作爲興建「聖大」的開辦費。在鄭午樓先生大力倡導下，各界仁翁善長紛紛響應，解囊相助，在短短期間內，熱心人士捐獻的義款已近十億泰銖，籌款順利告成，立即動土興工，開始建校。

一九九六年，我重返曼谷，應老友藍東海先生之邀，前往春府他興建的「藍園」參觀，路過華僑崇聖大學門前，遠遠看到校舍高樓大廈林立，標誌著一所融合東西方文化的高等學府，在驕陽高照下發出燦爛的光華。

參考「泰國鄭氏宗親總會鄭氏大宗祠落成晉祠慶典特刊」

捌　曼谷華文報

一九六六年我初到泰國時，曼谷有四家華文報，就是中華、京華、星暹、世界四大日報。當時正值他儂與巴博兩位元帥執政時期，實施反共條例。嚴禁親共言論，四家華文報立場一致支持中華民國。在前駐泰大使杭立武博士安排下，四家華文報約定每天出報張數、售價及廣告價格相同，不作惡性競爭，因此每家華文報都賺錢，老闆們開心，夥計們相處和諧。社長與總編輯們每月聚餐聯歡，我也常被邀參加。當時中華日報社長陳純、京華日報社長林志昂、星暹日報總編吳占美、世界日報社長饒廸華定期在一起聚餐，時日久了，都成了好朋友。他們攜手合作，謀求華文報的發展，共存共榮，是泰國華文報一段難有的榮景。

星暹日報是胡文虎與胡文豹兄弟創辦的，當初是爲了在東南亞向華僑推銷「虎標萬金油」作宣傳廣告用的，後來壯大成爲星系報業集團，星暹日報由胡文豹的女兒繼承。緬甸實施社會主義後，胡家出走到泰國。一天，福建會館理事長黃永林陪同胡文豹快婿李益森先生來領事申請中華民國護照，以便其出國旅遊。我接談之後，見其風采俊逸，言談高雅，當即

沈代表迎接星暹日報社長李益森伉儷（右一、二）

予以辦理，他欣然離去，從此我們成了好友。

李益森先生是星暹日報董事長兼社長，因他不諳中國語文，星暹日報業務及總務完全交由總經理胡夢洲主持。他本人擅長英語，交遊甚廣，在曼谷外交圈中甚爲活耀，後來他曾出任南美烏拉圭國駐泰名譽領事。他每天到曼谷皇家運動俱樂部打高爾夫球，結識了許多泰國上流社會人士。我申請入會時，得到他的介紹，順利過關。我們常在一起打球，他也常邀請我家人到他家中宴會，我看他和家人談話都用緬甸話。他曾送他的長子李坤揚到澳洲留學，回泰後，要他接辦星暹日報。我認爲坤揚不懂中國語文，如何能辦華文報，建議先送他去臺北輔仁大學唸中文。李益森兄不放心，適值我奉令返國述職，遂陪同他們父子同機飛到臺北，次日請新任命來泰的新聞組長熊琛兄，陪同坤揚去入學。益森兄看到輔仁大學設施完備，這才決定把坤揚留下唸中文。年輕人學習語文能力很強，坤揚在臺學習中文時間雖不長，兩三年後，他會說流利的國語，星暹日報亦辦得大有起色。

在此期間，世界日報社長兼總編輯饒廸華與副社長兼總經理李唯行兩人通力合作，改善新聞內容，因而發行及廣告收入不斷增加，把多年累積債務完全還清，獲得僑社的讚賞。

一、曼谷世界日報創辦經過

一九五五年七月二十六日，曼谷世界日報是在當時泰國強人警察總監乃炮上將大力支持下，由盤谷銀行董事長陳弼臣先生出資創辦的。陳自任報社董事長，聘任泰國聞人許敦茂任社長。許曾在上海暨南大學唸過書，能說國語、潮語和一點點上海話。當時他是北柳府的國會議員，與乃砲警上將及陳弼臣兩人均有深厚友誼。他待人親切和善，對報社同事鼓勵有加，敦促報務不斷進步。後來他轉入政壇，曾任合作部副部長和國會議長。

當時泰國華僑社會受中共在大陸得勢的影響，左傾思想瀰漫，世界日報創辦的宗旨即在宣揚自由民主，反對共黨，並得到美國駐泰大使裴里福的支持。

世界日報開辦了兩年多，因經營不善，虧蝕泰幣三百多萬銖，加之乃砲警上將在陸軍總司令沙立元帥發動的政變中失勢，被放逐至瑞士，陳弼臣董事長決定放盤。時任駐泰大使杭立武博士認爲泰華僑社不能沒有一份支持中華民國的報紙，經商得美國駐泰新聞處的支持，決定由我方接掌世界日報。由來自臺北的謝起先生任社長，馮志翔先生任總編輯，鄭衍烈先生任總經理，歷時三年多，因當時客觀環境困難，報社仍虧損累累。

一九六一年六月中旬，報社人事改組，新任董事長張蘭臣，繼任董事長伍東白，兩人先後去世，乃推選中華總商會主席黃作明出任董事長，陳來瓊先生及黃彰任先生分任副董事長，並邀請工金融界領袖，姚文莉女士（陳弼臣夫人）、雲逢椿先生、林渭濱先生、丘細見先生、林謨芸先生、黃永林先生、陳香林先生、林維高先生、蘇廷芳先生、何日華先生（後任星加坡駐泰大使），黎志炳先生等人出任董事。經董事會通過，聘請饒廸華先生任社長，李唯行先生任副社長兼總經理。此後十年，在僑領們的鼎力支持與報社同仁合作努力下，業務不斷改善，業績日見增進。

二一、在泰國辦華文報的艱辛

一九七〇年代初，東南亞局勢丕變。越戰美軍已現疲態，共黨氣焰高漲，泰國學潮及罷工不斷。及至一九七五年，越高寮三國相繼變色，泰國轉而與中共建交，全泰國瀰漫著左傾思潮。這時我再回到曼谷，看到有幾家新起的華文報，東南日報、新中原報、先華報、泰華報、新虎報及聯合報，見風轉舵，言論多對我國不利，而惡性競爭結果，使世界日報陷於孤軍奮戰境地，業績日趨下滑，由盈轉虧，幾至難以撐持下去。

所幸在中泰斷交之前，駐泰馬紀壯大使預先作好妥善安排，由董事會一致推選名重僑社的林來榮先生出任董事長。林先生爲人雍容謙和，且不畏艱險，毅然扛起此一重擔。馬大使復邀請熱心文化事業的僑領林炳煌、李瑞泉、徐思恒等多人認購世界日報股權，集合一批資金，用來應付此艱困難關。

泰國政府對華文報言論管制甚嚴，每家華文報每天須將所出版的報紙，送請警察廳公安局書報組。書報組有專人將各家華文報的重要言論譯成泰文，分送各機關審查，如有違背泰政府法令者，會立即受到警告或處罰。

一九七六年，中共駐泰大使柴澤民曾去拜訪泰國警察廳副總監春蓬，向泰方提出三點要求：㈠不許華文報用中華民國年號；㈡不許泰國進口臺灣發行的中央日報及聯合報銷售；㈢不許臺灣國語影片進口。一九七七年二月十七日，公安局書報組更進一步命令華文報：㈠對「中華人民共和國」，不能稱「中共」或「中國大陸」；㈡對臺灣不能稱中華民國及自由中國；㈢對對毛澤東不要過份抨擊。中共這樣專橫迫害新聞言論自由，自然受到愛好言論自由人士的反感。所幸世界日報社長饒廸華是一位有經驗的報人，靜靜地處理這些難題，而且不失報社的一貫立場，致未引起更大的問題。

一九七六年十月六日，泰國發生軍人政變，宣佈戒嚴。七日下令關閉所有左傾的中泰文報刊，華文報祇許世界日報及京華日報照常發行。世界日報的反共立場，素爲泰方所深知。京華日報社長林志昂是黃埔軍校畢業生，曾回國參加抗日戰爭。當時名作家李望如先生爲京華日報主筆，他所寫的社論，深受泰國軍方高層人士嘉許。

我得知此項消息後，立即趕往世界日報社，與經理部負責人方國杜、饒廸華、李唯行諸兄商議，建議次日擴大發行報數，免費贈送讀者，廣事爭取訂戶，未爲世界日報經理部所接受。我回到辦公室後，再請新聞組長葉天行與簡如茂兄再去說明，這是一次多年難逢的機會，世界日報應擴大發行，廣徵訂戶。世界日報負責經理及發行業務的主管認爲他們無此發行能力，一時無法辦到。而此項建議次日却爲京華日報所採取，報紙發行大增，營業額蒸蒸日上。

事過月餘，一天，政變團秘書長堅塞上將約我晤談。他說：「英國駐泰大使受星暹日報之託，曾來說項，要求泰方准許該報復刊。」堅塞徵詢我的意見。我說：「星暹日報是星系報紙，立場一向中立。李益森社長不懂華文，從不過問報紙言論，可令其自行將報社的左傾份子清除後，准許復刊。」此事我從未向外透露，但僑社中盛傳中華民國在泰國仍有影響力，後來中華日報社長陳純兄也有意前來託我說項，我衹好婉拒。

一九七七年十一月十四日，堅塞上將出任泰國總理，他企圖運用中共以和緩越共對泰國的武力威脅，於一九七八年四月間訪問中國大陸前後，准許被關閉的華文報紙中華、新中原、泰華、新虎、華光等家日報先後復刊，而且他還鼓勵自由報人李望如及陳銅民及陳亦明兄弟創辦一家泰商報，特准其註冊發行。這些家華文報仍多屬於文人辦報，本身並無雄厚資財，乃向僑商拉攏投資。有些暴發華商爲求在僑社上樹立名聲，甘願出資，當作爲個人宣揚名聲的廣告費，也有少數人是當作政治捐獻，而華報的主持人衹會寫文章，很少人懂得報紙的經營管理，因此在泰國辦華文報多爲蝕本生意，有的公蝕私賺，有的連根都蝕掉。

三、與新聞記者做朋友

我曾做過採訪新聞的記者，也在報社內做過編譯，因此我對新聞工作者的辛苦能夠親切體認。在駐泰大使館時期，新聞處長屠益箴與專員蔡士中兩人都善飲，與泰華新聞界朋友杯酒聯歡，交誼融和。我雖不喝酒，他們每有宴會，也常邀我參加，在酒酣耳熱之際，友情也跟著昇華。

每年九月一日記者節，泰華新聞界舉行慶祝大會，所有華文報工作人員，不分社長工友，內勤外勤，大家都來參加，共慶自己的節日。迨我任代表期間，先後三位新聞組長葉天行、熊琛、陳世祺，對聯絡新聞界的工作更加努力，每年記者節慶祝宴會，都辦得有聲有色。泰華新聞界朋友，整年日夜工作，能有一天大家在一起同樂無不歡欣鼓舞。

我一向尊重新聞自由，從不干預，我也從未要求過新聞界朋友為我個人宣揚，新聞界朋友遇有任何困難，我都盡力相助。中泰斷交初期，有些泰華報人，見風轉舵，詆譭我政府，侮蔑國民黨，我認為他們都是出於人云亦云，並不瞭解眞實情況，一九七〇年代，中華民國政府上下正在勵精圖治，除已實施耕者有其田，使農民得以安居樂業，並加速發展工商業，經濟隨之起飛，使臺灣步入現代化，如能邀請泰華新聞記者赴臺進行實地採訪，觀感一定會煥然一新。我本此信念，曾邀請中泰聞人，前往臺灣訪問，都有良好效果。

一九八〇年三月四日，我邀請泰華名報人詹海清、林宏、翁漢廷三位訪臺一周。中華日報記者翁漢廷先生回來對我說：「我攜帶著錄音機到臺灣，計劃訪問一百人，原想總有人會對中華民國政府施政表示不滿。待我訪問五十人之後，連我坐的計程車司機都對政府表示滿意，我便停止錄音採訪。回泰之後，我雖未寫文章讚揚，但看到有新聞界朋友仍寫文章抨擊中華民國，我都勸他們前去看看實際情況再寫。」從此之後，華文報上確實少了謾罵我政府的文字。

泰華女記者何韻小姐在華文報發表的專欄報導，我每天看到必讀，她的文章不但寫得好，她的觀察深刻動人，當時她的文名大噪。我邀她赴臺採訪前一日中午，一九八五年三月十九日，請她在律實他尼大酒店頂樓午餐，爲她餞行，並請新聞組長陳世祺兄作陪，向她說明在臺訪問的日程。席間，我和她開玩笑說：「在臺如有接待不週，妳回來可不能寫文章罵我們。」她笑說：「不會的。」想不到她回泰之後，連續在報上寫了十幾專篇題報導，連所乘坐的華航客機，她都予以美好稱讚，眞是値回票價。

一九八七年，中國大陸開放，旅泰華人紛紛返鄉探親，看到大陸人民生活窮苦，家人慘遭迫害，歸來無不滿懷悲憤。有一位泰南僑領對我說：「我過去一向對中共懷有憧憬，期望祖國強大。最近回鄉祭祖掃墓，探望家人，祖墳早已被挖掉了，家人因爲有我這個海外關係，慘遭迫害，兒孫不能上學唸書。我去問地方書記，我這個海外華僑對祖國做了甚麼錯事，你們如此迫害我的家人。我年輕時出國謀生，身上未帶走國家一分錢，在海外刻苦奮鬥，稍有點積蓄，便將辛苦賺來的錢寄回國，置產養家，難道這是不愛國家嗎？」這一類不滿的情緒，我常看到華文報上有報導，尤其是閱讀大陸作家所寫的「傷痕文學」，令我不忍卒讀。

一九八九年，大陸上發生「六四」事件，泰華各報對於中共動用坦克機槍鎮壓學生遊行示威，一致予以嚴詞譴責撻伐，激起全僑憤怒，自動前往中共駐泰大使館前示威抗議。中共數十年來在海外宣傳所塑造的美好假像，現已被鐵的事實擊碎無遺了。

四、發行三民主義泰文版

一九八四年初，一位旅泰老華僑，送給我一本他珍藏多年的泰文版「三民主義」。我有意將它重印發行，遂請教一位泰文專家的意見，他審閱之後對我說：「三民主義譯成泰文發行，先後曾有兩次，現今都已絕版。翻譯這本三民主義的泰文，距今已有數十年，其中所用術語與現今用詞有大不同，如要重印，不如另行翻譯發行。」我很贊同，但找誰去翻譯呢？

我認識泰國一位知名學者，他是泰國法政大學校長陳貞煜博士。泰國政要多出自法政大學，陳校長在泰國學術地位崇高，他是否肯擔任此項翻譯工作呢？

我與陳校長交往多年，知道他是在泰國出生的第二代華僑，幼時在泰國鄉間唸泰文，抗日戰爭勝利後，他的哥哥陳貞彬先生（後來臺曾任新竹縣長）接他回到潮汕唸中文，打下國學基礎。大陸變色後，他赴德深造，獲得法學博士，回泰受聘為法政大學教授，講授法律哲學。陳校長精研中西哲學，深諳印度佛理，學識淵博，每與交談，常獲啓發。一天，我親往其寓邸拜訪，將泰文版三民主義舊書送請他審閱，他也持相同意見，認爲舊譯文已不合時宜，須重新另譯。我遂請他主筆，他欣然接受。我知道他業務繁忙，抽不出太多時間從事翻譯，乃請我處同仁張象錡充當他的助理，共同進行此項艱鉅工程。

張象錡兄是泰國僑生，在臺灣中興大學畢業後，曾任中國廣播公司泰語廣播員，中泰語流，口齒清晰。我每次陪同泰國政要回臺訪問，都要借重他擔任傳譯工作，深受讚賞。八〇年代初，他攜眷回泰尋找工作，我認爲他是一位難得的人才，邀他來我處工作，並介紹他的賢內助到中華航空公司曼谷分公司任職。我每與泰國人士交往，都請他傳譯，非常稱職。我請他協助陳貞煜博士翻譯「三民主義」，他也盡了很大的力，費了很多心血，令我感念。

陳校長在翻譯過程中，時斷時續，我知道他很忙，又不便去催促，不得已時，乃請張象錡兄前去詢問，有需要他協助的翻譯，他都一手承擔。經過一年多時間，全書譯稿完成，找那一家書局承印呢？

經多方打聽，知道曼谷有一家大書局，承印泰文學校教課書，業務繁忙，發行網遍佈全國，但不輕易出版普通書籍。後來發覺這家書局老闆是陳英智，他是我在澳洲認識的陳作睦的侄兒，我曾推薦陳作睦先生回國出任監察委員，兩人交誼深厚。我用此關係，邀請書局陳老闆來家晚餐，並請陳校長作陪，席間談及三民主義泰文版的發行，商請由他的書局出版，並由我處預先訂購一百冊，陳老闆滿口答應。他說：「孫中山先生是一位偉大的思想家。陳校長爲知名學者。孫氏的大著，經陳氏迻譯完成，允稱珠聯璧合，學壇盛事。而能交由我的書局出版，本書局實在是與有榮焉！」雙方遂於一九八四年八月二十七日議定簽約。

「三民主義」泰文版印成之後，我處當即照訂價購買一百冊，分贈泰國各學術機構及學術界人士。我認爲宣揚國父孫中山先生的大同博愛思想，對世界和平當有深遠的影響。中國大陸自鄧小平上臺後，實施具有中國特色的共產主義，去除共黨不適合國情的意識形態，改走中山先生民生主義的正確道路，發展市場經濟，倘能繼續深化下去，則中國人民有福了。

五、臺北聯合報接辦曼谷世界日報

一九七八年三月之後，泰國政府爲求和緩越共對泰國邊境武力威脅，儘量拉攏中共以抗越共。爲對中共示好，特許前被停止的華文報全部復版，泰華僑報又呈現百家爭鳴自由競爭的局面。

中共駐泰大使館利用此一時機，不斷就世界日報的言論內容，向泰國外交部提出交涉：㈠指世界日報使用中華民國年號，係故意製造「兩個中國」之印象，破壞一九七五年七月中共與泰國建交公報中所宣佈的只承認「一個中國」的政策。㈡指世界日報之言論內容，一向反對中共，歌頌自由祖國，對泰國與中共之友好關係有嚴重不利之影響。

一九七八年六月二十日，世界日報刊出黃埔旅泰校友會慶祝五十四週年校慶消息後，中共大使館因見世界日報刊有會場上中華民國與泰國國旗並列圖片，遂向泰國政府提出嚴重抗議，誣稱「該報強拉部份泰國警官，擬組反華集團。」泰國政府爲敷衍中共，乃將世界日報兼總編輯饒廸華的總編輯執照吊銷。爲維獲世界日報得以繼續出版，允許更換一位新總編輯名義，重新註冊，並於週日假期加班，趕於當天辦完全部手續。泰國主管官員對世界日報如此困難的處境深表同情，認爲中共對世界日報不會就此罷手，將會續施壓力，以達到它消滅世界日報的目的。

中共首任駐泰大使柴澤民一再公開指示泰華僑社，勿看世界日報，勿在世界日報刊登廣告，甚至連僑團活動的新聞稿件亦不許發給世界日報，因此對世界日報的發行及廣告業務發生嚴重影響。世界日報在此政治及經濟雙重打壓下，業務開始虧損，而且日積月累一年多過一年。

一般公司企業財務發生問題，原應向董事會謀求解決，但在當時情況下，董事們對世界日報所遭遇的困難，均不願過問。甚至有些董事認爲，世界日報不是依商業常規在做生意，而是黨國在海外辦宣傳，有何困難，應由黨國支持。

有許多熱心僑胞，認爲一向堅持維護自由反對共黨的世界日報，不能在中共的打壓下關門。他們奔走呼籲，要求政府予以支持，一九六七年十一月中，我政府曾支助世界日報換用柯氏新印刷機，使報紙面目一新，但對歷年虧損所累積的沈重債務，仍須世界日報自行設法解決。

我因職責所生，每次回國述職，都須向有關方面報告世界日報面臨的困難，請求多予支援。向私人要錢，固屬困難，向公家要錢，更難上加難。因爲政府機關公費都受預算限制，凡未列入預算的開支，都須要經特別核准，因而有關機關，遇到要錢的事，能推則推。有一天，我到行政院面見政務委員周書楷先生，他聽完我報告之後，問：「倘若今年政府給予補助，明年是否還要繼續予以補助？」我實在無法回答說不要了。

每年政府給予的一點補助，杯水車薪，無濟於事。補助款匯到之後，還不夠還舊債，不過多日，新債又積壓得世界日報透不過氣來。所幸董事長林來榮不顧各方的壓力，不計個人的得失，報社無錢過日子，遂向他私人借支，到了一九八五年，一天，他拿出他私人在盤谷銀行的存摺給我看，表示他已無力再爲世界日報墊款了。

幸好那時候，報社工作人員，在饒廸華社長苦撐領導之下，大家都能體諒報社的艱難，奮鬥不懈，堅忍工作。薪水發不出了，大家商定延期及分期發薪的辦法，有時紙行拒收報社期票，也須要大家湊錢，否則就要停刊，甚至電火費，有時也由大家墊付，才免於割線停電的難關。

在此艱困時期，饒社長不僅主持社務，他還兼任總編輯多年，日夜辛勞，不眠不休。力求報紙版面及內容不斷改善。文藝版編輯馮淑惠女士（筆名摩南）於一九七五年退休後，饒社長又出馬兼編文藝版十年。每年五月四日還舉辦文友聯誼會，泰華老、中、青文友齊聚一堂，氣氛親切熱烈，我也樂予參加，得識名作家陳先澤先生、梅影女士、李耐冬先生等多人。世界日報的經濟版，由副總編輯林命光主編，報導國際經濟新聞，消息迅速詳盡，是泰華工商界資訊的重要來源。潘法仁（筆名二伯）的短評，也膾炙人口，名噪一時。惟受大環境影響，業務始終沒有多大起色。

一九八一年，總經理李唯行離職返臺後，曾請曾雄先生代理一段時期，他力求開源節流，企圖打開報社困境。他看到工作人員日夜揮汗工作，辛苦萬分，特為辦公室裝上冷氣，給大家打氣。同年十一月十九日晚間，我請林來榮董事長與饒廸華總編輯及曾雄總經理在我家中商討如何改善世界日報問題，談至深夜，林董事長因年事已高，竟致暈倒。我甚感驚慌，連忙駕車將他送到我家附近的 Sumitive 醫院調治，所幸無事。他因身體不好，不再兼任世界日報社長職務，改請潘子明先生擔任，借重他與泰國警方的良好關係，以抗外來的壓力。一九八二年十一月，商請馬化澤先生出任主管經理業務的副社長，許伯侯先生擔任總經理，大家同心協力，維持世界日報於不墜。

到了一九八五年，世界日報的營運狀況日見萎縮，可說已經到達山窮水盡無計可施的地步。我想起鄭午樓先生於一九八二年五月訪臺回來講了一句話，他說：「臺灣百業發展，為甚麼在泰國辦一份世界日報都辦不好？」給我兩點啓示：第一、泰華僑社都視世界日報是「臺灣報」，或是「國民黨報」，因此我認為這座象徵著中華民國的自由燈塔，不能熄滅；第二、臺灣報業非常發達，何不請臺灣一家大報，來泰接辦世界日報。

一九八五年四月一日，我返國述職。四月十二日在與有關單位會商世界日報問題時，鑒於各方都不願支援世界日報，我即提議將世界日報出售給民營，會中一致認為將世界日報交由臺北中央日報接辦最爲允當。一九八五年八月十一日，我再回國得知中央日報決定派副總編輯趙廷俊到曼谷進行調查世界日報營運狀況。八月十五日，我邀請他和僑務委員會主管海外文教處長許以豐兄午餐，席間說明以中央日報現有的人力財力去接辦曼谷世界日報，輕而易舉，曼谷世界日報如能成爲中央日報的一環，將可擴大中央日報對東南亞的影響力，盼望他此行能促成此事。結果中央日報不願接辦這個燙手山芋。

因而國內有關單位轉而商請聯合報前去接辦。董事長王惕吾先生鑒於是中央黨部他提出的請求，不便推辭，遂派經理簡武雄先生前來進行調查。簡總經理是週末飛抵曼谷，他來看我，我請他先休息兩天，到週一上班，再去世界日報查詢。後來我才知道，他當夜就去世界日報察看報紙編排印刷作業情況，等到午夜之後，他們又去街頭察看發報送報的實際情形，兩三天下來，他不但把世界日報營運狀況查得一清二楚，而且把泰國華文報的整個銷售市場調查清楚，全部銷售額約六萬份。他這樣夜以繼日的辦事精神，令我欽佩。

一九八五年十一月二十五日，我三度回國，就聯合報接辦世界日報問題，分別拜會有關單位，獲得各方贊同。三十日，王惕吾董事長邀我午宴，席間我對聯合報人員努力不懈奮戰拚鬥的企業精神，表示讚佩。我說：「董事長，你祇要派像簡武雄這樣努力的人去接辦世界日報，就會成功。」王董事長聽了，甚爲高興。同席有聯合報副董事長劉昌平兄及經濟日報社長劉國瑞兄，他們兩人都是我的好友，請他們從旁打打邊鼓，早日促成此事。

十二月二日下午四時，由中央黨部秘書長馬樹禮先生出面，邀請王惕吾董事長商談接辦世界日報問題，有關單位首長均參加，我隨外交部次長丁懋時出席，大家一致請求王董事長爲黨國盡力，把世界日報接辦下去。在此眾望所歸的情況下，王董事長表示義不容辭，願意接辦，惟對世界日報歷年所積欠的泰幣六百萬銖債務不能負責。經研商決定，由政府貸款美金三十萬元，以當時匯價一比二十六泰幣計算，約合泰幣七百八十萬銖，用來清還舊債，尚餘一百八十萬銖，可用來作爲資遣部份員工費用。王董事長當場表示，他將自籌泰幣一千萬銖，用來接辦世界日報。

會後，王董事長約我至聯合報社商談接辦人手問題，王董事長說：「聯合報派人沒有問題，但去泰之後，如何解決居留問題。」我沉思良久，認爲祇有借用我駐泰辦事處的名額，始可長期在泰居留。王董事長當即拿起電話，和丁次長商量。丁次長知道後，不敢擅自作主，隨即令我回部，詢問是怎麼一回事。在座王必成兄，看我著急，他自告奮勇，開車送我去外交部，見到丁次長，我以爲會受責備。他說：「朱部長已經同意了，認爲要聯合報去接辦世界日報，自然需要派人去泰國接辦，不借名額，他如何派人去。」最後決定用文化工作會的名義，派人去泰從事文化工作。

一切商定之後，由林董事長代表世界日報，與聯合報副董事長王必立簽約，將世界日報無條件委託聯合報接辦經營，並商定於一九八六年一月三十一日爲交接日期。

王惕吾董事長經過短時間籌商，決定在世界日報原有的基礎上，予以改革。人事方面，仍請林來榮先生擔任董事長，王必立任副董事長，饒迪華先生出任社長兼總主筆，派聯合報總編輯趙玉明任副社長兼總編輯。王董事長此一人事安排，非常明智。報社編輯採訪人員多數留用，惟有排字員工，因報紙已決定改採打字排印，此部份員工只得全部裁掉。對於被裁的員工，凡任職未滿一年者，補助一個月薪，任職未滿三年者，補助三個月薪，任職三年以上者，補助六個月薪，因而也未引起被裁員工的不滿，順利完成交接。

沈代表（左五）設宴歡迎聯合報創辦人王惕吾（左五）與曼谷華文報負責人餐敘，同席有世界日報先後任社長饒迪華（左一），潘子明（右一），趙王明（右三），新中原報社長吳金城（左二），中華日報社長陳純（左四）

一九八六年二月八日是中國新年除夕，世界日報宣告：自初一起停刊準備全面增張改版，經十天試版，一切安排妥當，乃於二月十八日復刊，增出七大張，內容充實，版面悅目，新聞快捷，一新形象。昔日被視爲黨辦的報紙，而今成爲盈虧自負爲全泰華僑服務的民營報紙，很快獲得廣大讀者的喜愛與好評。發行才三個月，世界日報銷售的報數已增加到一萬五千份，廣告收入增至每月一百萬銖。以後陸續增加，最高達到每月六、七百萬銖。

泰國世界日報在聯合報系龐大的文化

事業撐持之下，一露面就顯得氣勢不凡，震撼了泰國其他華文報。星暹日報社長李益森對我說：「今後泰華社會恐怕祇會留存星暹和世界兩日報了。」

一九八六年三月二十七日，我返國參加使節會議。四月四日下午三時，我到聯合報社拜會王惕老，向他祝賀聯合報接辦世界日報的成功。惕老說：「我到海外去辦報，是要發揚中華文化，服務僑胞。不獨要辦好泰國世界日報，更要影響泰華各友報，共同向新聞正途發展，共創榮景。」

參考饒迪華著：「世界日報創刊三十五年來的苦辣酸甜」一文，載於世界日報創刊三十五週年特刊。

玖　泰國華僑學校

一、僑校的開辦及其所受的限制

華僑在泰國開辦華文學校，是在一九〇七年國父孫中山先生來暹京宣傳革命之後，由盟會員陳繹如、吳克夫、王斧軍等人先後開辦華益學校、國文學堂，明德學校、新民學校，教授華僑子弟唸國文，同時宣揚中華文化和革命思想。

在此之前，泰國華僑仍是採行中國傳統的私塾制度，聘請一位熟讀詩書的老夫子，在廟宇中設立私塾，教授初入學的兒童唸百家姓、三字經、千字文及孝經，進而唸四書五經。富有的華僑，有送子女回中國去受教育。

一九一一年，辛亥革命成功，泰國華僑受到鼓舞，紛紛在各府縣興辦華文學校，因而華僑學校的數目激增，引起泰人側目。

一九一七年，泰國政府公佈第一份民校條例，規定華僑學校的校長，最少須修畢兩年暹語的課程，華文教師須在一年內通過政府舉辦的兩次暹文考試，而且華校在一週之中，授課時間須有三小時教授暹文。此項規定，對華僑學校發生很大的衝擊，引起華僑報紙的抗議。由於全體華僑反對，認爲該法行不通，致使該法延緩實施。

一九二六—七年間，北伐成功，國府奠都南京，規定三民主義列爲學生在校必修課程，泰國華僑聞風興起，熱心辦學。到了一九三五—六年間，據統計泰國僑校有二〇六所，及至一九三六—七年間，增加到二五九所。

一九二八年，拉瑪七世國王到泰國各府巡視，發現許多華僑學校，未有遵守泰國教育法令，上了三年華校的兒童仍不會讀暹文。因爲華校過去教學辦法，是上午唸中文，下午唸暹文。在許多情況下，學童多不願下午去上課，有的華校根本未教過暹羅語文。

泰國政府遂下令嚴格規定：華僑學校教授華文限於小學一年級到四年級，而且每週二十八小時課業，須以二十一小時學習暹羅語文，另以一小時學習體育，且數學、科學、史地等課程須以暹語講授。外國語只能在下午教授，而中國語文只能當作一種外國語文來教。中文教師必須通過小學四年級程度的暹語考試，然後發給教師執照，才能在華校任教。

泰國政府嚴格實施此項新規定，引起曼谷華僑社團不滿，曾向泰國政府提出請願，要求增加華文的教學時間，並免除來自中國的教師參加政府所規定的暹文考試，這次泰國政府拒絕讓步。在此情況下，華僑學校祇有採取消極抵抗的辦法，從每一點鐘暹文課程中抽出十分鐘左右，利用這段時間教授中文。另一辦法，是利用當地合格任教的華僑，參加暹文考試，獲得的任教證，轉交給新來到暹羅的中國教師持用。後經暹羅督學查到而被封閉的華僑學校有七十九家之多。

由於教授華文的時間受到很大限制，華僑學校必須雇用暹籍教師以取代華籍教師，而且暹籍教師索酬較少，亦可減少學校的開支。暹羅人和善，暹華雙方教師相處友好，很少發生衝突。

一九三八—四四年，在鑾披汶極端民族主義統治之下，實施泰化政策，對華僑學校的規定更加嚴峻。凡兒童年在七歲至十四歲之間者，原准許每週可學習華文五小時，新規定每週僅准學習華文二小時。一九三八年，又嚴禁含有民族思想與共產主義的華文書籍四十三種。爲了根絕華僑組織秘密會黨，一九三九年四月，查封了二十五所華僑學校，到了八月又封閉了七所。及至一九四一年末，日軍登陸宋卡佔領泰國之後，華僑學校中文教師紛紛逃亡，僑校也多被迫關閉。

二、中泰建交後華僑學校問題

一九四五年九月三日，日本投降後，英軍開入曼谷，泰國華僑歡欣若狂，認爲中國已成爲世界五強之一，華僑學校如雨後春筍一般，紛紛在各地恢復。曼谷華僑聚集最多的耀華力路，家家戶戶懸掛中國國旗，慶祝盟軍勝利。暹羅軍警出面干涉，華僑不服，曾引起雙方發生一場惡鬥，警察使用刺刀戳刺，繼以機槍掃射，許多華僑遭受殺害，英軍及泰國內政部乃下令宵禁，仍有間歇衝突，直至九月二十八日方告平息。

中暹政府在這種不愉快的氣氛中，雙方開始談判中暹友好條約。一九四六年一月二十三日，中國特使團團長李鐵錚先生飛來曼谷，與泰國國務總理兼外交部長社尼巴莫簽字。約文第六條中規定：「此締約國人民得依照彼締約國之法律章程；享有設立學校，教育其子女之自由。」

中國首任駐暹大使李鐵錚先生於一九四六年九月六日飛抵曼谷，華僑萬人空巷，前往機場熱烈歡迎。他到任不久，就向泰國外交部提出一項備忘錄，要求放寬對於華僑學校及教師的管理條件，後來泰國外交部依據「中暹友好條約」發表聲明宣稱：「關於締約兩方之彼一方之領土內享有設立學校教育其子女的權利，係依照其第六條第二款之規定，凡在暹國境內所設立之華校，其所應享受之權利，得與其他各國在暹所設之初等學校相同，所有學童，均須上暹文課，但皇家政府同意給予適當時間修讀外國文，對彼等學校亦無意另行制定限制修讀外國文之法令。」換言之，華僑學校不得享有超過其他國家在暹所設學校之特別權利。

一九四七年十一月九日清晨，陸軍元帥銮披汶發動軍事政變，再度掌握政權，下令禁止華僑學校懸掛中國國旗。就在這個時候，中國駐北欖坡（Pakncampok）總領事館指令所有轄區內的華僑學校，要在暹羅國旗旁側懸掛中國國旗。依據泰國政府於一九三六年所頒佈的懸旗法，僅在特殊場合下，始可在暹羅旗之旁，懸掛中國國旗。於是華僑學校隨即接到通知，平日祇能懸掛暹羅國旗。但有些華僑學校停止懸掛暹羅國旗，當地政府遂警告說他們構成違法行爲，如果堅持不改，即對他們採取強硬措施。此一事件，經過華文報紙大事喧染，演變成爲雙方嚴重的衝突。後來傳說有些華僑學校因拒絕此項規定而被封閉。一九四八年，泰國教育部下令限制僑校的數目，須由四九〇所減至一四八所，華僑們都感驚惶失措。及至一九四九年初，中暹政府之間，關於僑校平日懸掛暹羅國旗及使用暹語作爲教學主要媒介二事，已獲致協議。其後泰國教育部讓華僑學校重新開學，並以和緩方式，勸告華僑學校遵守泰國政府的規定。

一九四九年中共在中國大陸得勢之後，左傾華僑政治活動日見加劇，甚至在華僑學校內公開宣傳馬列思想，引起泰國軍警的注意。一九五〇年暹羅正式改國名爲泰國，在國內標榜大泰民族主義，在國際上採取反共結盟政策，反映了泰國政府對旅泰左傾華僑的排斥立場。一九五二年十一月，泰國政府頒佈反共條例，規定凡鼓吹共產主義者，得處五年至十年徒刑。泰國警方認爲華僑學校在中共份子鼓勵下，藐視泰國的民校法（即私立學校法），遂對各地華僑學校施行突擊檢查、逮捕及查封。結果曼谷華僑學校的數目，由一百所逐漸減少到祇有八所，在各府縣則由三九〇所減至一四〇所。而且任何因違法而被查封的僑校即不准再行開辦。

三、我為僑校做點事

一九六六年，我奉命擔任駐泰大使館領事職務，華文教育屬於文化參事主管業務。我因兼理僑務，須與文化參事處配合，協助發展華文教育，因而與華僑學校教師常有接觸聯繫，多年交往下來，許多僑校校長成了我的好朋友。

當時僑務委員長毛松年先生倡言：「無僑教即無僑務」。他這句話，在泰國尤其顯而易見。泰國商人多數具有中國血統，他的兒子進入華校，學習中泰兩種語文，到了第三代就讀暹羅學校便不會說中國話了。而且華僑申請入泰國籍，必須改爲泰國姓氏。依照規定，每家姓氏須向政府註冊，不得重複，因而泰國姓氏愈來愈長，如將華裔的泰姓譯成英文，有長達一二十個字母，令人難以記憶，甚至他本人都記不清楚。

駐泰新聞參事鍾榮蒼兄對於推展華文教育非常熱心，他鼓勵幾位從臺北師範大學畢業回來的泰國僑生，在駐泰大使館斜對面的一棟樓房內，開辦一所華文補習班。在招生開課之前，事爲泰國民校局查悉，勒令停辦。鍾參事出面向泰方交涉，理由是美國駐泰大使館可以辦一所國際學校，教授英文，爲何中國大使館不能開辦一所中文學校，泰國政府答覆說：「如果中國大使館要辦一所中文學校，泰國政府就令所有泰國華僑學校關閉。」當時駐泰彭孟緝大使得悉後，馬上令鍾參事停辦華文補習班。

華僑學校在泰國政府嚴厲限制下，祇能利用清晨上課前及下午課後，偷偷地教授學童一二小時華文。年幼的學童，體力多數不勝負荷。富有的華僑遂把子弟送回中國唸書，在中共清算海外關係時，華僑無法回國升學。有的華僑將子女送往臺灣或香港去唸書，也有把子女送往新加坡或馬來亞。貧苦華僑無力繳付學費，祇好送子女到泰國學校唸泰文。華僑學校就學人數年年減少，所收學費不足維持開辦費用，此時頭家（富商）也不願多所捐獻，許多僑校遂陷入困境，無法繼續維持下去，他們告貸無門，祇有向駐泰大使館申訴。

在杭立武大使駐泰期間，爲紓解僑校經濟上的困難，曾以駐泰大使館名義出面擔保，由曼谷各華僑學校提供學校執照作抵押，向曼谷中國國際商業銀行分行貸款泰幣一百五十萬銖，約定俟後分期償還。後來有的僑校還清，有的償還一部份，有的分文未還。每年中國國際商業銀行向僑校討債，均討不回欠款。泰國政府每年前來查帳，中國國際商業銀行又無法交待，便向擔保人駐泰大使館催討，而駐泰大使館又無此項經費代僑校還債，遂成一筆呆帳，年復一年的拖延下去。

我到任後，大使館向僑校討債，要不到錢，又不能逼迫僑校關閉，這時不得不設法解決這一問題，乃由大使館備文說明華校辦學的實際困難，請中央撥款代爲墊還。債雖還清了，但我從不敢說出去，怕引起僑校間的爭議。從那時起，我對曼谷光華學校校長許善楨先生善於辦學的才能，興起由衷的敬佩，因爲只有他辦的光華學校把借款全部還清了。

一天下午，許善楨校長來我辦公室申辦赴臺簽證。他說：「要去臺灣考察職業教育。」

我遂建議他去看在臺灣興辦職業教育最成功的王廣亞校長，因爲我覺得王氏所創辦的育達商職很適合當時僑社的需要，足資參考借鏡。爲此，我並備具專函介紹許校長往訪。許校長考察歸來，即在曼谷開辦光華商學院。依照泰國教育法規定，職業學校可以教授華文。因爲許校長辦學在泰華僑社早著名聲，年輕學子紛紛申請求學，而且在商學院學得一技之長，畢業後很容易找到工作，甚受僑社稱許。

一九五〇年初，美國副總統尼克森訪問東南亞，看到華僑子弟紛紛前往中國大陸求學，甚感憂慮，建議我政府招收海外僑生來臺申學，並予資助，實施之後，成效顯著。在泰國招收僑生回國升學工作，由領事組函辦。因爲泰國僑生祇唸過四年中文，凡前來報考者，都從寬取錄。例如一九六八年四月舉辦回國升學考試，報考升中學者有一百一十七人，就取錄一百零三人，報考升大學者十四人，取錄了七人。其中潮州會館主席蘇君謙的女公子，未有錄取。後來蘇主席前來求情，不得已報請教育部通融，准其回國進入臺灣大學唸書，因其資質優異，在校成績良好，畢業回泰之後，進入森美電腦公司工作，擢升爲總經理，且當選爲泰國臺大校友會主席，承繼他父親的衣缽，續爲僑社服務。

曼谷華僑學校有所謂公學與民校之分，凡是會館出資興辦的學校稱爲公學，例如客屬總會興辦的進德公學，福建會館興辦的中心公學，廣肇會館興辦的廣肇學校，海南會館興辦的育民公學，潮州會館興辦的培英、普智等校，共有六所。私人興辦的華校稱爲民校，當時京呑兩府約有三十所，另有夜間華文補習班八所。公學是由會館出資興辦的，經費比較充足。

六所公學校長每月輪流作東，聚餐一次，邀請泰國民校局科長黃建中與我參加，共商僑校所面臨的各項問題。黃建中父親熱愛中華民國，給他的三個兒子取名爲建中、建華、建民。建中曾在廣州中山大學肄業，在泰國民校局工作多年，處處爲僑校設想，協助僑校解決困難。建華曾任泰國駐香港及臺北商務代表，推動中泰經貿關係。建民任泰國高級警官及民主黨高幹，我與泰國民主黨的關係，都靠他居中連繫。

有一次泰國政府規定，僑校不得使用臺灣出版的教科書，而泰國又無中文課本。經黃科長指點，由大使館提供僑務委員會編印的華文課本，請廣肇學校校長馬秀卿加以重編，送請泰國民校局審查核定，成爲泰國僑校的通用課本。馬秀卿校長是泰華僑領馬立群先生的掌上明珠，抗戰期中，隻身前往貴州遵義進浙江大學讀書，抗戰勝利，回泰從事僑教工作，擔任廣肇學校校長多年，享譽泰京。廣肇學校在曼谷是有名的華文學校，我曾送我的兒子春田到廣肇學校唸書，受到她的教誨。

在泰國政府種種限制下，曼谷各私立華僑學校所遭遇的困難更加嚴重。學生年復一年的減少，教師待遇微薄，難以維持生活。我看到有的華文教師，病倒無力就醫，死後無錢安葬。我任代表期間，曾想盡各種辦法，籌集一筆基金，成立泰華教師福利基金會，運用基金所生的利息，救助貧病教師。並於每年八月二十八日孔子誕辰，舉行教師節慶祝大會，邀請僑校全體教師參加，會中頒發獎品給優良教師，會後聚餐，大家情緒熱烈，尤其是泰文老師，受到同樣尊重，倍感光采。

一九八三年，泰國舉行人口普查，總共有 48,846,927 人，華僑人數有 283,561 人。華僑學校，京呑兩府共有二十八所，夜間補習華文學校六所，學生共有一萬三千一百零七人。內地各府縣僑校共有九十五所，夜間補習華文學校有六所，共有學生人數二萬五千零八十二人。從這個統計數看來，泰國華僑學校尚不算少。

四、泰國華文教育再興起

一九八〇年代後期，泰國爲快速發展經濟，獎勵外商來泰投資設廠。此時臺灣工業發展已達到升級階段，國內勞工短缺，薪資高漲，土地昂貴，生產成本大增，勞力密集工業不得不向外發展，而泰國幅員廣大，勞力充沛，資源豐富，宗教信仰相同，於是，大批臺商紛紛來泰投資，兩三年間，臺灣來泰投資的廠商已逾三千多家，臺商及其眷屬移居泰國的已達五、六萬人。

臺商在泰投資設廠，最迫切需要的是當地的華文人才，他們以高薪及各種優惠的福利條件來爭取華文人才，並在報章上刊登徵求通曉華文人才的廣告，原先在泰國華文無一用處，這時華文人才成了搶手貨，各大廠商爭相聘用通曉華文的職員。同時港臺華人來泰的觀光客，絡繹於途，做觀光旅遊生意的商行，也需僱用華語人員。泰國政府爲配合當前經貿政策，覺悟到華文人才的重要，軍警機關開始選派人員前往臺灣受訓，學習華文。各大學及工商職業學校，開課講授華文。以往泰國政府限制華僑學校的華文教育，現在改弦易轍，開放華文教育，培植當前國家急切需要的華文人才。

一九九二年十一月，泰國教育部正式核准中華會館申請設立中華語文中心，設班開課，日夜教授學童華文，這是近半世紀以來，泰國政府核准新設華校的第一張執照。接著前泰國法政大學校長陳貞煜博士,在泰華慈善家謝慧如的大力支持下,與時代學校校長吳英強合作，設立東方文化學院，不獨講授華文，並且宣揚中華文化。泰國政府應臺商的要求，特許在曼谷設立一所完整的華文中學，招收臺商子女入學，所授課程，完全依照國內教育部的規定，高中畢業生，可以回國升學。一九九三年，鄭午樓先生在曼谷郊外創設的華僑崇聖大學，在人文學院內，設有中文學系，培養國學基礎人才，且在校外教育輔導處，設有華文教師培訓班，培養華文優良師資，藉以發展華文教育。

拾　金三角孤軍忠魂

一九六六年十月，我奉派擔任駐泰大使館一等秘書兼理領事事務，在職四年多期間，對於流落在泰、緬、寮邊區的我國難胞的遭遇，時有所聞，但對於他們的眞實情況，卻是所知有限，偶從報章雜誌上看到一些報導，多屬誇大渲染，給他們蒙上一層神祕的面紗。

一、馬康山難民村

一九七六年十二月二十八日，我和宋慶雲場長，隨同泰國山地計畫負責人畢沙迪親王及曼谷卡塞薩泰國國立農業大學教授們，搭皇家直昇機，第二度飛往泰緬邊界的安康農場考察，親王還邀請泰航十幾位空中小姐同行。飛行途中，坐在我身旁的賽通（Siengton Nutalaya）教授告訴我：我們正經過萬養難民村。我從機窗往下探視，看到叢山間出現一座村落，有些零散的草棚茅舍。不一會，又飛過馬康山難民村。賽通教授說：親王明天將帶領這十幾位空中小姐去馬康山探訪中國難民。說話間，直昇機已降落在安康農場，我們匆忙走出機艙，巡視安康農場果樹生長情形。途中，我曾和親王說：明天我要隨同他訪問難民村，親王表示非常高興。晚上我擠在工寮的草棚裡，睡了一夜。

第二天早起，我們蹲在一個水管前，用手接冷水洗臉，寒冷刺骨。早飯後，太陽昇起，我們走進果園，看工人開荒挖土，我的心卻在惦念著我國難民。我問同行的農大教授們：「親王現在哪裡？」一位教授指著山間叢林對我說：「親王已帶領空中小姐到那裡去看難民村了。」我隨著他指點的方向看去，隱約見到前面山間有人影蠕動，我說：「我也想去看看。」他好意的勸我說：「這裡是毒梟出沒的地方，殺人是不眨眼的，你不能一人獨自去。」我心想親王也許不讓我去看他們，但我不能錯過這次可以探訪我國難胞的機會。於是便不顧一切，獨自追趕上去。相隔雖有數里之遙，可是這些小姐們爬山，沒有我走得快，她們爬上馬康山難民村邊，我也氣喘吁吁地趕上了。

馬康山位於泰緬邊境的交界線上，是馬幫出沒的隘道，當時我曾看到肩負長槍押運私貨的馬隊，行走山間。當初泰國軍方安排這些從雲南逃出來的難民住在這裡，就有替他們把關看守的用意。村裡住有百多戶人家，都是竹籬茅頂簡陋矮小的草房，僅可遮蔽風雨，村中看不到兒童遊戲，連貓狗都少見，一片陰沉，沒有生氣的地方。這時已近中午，大家飢腸轆轆，親王要我向村民找飯吃，我找不到一個小店，挨家尋找，看到一個老太婆，坐在門前晒太陽。我問她：「在這裡有沒有地方可以買到飯吃？」她說：「沒有。」我再問：「妳家裡有沒有米？」她回答說：「有，但沒有菜。」我擡頭一望，看到山邊罌粟花盛開，五彩繽紛，鮮豔奪目。罌粟花田裡，長滿豌豆苗，青翠柔嫩。我對老太婆說：「妳去摘些豌豆苗回來，用雞蛋炒豆苗做菜，另外煮一鍋飯，我們吃過後，會照價給你錢。」老太婆願意，我利用她煮飯的時間，獨自去看村裡的立德小學。破舊的教室裡，一位老師在教二三十個小孩子唸書，很像鄉間的私塾。這位老師告訴我：「村裡人家送小孩子來唸書，每個學生每月須交學費泰幣二銖，當時（泰幣一銖約合臺幣一塊一角）有些貧窮人家，孩子多了，兩銖錢也交不出來，有兩個孩子的，只好送一個孩子進校唸書，全月所收學費泰幣五六十銖，作爲老師的薪俸，維持生活。」這位老師又說：「我原來是部隊裡的軍官，隨軍隊流落到這裡，村裡開辦小學，王志明師長就派我來做教師。」我聽了他訴說這一番苦狀，不禁產生了無限的同情與感慨。走回村頭老太婆家，大家已在開始用午餐，蔬菜裡雖然無油無鹽，可是肚子早已餓了，吃得津津有味，飯後還稱讚鄉野生菜，新鮮可口。

當天傍晚，我和農大教授們，漫步走出安康農場。附近住有幾家雲南難胞，看見一位老人，衣衫襤褸，身軀佝僂，面有菜色病容。我走過去問他病情，他說：「患有甲狀腺病。」問他有無看醫生治療？他說：「此間從來就沒有醫生，我們在此定居，泰國軍方限定我們不能離此一步，更休想外出就醫。」我心想他貧困如洗，一日三餐不繼，那有能力去看病就醫，我隨即從口袋中掏出泰幣一百銖，給他買點菜吃，加以保養。同行的一位農大教授對我說：「在這裡從來沒有人看見過一百銖泰幣，你給他，也無處可用。」我身爲國家代表，對於自

馬康山農場一瞥

己國家的同胞，逃難在外所受的痛苦，無力拯救，內心深感愧疚。對於這位老人貧病交困的慘狀，一直留存在我心中，歷久不去。

回到安康農場，我和我國派駐在這裡的兩位果樹專家林廣田與李清彬聊天，談到今天我到馬康山難民村看到難胞們貧苦的情況，我說：「你們長期派駐在這裡工作，週末農閒，山間無處可去，何不到附近的馬康山難民村裡去看看，教導他們種植果樹蔬菜，使他們生活好過一點。我們都是中國人，出於同胞的愛心，看到他們這樣貧苦，你們就是偷也要偷幾棵果樹送給他們栽種，好讓他們有點生機。」

一九八四年七月十日，我陪同外交部亞太司司長沈仁標乘車前往安康農場視察，歸途路過馬康山難民村，昔日所見之罌粟花，現已完全絕跡，滿山滿谷，盡是桃李，枝椏間結實纍纍，一片欣欣向榮氣象。我看到大感驚異，馬康山的景貌，完全煥然一新。我國果樹專家錢企越告訴我：他們常到馬康山難民村去，教導難胞栽種桃李。起初他們教難胞把村裡土生的桃枝剪掉，嫁接「鶯歌桃」的新枝，村民不肯。後來說服了村長王志明師長，先做示範，等到王村長家裡出產的水蜜桃，白嫩碩大鮮甜，每斤可售價泰幣一、二十銖。村民才有興趣，紛紛要求果木嫁接，每年收入，超過原有毛桃十幾倍。

一九七二年，大陸災胞救濟總會，撥款在馬康山設立示範果園，從臺灣運來桃梨杏梅果苗四千二百株，分送給難胞，並派來果樹專家林阿田，長期駐在村裡，教導他們育苗、施肥、灌溉、噴藥、除蟲、剪枝、嫁接、分果，採收、包裝等項技術。全村遍種果樹，春季來臨，桃紅梨白，花枝迎風招展，山下旅客，絡繹不斷前來觀賞，給難胞帶來一筆觀光收入。住在馬康山的難胞，經過多年辛苦的開荒墾殖，日積月累，他們逐漸脫離了貧窮，生活慢慢步入佳境。

一九九八年冬，我邀集幾位曾爲救助泰北難胞出過力的夥伴們，宋慶雲場長、莫藍玉小姐、錢企越專家，在難民工作團團長龔承業的安排下，再度訪問馬康山難民村，相隔二十多年，現今這裡已看不到茅屋草舍，新建的紅瓦樓房，散落在濃綠的果樹林中，襯托出世外桃源的景觀。王志明村長設盛宴款待我們，桌上擺滿了雲南的名菜佳肴。他說：「村民只要種植幾十株果樹，年收入就可達到泰幣五、六十萬銖，家家有水電、冰箱、電視，過著現代化的生活。以往視爲人跡罕到的馬康山，而今有柏油馬路直通清邁，年輕肯幹的村民，擁有摩托車、小貨車，開始做起生意來，年收入高達泰幣一、二百萬銖，成爲新興的中產階級。我們這群逃難來到外邦的人，如今能過著安居樂業的平靜生活，不能不感激泰皇的庇佑，以及國府遠道前來的援助。」我們聽了這番話，都感到滿心歡喜。

二、異域孤軍

一九四九年，中共席捲了大陸，十二月九日，雲南省主席盧漢叛變，李彌將軍率領的國軍第八軍，年底在元江被共軍伏擊潰敗，不願投降的國軍官兵，紛紛向滇緬邊區流散。一支由李國輝上校率領的殘兵和眷屬約一千多人，逃到滇緬交界三不管的蠻山叢林裡，與國軍第二十六軍九十三師譚忠率領的官兵六百多人，在小猛棒結合，建立一個基地，開始了他們在異域奮戰的生涯。

這支義不帝秦的孤軍，首先遭遇到的困難是飢餓和疾病，缺乏糧食和醫藥的補給，還有變化莫測的天氣，以及蠻荒裡的瘴癘、毒蛇、猛獸和蚊蟲螞蝗的襲擊。

一九五〇年五月，緬甸政府要求孤軍撤離，經過四次談判，未有結果。緬甸政府出動兩倍以上的兵力，配備優良的英式武器，由南北夾擊小猛棒基地。對孤軍而言，他們別無退路，只有奮戰，於是爆發了第一次與緬軍的戰爭。孤軍在當地土著的掩護下，在猛果偷襲緬軍，將其前鋒部隊擊潰了。

七月初，緬軍發動另一波大規模的攻擊，配有重砲和機槍，以及空軍的轟炸，企圖一舉消滅小猛棒的孤軍。這時孤軍只好化整爲零，與緬軍進行游擊戰，然而血肉之軀難敵緬軍強烈的砲火，傷亡不斷增加，彈藥也快用完了。最後，孤軍派出敢死隊，準備從緬軍背後包抄夾擊。不期在緬軍後方附近一座狹小的山路口，與同樣想反過來包抄孤軍的緬軍相遭遇，發生一場慘烈的惡戰。率隊的張復生副團長，眼看著弟兄們一個個的負傷、死亡，他奮不顧身率先衝了上去，激起了這批傷亡慘重的官兵士氣，大家跟著衝鋒。緬軍看到這批不怕死的中國軍勇敢的衝了上來，都被嚇破了膽，節節向後敗退。孤軍乘勝追擊到緬軍砲兵陣地，擄獲了緬軍的大砲和機槍。前線的緬軍失去了砲火的支援，攻擊也跟著頓挫下來。

八月下旬，緬甸政府要求停火談判，並表示同情孤軍的反共立場，才結束這場歷時兩個月的戰役。

滿是創傷的孤軍，總算暫時得到休息，有了半年時間的安定，孤軍厲兵秣馬，加緊操練，準備打回家鄉去。這時很多從大陸逃出的軍民，有的是與部隊失去聯絡的官兵，也一批一批的湧到，孤軍迅速擴充到兩萬人，同時把總部遷移到高山峻嶺間的一塊盆地——猛撒。

一九五一年一月，李彌將軍回到滇緬邊區，整編孤軍爲「雲南人民反共救國軍」，李擔任總指揮，柳元麟、呂國銓、李則芬等爲副總指揮。當時正值韓戰期間，美國政府認爲在中國邊界開闢第二戰場，可以減輕韓國戰場上共軍對盟軍的壓力，透過國府把軍援物資從泰寮邊境運送過來，孤軍獲得了武器彈藥的補給。

四月下旬，孤軍兵分南北兩路，大舉反攻。北梯隊是主力，悄然進攻雲南滄源；南梯隊佯攻，大張聲勢的進攻車里，以吸引共軍的主力。經過四小時激戰，克服了滄源，接著攻克耿馬、雙江、緬寧、瀾滄等縣。李彌將軍原訂這次反攻只是試探性質，因缺乏後援，不願損耗太多兵力，在擊退當地共軍及其援軍還未趕到之前，他就下令部隊撤回。

撤退時，由於不停的大雨，阻礙了部隊轉進的速度。可是中共援軍第十四軍三個師已經趕到，兵分三路，一路攻雙江，一路攻耿馬，另一路是主力，迂迴包抄滄源，堵擊孤軍的退路。

七月五日，共軍三路在滄源合圍孤軍，展開一場慘烈的戰鬥。共軍的人海戰術，讓孤軍槍筒都打紅了，仍擋不住共軍的猛撲，眼看彈藥快打光了，共軍攻勢依然猛烈。打完子彈的步槍已裝上刺刀，準備死拚。正在這危急關頭，天空突然起了灰霾霾的濃霧，阻絕了共軍的攻勢。接連兩天大霧瀰漫，使共軍不敢冒險前進，孤軍才得安然撤退。一場浴血大戰，就這樣淡淡地結束了。

孤軍退出國土，可是力量卻在不斷壯大。他們佔領撣邦的科康、佤邦、景棟三個地區，在蚌八千基地裡，成立一所反共大學，號召滇境青年參加，計有學員生三千餘人，編成三個大隊，由段希文、李文煥及劉紹易分任大隊長。臥薪嘗膽，生聚教訓，整訓部隊，培養幹部。滿懷雄心壯志的官兵們，踏著整齊的步伐，高唱著反共救國的軍歌：「自由的種子，撒在滇西高原，革命力量壯大在蠻荒，呑吐河山，鐵騎東征，掃蕩中原……」這樣宏亮的聲音，使中共和緬甸的首腦們開始感到不安。緬甸總理宇努在內外壓迫下，再次發動大規模的軍事行動。

一九五三年五月二十一日，緬軍動用六千兵力，還僱傭了一部分剽悍善戰的印度兵，計劃跳過江口，渡過薩爾溫江，兵分兩路，進攻猛撤和猛布，企圖一舉殲滅孤軍。

孤軍住地遼闊，兵力分散，戰爭一開始，到處陷於孤立無援。由於山區部隊調動困難，駐守江口的孤軍，祇能靠堅固的工事來抵抗。緬軍按照計畫，繞過沙拉渡口，即將橫渡薩爾溫江。李彌將軍調派千餘人前往救援。爲了趕在緬軍渡江之前，用強行軍速度，經過四天四夜，不眠不休，赤著腳在崎嶇的山路上狂奔，終於趕在緬軍渡江之前，到達拉牛山。這時印度傭兵把俘虜當作盾牌，向孤軍陣地一步步逼進。前線指揮官李則芬將軍命令官兵們趕快集中，等緬軍進入防禦線，立刻向緬軍衝鋒。這支疲餓交加但卻充滿了憤怒的哀軍，每枝步槍都裝上刺刀，只有肉搏才能搶救被俘的弟兄。緬軍愈來愈接近陣地，孤軍自戰壕中跳出，雙方展開慘不忍睹的白刃戰。

沈代表（右）拜會第三軍軍長李文煥將軍（左

在這一場肉搏戰中，孤軍是戰勝了。但是孤軍一千一百多人中，三百多人陣亡，五百多人受傷，

傷亡之慘重，令倖存的弟兄們，忍不住放聲大哭。

這支打完拉牛山戰役的孤軍，又得火速拉回猛布，配合守軍，擊敗來犯的緬軍。另一路進攻猛撤的緬軍，也被勇敢的原國軍九十三師官兵及手持木棒砍刀的反共大學的學員生們擊潰，經過一個月的苦戰，終於結束了第二次孤軍與緬軍的戰爭。

緬甸政府既然用武力不能解決孤軍，他們祇有循外交途徑，於一九五三年三月二十五日，向聯合國提出「中華民國政府的軍隊侵佔緬甸領土」的控告案，四月二十三日，聯合國安理會決議要孤軍撤離緬甸國土，並指派一個由中國、美國、緬甸和泰國組成的四國委員會，商談撤軍細節。國府派國防部副參謀總長賴名湯將軍偕同衣復得上校前往泰國開會，經過一個多月的爭辯與折衝，終於達成協議，將孤軍遣送回臺灣。同時政府將李彌將軍調回臺灣，任命柳元麟為代理總指揮，執行撤軍命令。

孤軍在這蠻荒絕域裡奮戰求生，正當他們逐漸壯大快要實現理想的時候，卻被迫撤回臺灣，弟兄們的血汗，不是白流了嗎？怎能甘心！但是軍人以服從為天職，只有忍痛離開基地，向泰緬邊界集中。

第一次撤軍開始，用三十多輛軍用大卡車載著孤軍，由一塊「抗議撤軍」的標語引導，從緬甸邊境的大其力，過橋到泰北的美塞（娘市）。從各國來此採訪的新聞記者，看到這批穿著破爛衣服打著赤腳的孤軍，不禁納悶！令全世界轟動的，竟是這一群老弱殘兵。

從一九五三年十一月八日到一九五四年五月七日，孤軍分三批共七千二百八十八人撤回臺灣，超出聯合國和四國委員會要求的六千人。

有些不願撤退的官兵，就化整爲零的散佈在滇緬邊區叢林裡，各自發展。對這些星散的小部隊來說，生活環境更加險惡，但他們永不屈服，能承受任何苦難的折磨與打擊。他們相信只要生存下去，就會一天比一天壯大。正是野火燒不盡，春風吹又生，一股新生的力量慢慢的又集中起來。加上中共在大陸上實施「三反五反」期間，自滇境逃出來的難胞，一批又一批的前來參加孤軍，這支自發性的反共力量，又在這蠻荒邊境茁壯起來。

一九五四年十月，政府任命柳元麟爲總指揮，他由臺北回到緬寮邊區江拉總部，加緊訓練幹部擴充兵力，重新整編孤軍爲「雲南人民反共志願軍」，擁有兵力兩萬之眾，編成五個軍，第一軍軍長呂人豪、第二軍軍長甫景雲、第三軍軍長李文煥、第四軍軍長張偉成、第五軍軍長段希文。

一九五五年五月，緬甸國防軍在大其力、乃東河一帶集結，逼迫分散的孤軍團結在一起，準備對抗前來進犯的緬軍。五月七日清晨，緬軍和僱傭來的尼泊爾步兵，在南斯拉夫砲兵營重砲掩護下，向乃東河旁干山孤軍陣地進攻，雙方掀起激烈的戰鬥。八日，緬軍配合有空軍支援，從早到晚，猛烈攻擊退回乃東主陣地的孤軍，雙方相持不下。孤軍派出一支敢死隊，經過一天一夜急行軍，繞到緬軍後方。九日拂曉，突擊大其力的緬軍及南斯拉夫砲兵，緬、南軍隊驚惶失措的從夢鄉中爬起，向四處逃跑，留下堆滿的彈藥和武器。前線的緬軍，得不到後方砲火的支援，攻擊跟著受挫，和孤軍形成對峙狀態。緬甸政府見久攻不下，派出代表言和，劃定界線，互不侵犯，孤軍這才安定下來。

一九五八年，孤軍在猛白叢林裡，用血汗開闢出一個小型機場，國府用沒有標誌的運輸機，運來武器彈藥，奉命實施「安西計畫」，於是孤軍發起第二次突擊大陸行動。

同年八月廿九日，孤軍出動了三萬多人，分爲四路，由不同的路線，向雲南進攻，相互掩護支援，主攻目標爲車里，同時佯攻南橋和佛海兩縣。九月十九日，第三路孤軍占領車里，隔日共軍反撲，戰鬥激烈。第四路孤軍回過頭來，反把共軍包圍，而支援的共軍卻被第二路孤軍截斷，共軍不支潰逃。孤軍經過一個多月的戰鬥，攻佔滇西一帶地區，因爲沒有武器彈藥的補給，光復的地區也無法固守。十月底，中共從雲南臨近軍區，調集十五萬兵力入滇圍攻，孤軍救出難胞萬餘人，再度撤離國土，重返蠻荒絕域。在原始森林裡，開荒闢地，謀求生存發展。經過兩年的磨練，孤軍又壯大起來。

一九六〇年九月下旬，緬甸總理尼溫與中共達成「中緬邊界協定」，准許共軍進入緬甸境內攻擊孤軍。十一月十一日清晨，共軍以秦基偉領軍南侵，緬軍北上，聯合向孤軍發動攻擊。孤軍在腹背受敵的情勢下，不得不放棄各個據點，向江拉總部集中。十二月中旬，緬軍和共軍進逼江拉，孤軍兵力相差懸殊，秘密把主力往南移至南昆。留下的戰鬥部隊，一直與來犯的敵軍周旋。

一九六一年元月初，緬甸政府聯合不結盟國家，再度向聯合國對中華民國提出控訴，要求孤軍撤離緬境。同時在大其力的緬軍向南昆進擊，孤軍爲了生存，只有死拚下去。於是江拉和南昆的戰爭，陷入膠著狀態。元月中旬，孤軍終於揮淚放棄江拉，向南昆集中。

沈代表（中）偕宋慶雲場長（右）與第五軍參謀長雷雨田將軍（左）晤談

春節過後，由江拉南下的共軍，自景東南進的緬軍，和大其力東渡的緬軍，合圍南昆一帶的孤軍，同時切斷孤軍經由湄公河通往泰國的交通。孤軍乃派遣敢死隊，強渡湄公河，遭到兩岸緬、寮軍的夾擊，犧牲了一千多弟兄，但總算打開了到泰國的通路。

一九六一年二月下旬，聯合國大會通過緬甸政府的指控，四國會議又在曼谷召開，很快達成協議，要孤軍全部撤臺。三月二十七日至四月三十一日，孤軍四千四百零六人陸續假道泰國撤回臺灣，但前線仍在慘烈戰鬥。二十五日，孤軍撤臺大致完成，可是掩護撤退的五百名弟兄，全部戰死於南昆。

第二次撤走的，是「雲南人民反共志願軍」轄下的第一軍、第二軍和第四軍。而李文煥將軍率領的第三軍，和段希文將軍率領的第五軍卻留了下來，部隊分散在緬寮泰三國邊界的山區裡。國府對外宣稱：他們都是自願脫離國軍，留下獨自謀生。實際是在撤軍之前，蔣老總統派鄭介民與葉翔之前來傳達命令，不要他們完全撤臺，留一部分兵力在滇邊俟機待命。他們惟恐不實，派人回臺，向總統侍衛長俞濟時查證，確有此項命令，他們才肯留下，後來有不明內情的人，誣指他們是不聽國府命令的叛軍，這使他們最感痛心。

緬甸政府對於留在緬境山區裡的孤軍，感到如芒刺背，但又無力征勦。一九六五年，緬軍派出一位旅長，與第五軍參謀長雷雨田在大其力談判。緬軍旅長擺出高姿態，一見面就說：「你軍祇有繳械投誠，沒有商談的餘地。」雷雨田卻笑著回答說：「第一，我軍是反中共，而不反緬甸。第二，我軍所佔的地方，是中緬寮三不管地區，沒有侵犯那一國的領土；而且我們在此開荒闢土，維持地方治安，對緬甸有益無害。第三，我軍是自衛，並非進攻。倘緬軍來攻，我軍被迫祇有採取自衛抵抗。倘緬甸不許我們在此山區裡生存，我軍分散為二十人一小隊，襲擊緬甸城鎮，破壞橋樑交通，劫掠銀行郵局，焚燒鄉村，使緬甸不得安寧。」這位緬軍旅長聽完話，竟啞口無言。緬軍從此之後，再不敢攻擊孤軍。

泰國軍方一向稱這批孤軍為九十三師，因為在對日抗戰期間，國軍第九十三師派駐在緬甸景東一帶，與泰國愛國志士們組織的「自由泰」，合作抵抗日軍，他們深知國軍戰力。在沙立元帥執政時，主張把流落在泰境內的孤軍繳械，可是軍方不敢採取行動。一九六九年中泰談判協議，將散居在泰緬邊區的孤軍，移歸泰國政府處理。他儂元帥派最統帥部副參謀長堅塞與段希文、李文煥商談。堅塞對段、李兩人說：「你們現在既然不能回中國，何不暫時留在泰國邊境，替泰國戍守邊防。每名士兵發給薪餉泰幣每月三百六十銖，名額定為一千五百名，編為泰國鄉村自衛隊。」

陳茂修將軍（右）戰勝歸來，沈代表（左）面贈中華之光獎牌

孤軍這時無路可走，衹有答應為泰國守衛邊區，阻止緬共和寮共向泰國滲透，於是孤軍由緬境轉移至泰國與緬寮交界的山區，經泰國軍方安排，三軍以唐窩為基地，五軍以美斯樂為基地，合組統一指揮部，直轄最高統帥部，受命協助泰軍剿共，再重新打拚。孤軍弟兄們在泰北山區原始森林裡，胼手胝足，披荊斬棘，搭蓋茅房，又慘淡經營起來。

一九七〇年，活躍在泰寮邊境的苗共，得到國際共黨的支持，在清萊省邊境通往昌孔縣的公路上，伏擊泰國軍警，誘殺了清萊省長巴牙及高級軍警官員，當地居民惶恐不安，情勢非常險惡，迫使泰軍多次進擊掃蕩。由於苗共佔地利優勢，神出鬼沒，結果泰軍喪兵折將，損失慘重。泰國軍方於是要求孤軍，協助消除苗共。

三、五兩軍高級幹部開會，有人反對替泰國政府打仗。段希文將軍分析當時情勢，孤軍在泰國唯有與泰國政府合作，才能生存，否則隨時會遭到泰國政府驅逐，而無立足之地。孤軍負此任務，只能勝，不能敗。

一九七〇年十二月二十二日，孤軍銜命攻擊苗共巢穴。五軍由張鵬高（雷雨田繼任）擔任指揮官、率八個支隊八百餘人，進攻西面萊弄山苗共陣地。三軍由沈家恩擔任指揮官，率八個支隊約七百餘人，分為兩路，掃蕩萊腰山和帕蒙山苗共。在泰國空軍和砲兵協同支援下，孤軍經十一日之激戰，始將苗共外圍陣地次第佔領。

攻打萊弄山的五軍，已逼進苗共的主陣地，經過一場殊死戰，苗共敗走了。帕當位於帕蒙山，是苗共總部所在地，向南俯視昌孔，向北俯瞰湄公河。第三軍乘其不備，發動拂曉攻擊，一舉把帕當苗共殲滅。

十二月底，中泰聯合「零四」指揮部成立，泰國最高統帥部派格信少將為指揮官，並令孤軍改組成「泰國志願自衛隊」，同時把帕當劃給第三軍戍守，指定第五軍在萊弄山覓地建村，就是現在的密額，長期駐守，繼續清掃山區的苗共。歷經三年的征戰，苗共被清除了，孤軍也傷亡五百多人。

孤軍流血流汗，保衛泰國疆土，終於贏得泰國軍民的同情。泰國最高統帥部參謀總長他威空軍上將，曾由段、李兩將軍陪同，親往前線慰問官兵，並劃定泰緬、泰寮邊境山區，讓孤軍弟兄居住，成為現在的難民村，並發給他們難民證，可以合法的居住在泰國，但是規定他們不能逾越難民村所在的範圍。

泰國政府爲了清剿泰共，一九七九年決定興建一條由湯縣經邦卡到昌孔的戰略公路，受到苗共的阻撓，泰國派軍征剿，久攻不下。泰國國務總理堅塞上將出面請段希文將軍派軍支援。孤軍決定以傭兵性質，幫助泰國保護修建公路。由楊國光從中協商，與承包修路的工程公司簽約，參加護路的孤軍，每人月薪泰幣二千五百銖，不包括伙食和受傷人員的醫療費，陣亡的有撫恤金一萬銖。

五月二日，第五軍派李明珠擔任指揮官，率領兩百多弟兄，向苗共進攻，由於公路預定路線，都是苗共的據點，陣地佈滿地雷，不易攻下，最後增援到四百人，同時聯合艾小石、劉大美、范明仁等自衛隊，分段負責清剿，經過大小無數的戰鬥，始將苗共擊潰。另一條由昌堪通往難府的公路，由第三軍派兵護修，犧牲六名弟兄，也順利完成任務。

孤軍完成護路任務後，僅靠泰方發給每人每月三百六十銖，實不足維持全軍的生活，段希文將軍爲此四處借貸，嘔心瀝血，操勞成疾，不幸於一九八〇年六月十八日心臟病突發逝世，第五軍軍長由參謀長雷雨田將軍繼任。第三軍軍長李文煥將軍因患青光眼和糖尿病，行動不便，把軍務交由女兒李健圓代理。

一九八一年二月初，泰國政府再度要求孤軍，協助征剿考牙山泰共。孤軍爲了生存，沒有拒絕的權利。由三、五兩軍各抽調兩百名弟兄，派陳茂修任總指揮，楊國光任副總指揮，開赴碧差汶省前線，配合泰國第三軍作戰。

考牙山位於泰國中部碧差汶省隆塞縣，泰共（苗族）在這裡盤據了十八年，擁有武裝兵力兩千五百人，泰軍曾攻打了九年，傷亡慘重，卻屢攻不下。

沈代表（左三）由雷雨田將軍（左四）、宋慶雲場長（左二）、龔承業團長（左一）陪同，參觀榮譽隊孤軍參加考牙山作戰官兵眷屬手工藝品展覽

二月十六日，春節前夕，孤軍由密額和帕當調往前線，其中最小的只有十四歲，最老的已經六十八歲，個個面黃肌瘦，衣褸邋遢，和泰軍整齊威武的泰國黑豹軍不能相比。泰軍指揮官把孤軍分成五路，掃蕩考柯山和考牙山間泰共據點。由於兵力分散，進展緩慢。

實戰經驗豐富的陳茂修將軍，經過地形勘察和敵情搜集後，與泰軍副指揮官披集准將力爭，重新擬定進攻計劃，由泰軍從正面佯攻，孤軍集中兵力分成兩個攻擊部隊，從側背攀登陡崖進行突襲。孤軍一、二路由李樹榮和李德興擔任正副指揮，率領九十六名弟兄，進攻北面高點的上考牙。四、五路由吳榮昌和段國相擔任正副指揮，進攻南面的下考牙。三月四日清晨發動攻擊，孤軍久等泰軍不來，決定冒險攀登峭壁，進行仰攻，弟兄們藉著叢林亂石的掩護，在泰軍砲火支援下，經過三天三夜的艱險爬上一千二百公尺的高山，三月八日展開拂曉突襲，一舉攻下考牙山泰共主陣地。

這場戰役，孤軍打勝了。陣亡二十六人，受傷五十六人，創下一項奇蹟，三、五兩軍傷亡人數各占一半。這一輝煌的戰果，贏得了泰國政府的肯定，泰皇伉儷和泰軍最高統帥森上將，親臨曼谷陸軍醫院慰問受傷的弟兄，泰國各大報和電視臺均曾大幅報導。

考牙山戰役，泰國政府准許參戰的孤軍官兵和眷屬，歸化爲泰籍，長期居住在泰北邊區的難胞和在泰國出生的子女，也可獲得居留證，從此生活安定下來。

一九八二年，各難民村組成自衛村，一面自衛，一面生產謀生。

一九八五年，泰共剿平了，泰北邊區安寧了，泰國軍方把孤軍擁有的武器完全收繳，並停止對孤軍的一切補給，孤軍弟兄在異域奮戰了五十年，現今都解甲爲農了。各難民村移交內政部管轄，納入地方行政體制。

逃避共禍的孤軍，在中、緬、寮、泰邊區原始森林裡，輾轉流徙，奮鬥求生，歷經了半個世紀的歲月，寫下了一篇可歌可泣血淚交織的史詩。

一、參考陶培揚著「血染異域四十年」一文，原文載於臺北聯合報民國八十三年二月一日起連載。
二、參考谷學淨著「血洒邊陲」一書，尚未出版。
三、參考陳茂修著「前雲南人民反共志願軍滇緬泰歷程及助泰剿共情形」。

三、金三角

金三角原是個小地方，但卻名聞世界，而今成爲冒險家的樂園，充滿了神秘、複雜而又敏感的地區。

金三角位於緬、泰、寮三國的交界點，湄公河流經這裡，由於長年水流沖擊和泥沙淤積，河床中間形成一塊三角綠洲，東岸是寮國，西岸是緬甸，南岸是泰國。如今世人泛稱的金三角，它的區域涵蓋了中、緬、寮、越、泰邊界一遼闊廣大的地區。

有一次我到清萊探訪難民村，由陳茂修將軍陪同，搭車前往美塞（夜柿），拜訪楊國光兄，他在這裡開設一個店舖。美塞（夜柿）是泰國北部邊界一個大城市，商店林立，市面生意繁榮。與美塞有一河之隔的，便是緬甸最南部的重要城鎮大其力。我們一同步行，走過湄公河上一座水泥大橋，便到了大其力，街道兩邊有幾十家店舖，破落蕭條，據說都是華人開設的。大橋兩頭各有泰緬兩國邊防軍把守，來往行人不斷，守軍也不盤問。大橋中間，便是泰緬兩國的分界線。這兩個城鎮是「金三角」最大的中心城市，成了東南亞販毒走私的集散地。

我們到了美斯樂難民村，雷雨田將軍告訴我：過去緬共把緬境出產的鴉片，運到大其力販賣，然後在美塞搜購黃金，走私到緬甸出售，大賺其錢，因而他們遂稱這一帶爲「金三角」，共黨為了打擊在這裡活躍的孤軍，便誣指國民黨殘餘部隊在這裡販毒走私。後來經過不明實情的新聞記者無聊的文人作家們在報章雜誌上，不斷地加以誇大渲染，向世界各國傳播，使世人一提到金三角，便聯想到國民黨部隊，在這裡販毒走私，甚至竟然報導他們在這裡打鴉片戰爭。對於孤軍的汙蔑，莫此為甚，且影響我國的形象。

沈代表（右）與陳茂修將軍（左）訪問金三角留影

一百七十年前，英國東印度公司，在這一片肥沃的土地上，教導土人播種鴉片。自是之後，這裡出產的鴉片，質與量均名聞遐邇。毒梟為販運毒品，經常出沒其間。越戰期間，共黨以嗎啡麻醉美國士兵，毒害世人。美國政府乃派員駐此緝毒，與毒梟展開激烈的爭鬥，更給「金三角」增添了神秘與恐怖的氣氛。

一九六一年，孤車撤離緬境，緬甸撣邦成了眞空地帶。這裡面積有五萬六千平方公里，都是高山深谷，地形複雜，人跡罕到的原始森林。緬甸政府軍在這裡僅能控制點線，遼闊的山區，被地方野心份子，各自擁兵，搶佔山頭，割地自雄。他們活躍在緬泰寮邊區，收購鴉片銷售，以壯大其武裝勢力。其中較著者，有以下幾股勢力：

第一股勢力是緬北自衛軍頭目坤沙，中文姓名叫張奇夫，一九三三年五月六日出生。他的父親張秉堯，是撣邦萊莫山區大土司，母親是擺夷族。聽說他幼年在李文煥部隊裡當過兵，十四歲隨著部隊撤退到泰北山區長大，會說漢話，聰明伶俐。後來回到緬甸，尼溫總理收為義子。他在緬甸政府裝備下，成立撣邦自衛軍，勢力迅速壯大。他手下有一員大將張蘇泉（書全），是國軍舊部，被封為參謀長。幫助緬軍，打擊緬共。一九七一年八月，尼溫應邀訪問中國大陸，與中共重拾舊歡。返國後，在軍事會議席上，突然將坤沙逮捕。後來撣邦自衛軍綁架兩名蘇聯援緬專家，要求緬甸政府釋放坤沙，以被綁架的蘇聯專家交換。由於蘇聯不斷向緬甸施壓，終於使坤沙釋放，坤沙聲名因而大噪。坤沙回到撣邦老家賀蒙（Homong），部隊接濟斷絕，他為自謀生路，設立工廠，製造海洛因，運銷世界各地，成了聞名的大毒梟。財源有了，他便擴充武力。一九八五年，武力達到兩三千人，成立撣邦聯合軍，他成為總司令，後來成立「撣邦民族革命政府」，自封為撣邦總統。美國政府要通緝他，泰國政府懸賞泰幣五十萬銖追捕他，他在「金三角」成為一名神祕的傳奇人物。

第二股勢力是羅興漢，出生在撣邦果敢縣楊家寨，緬甸名叫畏蒙。父親羅朝剛，是個生意人。這個孩子生來機靈好鬥，不務正業。他長大後，投奔國軍九十三師，後來在緬甸山區裡的孤軍，當上營長。孤軍撤離緬甸，他獨樹一幟，發展自己勢力。一九六五年，他獲得緬甸政府授權，建立地方保安隊，在北撣邦協助緬軍剿共。但他卻憑藉武力，在「金三角」大做鴉片生意。一九七六年十一月十七日，羅興漢被緬甸法庭以叛國罪與販毒罪判處兩個死刑，被關在仰光大牢裡。他不知哪裡來的神通廣大，買通緬甸政府官員，又獲釋放。他回到山區，重新組織武力，約有一千多人，獨霸「金三角」，大規模販運毒品和玉石。爲了利益，與昆沙數度拚殺，互相爭雄。

第三股勢力是佤族頭目艾小石，他在緬北卡瓦山區，受到佤族的支持，擁有武力四百多人，在緬北山區設卡收稅，與昆沙爭奪地盤，大打鴉片戰爭。

一九七九年，越共協助赤柬攻佔高棉後，越共轉向蘇聯，與中共反目成仇。中、越、蘇聯等國際共黨勢力向此地區伸展，自然引起以美國爲首的自由國家的抵制，使「金三角」地區形勢更加複雜。

當緬甸獨立之初，就有一股實力較強的緬共，盤據在緬甸中部勃固育馬山區，屬於白旗緬共。一九七九年後，中共爲了爭取緬甸政府友誼，停止對白旗緬共的補給。白旗緬共被迫越過緬軍重重封鎖，渡過了薩爾溫江，在東岸的南撣邦建立基地，與越共搭上線，由越共補給，並輸出毒品，獲取財源。

另有一股親中共的勢力，就是「緬甸人民解放軍」，號稱有三個旅和三個縱隊的兵力，司令員是彭家聲。他們也在「金三角」地區，收購及銷售鴉片，擴張武力，爭奪地盤，急速發展武力。

「金三角」遂成爲毒梟爭霸的地區了。

四、孤軍處境困難

一九七五年，越共佔領南越後，泰國外有越共大軍陳兵於棉泰邊境，隨時伺機入侵，內有泰共的叛亂顚覆，泰國軍警爲肆應此種內外交煎的危急情勢，已深感力有不逮。對於泰緬寮邊區，毒梟的出沒，緬共和寮共的侵擾，自更無法應付。在此不得已情況下，遂利用退處在泰北邊區的孤軍，爲其看守門戶。

經泰國最高統帥部參謀長堅塞上將精心策劃，與第三軍軍長李文煥及第五軍軍長段希文秘密商談，達成協議，由泰國軍方，安排流落在泰北山區的孤軍，分兵駐防泰緬寮邊區十三個戰略要點，就是後來形成爲密窩、邊龍、景乃、孟腊、大谷地、唐窩、黃果園、馬康山、孟安、美斯樂、回莫、密額，帕當十三個難民村。泰國統帥部在清邁設立零四指揮部，統一協調指揮作戰工作，並在各村設立聯絡小組，大村派兵二十四人，小村派兵十二人，監管孤軍活動，不得逾越泰方規定的住地範圍。孤軍與泰共作戰所需的武器彈藥，泰軍酌予補給，並發給官兵每人每月泰幣三百六十銖，維持最低生活，孤軍成了泰國傭兵。對於孤軍的眷屬與傷殘，泰軍安排他們住在清萊的滿堂及清邁的萬養，後來經李文煥向泰方要求，又增加熱水塘，這三個村莊靠近平原，他們耕地自謀生活。

孤軍獲此安排，有了喘息生養的庇護所。泰方祇花費少許的經費，得到這支精兵，協助泰軍征剿泰共，因而雙方相互合作，達成安定泰北地方的任務。

自一九七六年我第一次探訪馬康山後，才知道這批流落異域的孤軍，現仍在饑餓線上掙扎。身爲國家代表，我深深感到我有責任去幫助他們，解決他們生活上的困難，可是當今他們淪爲泰國傭兵，泰方自不願這件事曝光，引起國內外的非議，更不願國府官員與他們再發生任何關係，遭受到國際的壓力。

一九八〇年六月十八日清晨，我約泰國總理堅塞上將與僑領鄭午樓、陳龍堅在曼谷郊外華目球場打高爾夫球。球場四周警衛森嚴，球敘進行到中午時刻，我見堅塞一位侍從人員，走到他身邊，向他報告：第三軍軍長段希文將軍清晨因心臟病突發，在泰京披耶泰醫院逝世。七月十四日，段將軍歸葬美斯樂，堅塞總理率泰國高級將領多人，分乘直昇機三架，前往墓地送葬。蓋棺時，堅塞總理把他心愛的煙斗，放在段將軍身旁伴隨段將軍長眠地下，來表達他對於這位盡瘁保衛泰國疆土的中國將軍的深摯哀悼。後來我安排段將軍的兩位公子段濬川、浩川返國進臺灣大學農學院及醫學院就讀，稍慰段將軍一生爲國的英靈。

這時我與堅塞總理的交情，已經達到無話不可談的程度。唯獨對於孤軍的事情，他卻不願讓我知道。事後我雖知道段將軍的逝世，是因爲孤軍給養斷絕，他已無力籌措而急死的。我雖想去參加他的葬禮，限於當時的處境，我不能貿然前往祭悼。有一次我試圖打開此一僵局，詢問堅塞總理：「倘我方願意協助孤軍，解救他們生活上的困難，不知是否可行？」堅塞嚴正的對我說：「倘若你們對他們仍有興趣，請你們把他們完全接運回去。」他這一句話，使我無言以對。

每次我返國述職，總想把流落在外的孤軍情況，向有關方面報告，希望能得到他們的同情，伸出援手，去解救他們面臨的生活上問題。我曾向前駐泰大使杭立武請教，如何能以解決這個問題？他本著鄉長愛護晚輩的態度告訴我：「這是一樁麻煩的事，最好不要碰它，免得引起許多麻煩。」有一次我和總統府秘書長馬紀壯陪同泰國他儂元帥遊覽日月潭，當晚無事，我想向馬秘書長請示孤軍問題，他卻避而不談，因為他曾擔任過駐泰大使，對於其中複雜請況，知之甚深。每次回國，我都須面見外交部沈昌煥部長，報告在泰工作情況。有一次他指示：我的首要任務是辦外交，對於華僑的工作，儘量讓辦僑務人員去做，暗示我不要多管孤軍的事情。我有幾次單獨晉見蔣經國總統，很想利用這個機會，把孤軍問題提出來請示。但有人告訴我，蔣於五十年代，曾深入泰緬邊區探訪孤軍，對他們的各種情況知道得很清楚，貿然提出這個多年無法解決的問題，倘遭否決，以後就很難有轉圜的餘地。因而我對於這個難題，束手無策。

五、送炭到泰北

一九七七年十一月十五日，宋慶雲場長運送果苗抵泰。十六日中午經與泰王山地計畫執行長巴文教授商妥行程，十八日我們同機飛往清邁。十九日乘車前往安康農場，途經萬養難民村，我要他們停車稍作了解。這是我第一次踏足萬養，不認識任何人。詢問在路邊　遊戲的孩童，村長是誰？他們說是楊新植。我要村童領路去拜望村長，走到門口，卻撲個空，楊村長不在家。村童帶我到忠貞中學，看到一位老師谷學淨。因爲我們要上山趕路，不能在此多作耽擱，祇問問學校的情況，看到教室簡陋破舊，村童衣衫襤褸。我想到貧窮學童連每月二銖的學費都無力交付，遂贈送泰幣一千銖，補助學校中貧寒學童的學費，聊盡一點心意。

一九七九年三月二十六日，農村復興委員會秘書長李崇道偕同農經專家王友釗、毛育剛等人，應泰國堅塞總理邀請，前來泰國考察農業發展。二十七日，我們同赴清邁，乘泰國軍方直昇機，降落在黃果園軍方農場，我國派在這裡的農技專家鄭希焜上前迎接，並向我們簡報中泰農業合作進行情況。鄭希焜是一位優秀的農技人才，與泰國軍方合作良好，他說黃果園與萬養難民村相距不遠，我請他開車，送李秘書長一行去看看萬養難胞的生活情況。村莊

沈代表（穿西裝）由救總難民工作團長龔承業（穿紅夾克），陳茂修將軍（穿黃夾克）陪同訪問泰北難胞

裡種植些龍眼、荔枝，由鄭專家教導他們栽種，尙未開花結果。村長楊新植出來迎接，談到難胞多靠種植馬鈴薯維生，因缺乏水源，收穫全靠天氣，一季收成，不足維持全年生活，大多數難胞生活都非常艱苦。李崇道秘書長甚表同情，贈送泰幣二千銖，我加送泰幣一千銖補助忠貞學校經費，表示對難胞的關懷。

一九七九年底，赤柬首領波布攻佔高棉首都金邊，屠殺無辜人民，引發難民潮，奔向泰國邊境，僅考伊蘭難民營一地就有十三萬人，其中華裔有一萬多人。中國人權協會理事長杭立武博士派中泰支援難民服務團前往營區服務，第一梯次人員，由韓定國擔任團長，團員中有名醫方中民及民謠歌手侯德健等人，他們在服務高棉難民期間，聽說泰北有中國難胞。一天，他們去到清萊美斯樂難民村，看到難胞三餐不繼，難童衣不蔽體，傷殘孤軍缺乏醫療，激起他們主動爲泰北難胞服務的熱誠。他們回到臺北，奔走呼籲，募集一筆善款，在美斯樂難民村山邊，搭蓋幾間茅屋，把斷臂缺腿的傷殘孤軍收容在一起，供給他們衣食，教導他們手工藝，冀盼他們重新站立起來。

一九八〇年初，大陸災胞救濟總會邀請中國電視公司名記者湯建民赴泰北難民村訪問，對難胞的生活作了實地的報導，居住在臺灣的同胞，從電視畫面上，看到同是中華民族的兒女，卻流落在異域，過著原始的生活，激起了國人對泰北難胞的關懷。有人紛紛解囊，出錢救助，有人奮不顧身，冒險前往泰北難民村，參加救助工作。中視公司成立愛心專戶，第一批收到善款新臺幣九三四、四八〇·五元，支援治平小學建造教室四間，辦公室、儲藏室、會客室及男女廁所各一間。第二批收到善款新臺幣九三七、二四七元，指定作爲救助泰北殘障難胞之用。第三批收到善款新臺幣一、四四九、五一八元，指定作爲傷殘難胞裝配義肢之用，獲得了實際的成效。

一九八二年二月三日下午五時四十五分，名作家柏楊（郭衣洞）伉儷乘泰航飛抵曼谷，同時抵達的有經濟部部長張光世及臺泥董事長辜振甫，他們是前來參加亞洲理工學院理事會會議，我親往機場迎接。因爲我不認識柏楊，同時機場內人頭擁擠，無法尋找。我接到張、辜兩人後，不能久候，祇好先行離去，趕往參加亞洲理工學院理事會主席他納柯滿在總統飯店舉行的酒會。深夜歸家，我妻告訴我：晚間有一位郭先生打電話來，說他是坐過牢的，怪我未到機場迎接，明天他要到辦公室見我。第二天上午十時，我見到柏楊夫婦，一再向他道歉。他要去清萊訪問各難民村，要我寫信介紹。我勸他不要去那裡，因爲最近泰軍與坤沙部隊在滿星疊發生戰爭，地方很不安寧，清邁各難民村，難胞生活情況相同，不必去清萊冒險，去清邁難民村訪問是一樣的。我說這些話，完全是出於善意，他卻誤會我在阻攔。

柏楊先生不顧我的勸告，竟去清萊各難民村訪問了幾天。回國撰寫「邊區、荒域、毒三角」一篇長文，在中國時報連載多日，報導泰北難胞生活艱苦情況，順便也在文章中罵了我三次。他在文章中說：他在訪問難民學校時，看到學童讀的課本都是舊書，可是他卻看到僑務委員會寄來的新教科書，堆滿在我的辦事處走道上，而不轉發給難民學校。實際上，僑委會贈送給泰北難民學校的教科書，都是直接寄到清萊、清邁兩個難民聯絡辦事處。我在曼谷的辦事處，那裡會有教科書堆積不發。不過經他這一報導，我卻出了名，有許多熱心的讀者，紛紛打電話詢問外交部，指責沈員不關心難胞子弟教育，我雖受了一點冤屈，他的大作確能轟動一時，讀者對泰北難胞的處境，紛表同情，經中國時報收到的善款，達到新臺幣三、五九一、三四五元。經該報副社長金曄、副總編輯高信彊與柏楊商定，設置泰北難民學校清寒學生助學金八百名額，前後辦理四個學期，嘉惠難胞子弟。

中正理工學院教授陳友旺，是一位具有愛心和熱誠的學人。三十八年逃難時，他才十三歲，隨軍來臺，在新軍裡當個幼年兵。後來憑藉他個人堅苦奮鬥，完成學業。他的賢妻黃麗春在中央研究院任職，是世界第一位試管培養竹種成功的科學家，育有一子一女，家庭幸福美滿。陳教授看到傳媒上對於孤軍在泰北奮戰求生的報導，勾起他幼年從軍的回憶，激起他的滿腔熱忱，辭去教職，投身泰北難胞服務工作，深入泰緬邊區，遍訪各個難民村。回臺後，在臺北聯合報上，發表一篇「泰北難胞的呼聲」，得到聯合報發行人王惕吾的支持，由該報收集到第一批善款新臺幣二百三十萬元，分配給帕當難民村作為生產補助金、貧困及老弱殘疾難胞生活補助費用。第二批善款新臺幣二百三十萬元，照陳友旺的意見，分配美金三萬六千二百八十五元二十四分，作為泰北難胞子弟就讀泰文學校獎助學金；餘款分配清萊地區難民聯絡辦事處美金二萬元，清邁辦事處美金一萬元，作為孤苦無依難胞救助金，另以美金一萬元交清萊辦事處，作為難胞急難救助之用。第三批善款新臺幣一百二十萬元，分配美金五千元，改善帕當難民村「安養中心」內部設備；分配美金六千元，辦理重大疾病傷亡及意外災難救助之用，分配美金三萬元為作戰受傷及孤苦病患的生活費。全部善款都用在救苦救難的工作上。

流落在泰緬寮山區裡的難胞，消息被隔絕了一二十年，現經臺北各大傳媒、電視、電臺、報紙、雜誌，連續不斷的報導，引起民間各大社團及許多愛心人士，紛紛伸出援手，解囊相助，就我所知社團中，有世界紅卍字會臺灣分會、扶輪社、獅子會、弘化同心共濟會、中國佛教會、高雄佛光山、榮民總醫院、電視學會、中廣公司、臺視公司，都捐贈大量善款，交由大陸災胞救濟總會，依照指定用途，分配給泰北各個難民村，作為救助費用。我所知道愛心人士中，有教育事業協進會理事長王廣亞先後捐贈新臺幣一百萬元及美金一萬元，作為泰北難民子弟獎學金。加拿大華僑李光天捐助美金四萬五千元，五股朝聖宮董事長屠國光捐助美金一萬五千元。最令人感動的，是一位軍中身罹重病的士官張平海，臨終遺言，將一生積蓄新臺幣六十五萬元，悉數捐助，由陳友旺教授親自攜往泰北，作為修建帕當難民村「安養中心」的經費。

為救助泰北難胞，臺北市第一國際同濟會，於一九八二年七月十四日晚間，在國父紀念館舉行義演晚會，中間穿插名畫義賣，由王大空、張曉風主持。畫家徐令儀、江明賢、蔡友、楊英風、楊大霆、李可梅等人捐出的國畫，當場義賣。演唱會及義賣的所有收益，由基督教互愛會，於八月初，攜往泰北，為聯華新村購置一部交通車，並為其他難民村成立醫療農技與教育補助基金。

臺視、中視、華視三臺聯播「送炭到泰北」，臺北市演員工會熱烈響應，於一九八四年元月，發動演藝人員義賣義演。在這期間，適值我回國述職，一天中午，演員工會理事長前來看我，談及演藝人員義演，全部所得救助泰北難胞。我對於他們此項善舉，表示衷心敬佩與感激，但是泰北難胞處境特殊，此事只能做，不能宣揚，以免增加他們的困難。因為他們幫助泰軍剿共，必然遭受泰國左派的反對與中共的壓力。他們聽我說這樣的話，甚表不悅。義賣不宣傳，那裡會收到好的效果。此次義演非常成功，共籌募新臺幣一千一百一十五萬三千一百三十八元，由該會籌組九人考察團，推民生報副總編輯陳啓家領隊，於同年四月二十六日赴泰，次日來處與我商定，全部善款分配給泰北四十二個難民村，指定作為興建灌溉飲水系統，修建難民學校教室，充實設備，以及救助難胞急難需用。

一九八四年六月二日，我利用外交部規定休假時間，偕妻赴歐美各國觀光，十四日飛抵紐約，我與在美國世界日報工作的資深報人馬全忠兄通話，他說：泰國政府於六月十二日決定，對泰北難胞採取嚴厲措施：(一)限令住在清萊、清邁及蜜豐頌三省十三個難民村的孤軍一律繳械，不得隨意行動，交由泰國第三軍監管。原因是這些華人都是政治難民，而臺灣民間近年如火如荼推動「送炭到泰北」活動，引起泰國當局側目，並引來中共壓力。(二)關閉設在泰北難民村的中文學校。泰國當局認為，這些中文學校的教科書全由臺灣供應，違反泰國學校不得教授中文的教育政策，應由泰國教育部開設泰語學校取代。我得知此項消息後，因不明實際情況，內心深感不安與憂慮。

十九日，我在達拉斯女兒康麗家，與駐休斯頓辦事處副處長王愷兄通話，他說：外交部有電報來，要我儘速返回任所處理。我奉令後，急速束裝，兼程飛回曼谷，二十六日午間抵達，下機後，即至辦公室，召集館員會商解決之道。大家認爲：泰國政府此次對泰北難胞所採取之各項措施，目的在加強泰化，防止中共滲透，對我方影響不大。惟今後我對泰北難胞的救助工作，應特別注意與泰方密切配合，不要違反泰國的政策。泰方認爲：過去最高統帥部設在清邁的零四指揮部，對泰北難民村管理鬆懈，現改爲三二七指揮部，交由泰國第三軍管轄。在十三個難民村中，共有難胞一二、三四九人，已有三千人取得泰籍，八千人有居留證。凡取得居留證者，屆滿五年，即可歸化爲泰籍。此項措施，對難胞有利無害。現有十四所難民學校，過去歸泰國教育部管轄的只有六校，其餘八校由難民村自行辦理，完全教授中文。今後全由泰國教育部接辦，派駐泰文教師教授泰文。惟在正式上課時間以外，難民學校仍可利用清晨六時至八時，下午五時至七時，教授中文。對長期居留在泰的難胞子弟來說，他們學會泰文，對於他們長大後的生活與工作發展，會有好處。

七月十八日，我在家中宴請泰國最高統帥部參謀長巴莫上將等有關官員，席間談及泰北難胞問題。他說：泰國政府自一九七〇年開始，即對滯留泰北的中國難民，決定實施泰化政策，多年來因剿共行動，未能貫徹實施。現泰共平息，此項政策，勢在必行。惟對我方救援泰北難民工作，幫助他們發展農業，不受影響，仍可照常進行。一場風波，暫告平息。

六、開啓救援之路

我爲了瞭解泰北難胞實際情況，曾分別與第三軍軍長段希文及第五軍軍長李文煥秘密會晤。他們告訴我：一九六一年，孤軍第二次撤臺時，他們不是不聽從命令回國，而是經由秘密管道，奉令留下，以備他日反攻大陸之用。當時兩軍各有千餘人，經過連年協助泰軍征剿泰共，傷亡數百人，現有兵力約五百人，僅靠泰方爲數甚微之補給，實不足以維持生存。孤軍困處山中，平昔種植玉米雜糧，亦不夠維生。李文煥將軍的大小姐李健圓在清邁家中開設小型玉石工廠，有時賺點錢，尙可稍有補助。段希文將軍僅靠私人向親友借貸，來維持官兵生活，最後借貸無門，他把自己在曼谷一棟私宅賣掉，也不夠養兵，他實在已經無力再撐下去。我對他們的處境，非常同情，可是我感到自己人微言輕，非借用大力，不能解救他們的困難。

(一)國府伸出援手

我想到行政院退除役官兵輔導委員會，對於流落海外孤軍的生活，應該出點力，救助他們。由於輔導會奉命協助泰王山地計劃，趙聚鈺主任委員常來泰北視察業務，他對中泰合作發展泰北山地農業的成功，甚感滿意，對於我在泰國的工作績效，也表稱許。有一次他向我說：「經國總統很信任他，問我有何事?他可以幫忙。」我說希望他對於流落在泰北的孤軍，能伸出援手，予以救助。趙主任委員當表首肯。以後每當他來泰北視察業務時，我都安排段希文和李文煥兩位將軍與趙晤談，以便段、李向趙報告孤軍的現實狀況。有一次，經我安排，趙主任委員一行人員，於視察安康農場後之次日，準備搭乘皇家直昇機，飛往美斯樂基地，去看段希文的部隊。清晨七時，我們乘車到達清邁機場，直昇機正在升火待發。大家看到四週山頭濃霧迷漫，隨從人員為了趙主任委員的旅途安全，建議取消此行。雖然我已先行通知了段希文，在美斯樂等候，但我也不敢勉強他，遂臨時取消此行。

一九八〇年二月二十六日，我偕趙聚鈺主任委員一行，隨同泰王視察安康農場。二十七日清晨，經事先安排，由泰軍零四指揮官巴塞上校（Col Prasart Noisetr）與段希文將軍陪同，乘泰軍提供的直昇機，先至零四指揮部，聽取簡報，繼飛往清萊美斯樂，約四十分鐘抵達。下機後，見到孤軍與學生排列路旁，鼓掌歡迎我們。孤軍穿著破舊軍服，面黃肌瘦，學生衣衫襤褸，赤腳光頭。趙主委在這萬山環抱的荒野，看到這群流落在異域的孤軍弟兄們，非常激動。他在講話時說：「大家在海外辛苦了！我今天代表政府來看望大家，慰問大家的辛勞。你們在海外，忠貞愛國，數十年如一日，我非常敬佩。你們生活艱苦情形，段希文將軍已和我講過，今天我看到大家，更加瞭解。我回國之後，一定請求政府來幫助你們。你們的子弟在這山區裡唸書，無法升學。我今天可以告訴你們，今後輔導會每年提供五十名獎學金，供給你們子弟免費回國升學。」難胞聽到立即響起一片掌聲。段將軍堅持要我講幾句話。我藉此機會，介紹同來的泰軍零四指揮官巴塞上校，輔導會農業處劉慶生處長，榮工處嚴孝章處長、福壽山農場宋慶雲場長等人，與孤軍弟兄們見面。午間，段將軍宰了一頭牛，招待我們與高級人員會餐，席間我們會見到參謀長雷雨田及華興學校校長熊定欽等人，談到他們初來到這原始森林裡，開荒耕種謀生的艱辛，令人聞之心酸。此行使趙主任委員深受感動，表示願盡力救助他們。我心裡多年的盼望，乃終獲實現。

趙主任委員回國之後，面報蔣經國總統。總統對孤軍流落在泰緬邊區的經過，甚爲瞭解。他明確的指示說：「輔導會不能出面去救助他們，以免給人口實，說政府又來補給他們，招致國際爭議，今天應把他們視爲從大陸逃出的難民，救助工作，可交由大陸災胞救濟總會去做。」

同年五月七日，我在家晚宴段希文將軍。席間，我把這一好消息，告訴了他，他甚爲欣喜，但遠水救不了近火，他面臨的問題，是弟兄們沒有飯吃，是燃眉之急。他自己已到水盡山窮的地步，不知道政府的救助，何日能夠到來。他這一急，竟引起心臟病發，於六月十八日逝世。

段希文的父親，是國府監察委員段克昌。家學淵源，他從雲南講武堂畢業，曾任國軍五十八軍一二六師師長，兼任漢口警備司令，捍衛華中重鎮，是一位踐履篤實的儒將。他率領第五軍戍守泰緬邊區，屢建戰功。我聽到他逝世的消息，感到非常的難過與沈痛。

一九八一年二月十二日，救總理事長谷正綱先生赴歐洲出席世界反共聯盟會議，途經曼谷。晚間，我送他上飛機，我們坐在華航貴賓室裡，我向他簡報泰北難胞生活艱苦情況。我說：「泰北難胞大多數是從雲南逃難出來的，都是你的雲貴子弟，你是他們的家長，盼望你能伸出援手，救助他們。」谷理事長聽了我這番話，甚為動容。他說：救總理監事會已於上年十一月八日通過「改善泰北難胞生活及發展難民子弟教育計畫」一種，正在準備付諸實施。他回國之後，復在中央常會，提出對泰北地區難胞就地輔導救助計畫，請求政府撥專款救濟。由於谷先生的聲望，常會無異議通過，交政府各有關部會籌措經費，由大陸救災總會負責執行。

㈡泰方提出請求

在泰國堅塞總理執政期間，我與他交往頻繁。從他平常言談中，我深深體會到，他對泰北孤軍的愛護，無微不至，說他把孤軍視為子弟兵，也不算過份，因而常常引起左派人士的惡意攻擊。他不願我官方人員公開與泰北孤軍接觸，其意即在避免國內外的非議，以免增加孤軍處境的困難。

一九八〇年二月廿九日，堅塞總理宣佈內閣總辭。三月三日，由國防部長兼陸軍總司令的秉上將（Prem Tinsulanonda）繼任總理。當年九月柿育上將（Saiyud Kardphol）出任最高統帥部參謀長，次年升任最高統帥，他是一位學養深厚才華卓越的軍事家，對剿共戰略戰術素有研究，平日愛好高爾夫球運動，且是其中高手。我和他球敘時，他常指導我打球技術，並贈送他自己撰寫的「高爾夫球練習法」一書，讓我參考。

參謀總長宋長志伉儷（右三、四）訪泰與沈代表夫婦（右一、二）合影

當時，越共派大軍支援赤柬，攻佔高棉，兵臨泰國邊境，不斷與泰軍發生軍事衝突，而泰共與苗共又在泰國北部及中部山區從事武裝顛覆活動。泰南馬共與回民正在積極進行分離運動，泰國面臨的情勢，岌岌可危。我深爲泰國當前處境擔心。有一次我詢問柿育上將，泰國如何對抗當前共黨的威脅。這一問題，引起他的興趣，他便和我大談泰國抗共的戰略戰術，我對他說：「我政府反共數十年，對於剿共很有經驗，我們願意提供此項經驗，倘泰國同意，我國可以選派反共專家，前來協助泰國。」柿育上將當即拒絕說：「你們的反共，是失敗的經驗；我們現在進行的反共策略，將來一定可以成功。」

柿育上將繼續談到泰軍圍剿泰共的策略。他說：「泰軍在泰共盤據的山區四周，設立自衛村，村民平時從事農業生產，遇到泰共進擾時，他們可以起而自衛，防堵泰共活動，此項措施推行以來，效果很好」。我乘機說：「據我所知，泰軍已將泰北十三個中國難民村，列爲自衛村，他們自衛的能力很強，但是生活條件極差，我國願意幫助他們發展農業，改善他們的生活，不知泰方有何意見？」柿育上將甚表贊同。我遂建議，由泰方邀請我國高級官員前來訪問，雙方當面商談此項問題。

一九八二年五月二十日，我國參謀總長宋長志上將夫婦應邀抵泰訪問。次日上午十時三十分，我陪同宋總長赴泰國最高統帥部拜會柿育上將。由柿育上將向宋總長簡報當前泰國所面臨軍事情勢以及泰共活動情形。晚間，柿育上將設盛宴歡迎宋總長一行，泰方高級將領作陪，賓主盡歡。廿二日清晨，柿育上將親自陪同宋總長搭機赴清邁，下午一時，安排我們在一起打球。柿育球高一著，我們都不是他的對手，晚間同席飲宴時，他暢談球經，順便提出要求我國支援泰北剿共問題。他說：「泰國剿共最大的困難，就是泰北山區交通困阻，兵員運輸及補給，極爲困難。他舉帕當爲例。帕當是泰寮邊境的軍事要地，位於海拔一千六百餘公尺的崇山峻嶺間，地形突兀，道路險阻，旱季尚可由人員騾馬揹負糧米彈藥上山。雨季道路隔絕，村民斷米缺糧，泰軍派

沈代表（右）向泰國最高統帥柿育上將（左）贈送兩部開山機，修建泰北難民村道路

直昇機空投補給，有時遇到山上驟雨濃霧，會誤投到泰共地區。現在泰軍計劃要修建一條戰略公路，從山下直達山頂，此路修成，帕當自衛村的補給，就不會再有問題。」二十四日，我們同機回到曼谷。二十五日，我陪同宋總長訪問泰國安全指揮部，聽取有關泰國安全的詳細簡報，繼拜會副總理森上將（Gen. Serm Na Nakhon）。森上將曾任泰國最高統帥，兩人亦曾談及泰國安全問題。二十七日清晨八時，由我與柿育上將陪同宋總長拜會秉總理，秉總理向宋總長提出中泰合作剿共問題。宋總長返國後，向政府報告，建議我國支援泰北剿共工作，經層峯核可，原則同意。

一九八二年七月二日上午八時，外交部次長錢復夫婦由歐洲返國經泰，當天下午一時三十分，我陪他去拜會泰國最高統帥柿育上將，次日清晨八時三十分，拜會總理秉上將，他們兩人都與錢次長談及中泰合作剿共問題，並要求我國選派專家，支援泰北難民村發展農業。錢次長返國後，邀集各部會會商，決定我方支援泰方興建通達帕當難民村的公路經費，並選派專家前往泰北從事救援工作。

我把我方爲了配合泰方自衛村計畫，決定派團前來輔助泰北十三個中國難民自衛村的農業發展，支援泰方在泰北山區修築戰略公路的構想，告訴了柿育上將，並先贈送開山機兩部，當時約定於九月十八日，在清邁軍營舉行贈車典禮。當天清晨七時，我搭泰航班機飛往清邁。十時趕到軍營，由最高統帥柿育上將親自接收，參加典禮的有泰軍官兵及我國難胞代表李黎明、李健圓等多人。柿育上將在講話時，除對我政府支援泰國自衛村表示謝意外，並告誡泰軍官兵說：「這些站在你們面前的中國難民，就是因爲他們政府不能團結一致抵禦共黨，以致今日流落異域，希望泰國軍民不要再重蹈他們的前轍」。我聽了之後，羞愧得無地自容，乃對難胞代表說：「今天你們已經淪落爲難民了，不要再分三軍五軍，相互鬧意氣。應該彼此愛護，同心合力共謀改善生活。」

(三)中泰合作修路

一九八二年九月二十四日，我往晤柿育上將，轉達我政府願意配合泰國最高統帥部所提泰北自衛村輔導計畫，選派一個工作團，前往泰軍管轄的泰北十三個難民村，輔導難民發展農業，改善他們的生活。並願意提供修建帕當公路的經費，請泰方告知修建計畫及所需費用。柿育得悉，甚表欣慰，並致謝意。惟因通往帕當山路險阻，苗共時常出沒，泰方無人願意冒險前往測量，以致修路計畫遲遲未能提出。

十月一日，我在家歡宴亞洲理工學院中國同學數十人，他們都是國內各大公私機構選送來泰國進修的年輕優秀的工程人員。飯後，我講述中國難胞在泰北山區生活困苦的情況，引起他們的興趣，紛紛表示願意前往探訪。我建議他們利用今年寒假，組織一個考察隊，由學水利及土木工程的同學，自動報名參加，前往帕當難民村，協助泰軍測量從山腳到帕當山頂的公路，並爲難胞設計水源，解決他們的飲水問題。寒假來臨，亞洲理工學院大多數中國同學，都飛返臺灣省親，留下十位熱心同學參加測量隊，經事先安排，請泰軍保護，難胞帶路。

他們在十一月四日飛往清萊，五日搭車到昌堪縣，六日開始從山腳步行爬上帕當難民村，全程十五公里，沿途測量，繪成公路藍圖，預估約需泰幣一千四百萬銖。當時泰幣兌換美金是二十五比一，需美金五十五萬元，經呈報外交部，奉令核准。我轉知泰方，準備開工。

輔導會主任委員鄭爲元將軍（右三），沈代表（右二），宋慶雲場長（右一）與泰北難胞子女合影

一九八三年九月十六日上午八時三十分，帕當公路舉行開工典禮，最高統帥柿育上將親往主持，邀我參加。我倆同乘直昇機，飛抵工地。儀式完畢，我倆同乘工程車，走了一段已經修好的路面，前面尚未修築的陡險山路，柿育上將限令於明年雨季來臨前，全線修竣通車。當時我感到非常愉快，我已爲中泰合作救援難胞打通了道路。

回程，直昇機在美斯樂難民村大操場上降落，雷雨田將軍率領孤軍高級人員站在路旁迎接。他們看到我與柿育上將並肩下機，感到驚訝。因爲這是我正式以中華民國代表的身份，應泰國統帥的邀請，前來慰問他們。雷雨田陪同我們參觀沿路邊展出的農業成果，我看到有核桃，這是泰國平地不能生產的溫帶水果，我鼓勵他們多種核桃樹。午餐時，我曾向他們說明，我國將派農業專家，前來教導村民種植溫帶果樹。餐後，我們飛往清邁一個軍營降落，柿育上將主持授田典禮。他將土地權狀，頒授給在場的難胞，我看到難胞從柿育上將手中接到一張張土地權狀的喜悅表情，非常感動。我對李文煥將軍的大小姐健圓說：「泰國政府對我們難胞太好了，他們將泰國的土地，分配給我們難胞耕種，你們就是在自己的國家，也得不到如此好的照顧。盼望你們能居住在這塊樂土上，奉公守法，安居樂業。」

一九八四年二月十九日，輔導會新任主任委員鄭爲元上將，應泰國皇家邀請，蒞泰視察該會支援泰王山地計畫。二十一日，我們同機飛往清邁，晚間應泰王歡宴。次日清晨，拜會二五指揮部，由指揮官陪同，搭直昇機飛抵帕當，孤軍弟兄列隊歡迎。鄭上將巡視泰寮交界前線，看到站在山嶺上中華健兒持槍荷彈爲泰國戍守疆土，與他們親切握手慰問。孤軍官兵第一次看到國軍高級將領親來慰問他們，心中感到無限的溫暖興奮。

七、救總泰北難民工作團

一九五三年十一月，泰北難胞上書先總統蔣公，陳述他們流落異域生活的慘狀，請求救濟，大陸災胞救濟總會奉命前往辦理急賑。救總副理事長方治先生，曾於一九五九年六月及一九六四年十一月兩次赴泰北各難民村視察，認爲應視當地情況及難民需要，積極予以有效救濟。嗣因國際情勢改變，對於泰北難胞救濟工作，遂告中斷。

(一)送果樹到美斯樂

我國爲了支援泰王山地計畫，每年春天，空運果苗到泰北，分配給山民栽種。一九八一年三月十日，宋慶雲場長運來桃柿果苗五千二百株。我與宋場長情商，分配桃柿果苗五百株給美斯樂難胞栽種，他欣然同意。我便邀他和畜牧專家余如桐博士等人於十三日晚間飛抵清邁，次日清晨，我們攜帶果苗，乘專車前往清萊。午餐後，承蒙陳茂修、楊國光二位陪同，驅車上山，沿途全是土路，塵土飛揚，山坡陡險，車行顛簸緩慢，及至日落西山，天色已黑，尚未到達。雷雨田將軍顧及我們途中安全，特派一隊士兵，手持步槍，前來迎接。我們到達堅塞賓館（爲紀念堅塞上將對孤軍的照顧而建造的一棟招待所），當面將攜來的果苗贈送雷將軍，他立即指令村民，連夜栽種下去。

飯後，我們促膝長談。雷將軍述說孤軍缺乏接濟，官兵生活大成問題，他爲籌措經費，內心痛苦萬分。他說：「這付重擔，段希文將軍都擔負不起，他爲籌措官兵生活經費急死之後，把這付重擔交給我，我如何能擔負起！」我安慰他說：「國家都養不起兵，私人怎能養得起兵。往昔中國養不起兵，就在邊疆實施屯田制度，教導士兵就地耕種生產，自給自足。古書上說：『有人斯有土，有土斯有財。』你們現在有的是人力，又有土地，可以從事生產，所缺乏的是資金與技術。今天與我同來的宋慶雲場長是果樹專家，可以教導你們種植桃、李、杏、梅等溫帶果樹。余如桐博士是畜牧專家，可以教導你們養豬養牛，所需果苗及豬種等有限資金，我們可設法提供。」雷將軍問：「種植果樹幾年可以結果？」宋場長答說：「桃樹三年就可結果，蘋果需要五年。」雷將軍笑了。他說：「三五年後，我們早就餓死了。」我再度安慰他說：「不要悲觀，天無絕人之路。古詩說得好：『山窮水盡疑無路，柳暗花明又一村。』只要我們肯拚命苦幹，總可拚鬥出一條生路！」當晚大家議定，為美斯樂設立一所果園。

雷雨田將軍（右四）向沈代表（右二）解說果苗生長情況，宋慶雲場長（右三）鄭希錕專家（右五）

次日清晨，我們走訪難民村，全村約有千戶人家，大都是茅屋草舍，村民靠種菜維生，因為村民不會種茶及製茶技術，收入有限。茶種是堅塞上將透過我國軍方要來的。他又向我方要來一部製茶機器，大而無當，村中既缺乏電力，又因生產的茶葉數量有限，不足以供應製茶機器所需，以致遠道運來的製茶機器，棄置在廠房內，深為可惜。

我們走出村外，察看山坡農地。經宋場長仔細考量，選在一條小溪旁邊的山坡上，開闢作爲果園，種植我們帶來的果苗，因爲這裡有溪水可以灌溉。同時余如桐博士爲村民設計一種簡易的豬舍，願意教導村民養豬技術，並願提供優良的豬種給他們飼養。宋場長和余博士都是我私人邀請來的，他們看到難胞生活的艱苦，激起他們的愛心，志願要爲難胞服務，義務幫助難民村興建示範果園及養豬場，後來均有很好的成效。

㈡救總派員訪問難民村

我履任六年多來，用盡心思，經過多次折衝，終於說服泰方，同意我國選派農業技術人員，前往泰北難民村，協助他們發展農業，改善他們的生活。我國政府爲了配合泰方此項請求，經有關部會會商決定，由大陸災胞救濟總會出面救助，所需經費，由相關部會支付。泰北難胞與政府斷絕了二十年的連繫，總算有了轉機。

救總爲了瞭解泰北難胞實際情況，指派該會顧問甯鴻賓、海外組長湯振熹，科長蔡亢生，偕同僑務委員會副處長溫堯珍及中央社記者邱勝安一行五人，前往泰北各難民村考察。他們於一九八一年九月廿五日飛抵曼谷，當晚，我在家中設宴歡迎，飯後向他們說明目前中泰關係及泰北難胞處境與生活的困難。爲了協助他們順利完成考察任務，我請本處顧問曾翼璋及支援泰王山地計畫的兩位農業專家林清油和莫國中，陪同他們前往。

他們從九月二十七日開始，先飛往清萊，到滿堂、美斯樂、滿星疊、老象塘、孟安、治平、芒岡、永泰、中興、回鵬、聯華等難民村，與各村負責人及學校校長談話，探詢他們生活所面臨的各種問題。十月四日，他們轉到清邁，訪問了熱水塘、黃果園、景乃、唐窩、馬康山、萬養、大谷地、密豐頌省的開弄、丙弄、密窩及達省的美索等難民村。他們花了將近一個月的時間，深入泰北山區，對難胞生活的苦難情況及實際的需要，有了透澈的認識。

十月二十日，救總考察難民村人員返回曼谷，次日我邀請他們與本處業務有關同仁開會，聽取他們視察泰北各難民村情況，並研討今後如何開展救助難胞工作。會中獲得初步共識，有以下幾點：(一)協助美斯樂、帕當、大谷地、馬康山等難民村，建立示範果園；(二)協助永泰等難民村，建立示範養豬場；(三)輔導各難民村，試辦農村合作社；(四)在人數眾多的難民村，設立醫務所，提供免費醫療服務；(五)在美斯樂及熱水塘難民村，成立手工藝訓練班，教導難胞謀生的技能；(六)補助各難民子弟學校經費，用來改善校舍及設備；(七)選派農業專家，協助難胞增加農業生產。在救總農業專家未到之前，商請現在泰王山地計畫工作的三位農業專家林清油、莫國中和于洞路，利用空檔時間，輪流巡迴各難民村，教導難胞栽種蔬菜果樹；(八)在清邁、清萊兩地區，分別成立難民聯絡辦事處，負責區內各難民村與學校的聯繫，並協助辦理各項救助工作。清萊地區聯絡人，商請雷雨田將軍同意，由陳茂修擔任；清邁地區聯絡人，商請李文煥將軍指定楊欣然擔任。由於他們的熱心努力，對難胞的救助工作，發揮了很大的功效。

救總這次派員前來泰北難民村探訪，可以說圓滿達成了任務，並爲今後救助難胞工作，奠下了良好的基石。其中使我終生遺憾的，就是本處顧問曾翼璋兄，這次陪同他們深入泰北山區，奔波勞累，使得他胃癌復發，竟為難胞工作盡瘁逝世。曾翼璋兄，原是我政大同期畢業的校友，他唸的是經濟系，在校並不相識。他進外交部工作，比我資深，曾任駐非洲利比亞代表。為了便於他返國治病，於一九八一年六月五日，調任本處顧問。他的學識能力，為人處事，都是不可多得的外交人才。有一次錢復次長路過曼谷，問到翼璋兄的工作。我由衷的稱讚說：「他是一位最佳的館長人選。」不久他回臺北治病，不幸英年逝世。我總覺得，我與他共事短短數月期間，未能善盡照顧他的身體，使我內心愧疚不已。

(三)初期救助工作

救總對於泰北難胞的救助，根據實地考察結果，作了通盤檢討。本諸扶助他們就地謀求自立更生的原則，按照他們的實際需要，分別緩急，選擇重點，擬訂近、中、遠程救助計畫，循序先後實施。

為了推行救助工作，救總於一九八二年十月，組織泰北難民工作團，由湯振熹組長兼任團長，並向軍方借調龔承業上校擔任執行秘書，分為農牧、教育、醫護及手工藝四個小組，前往難民村服務。十一月十九日，工作團團長湯振熹、執行秘書龔承業及專家一行九人飛抵曼谷。次日上午在本處舉行工作會報。湯團長首先報告救助泰北難胞近程計畫內容。他說：「(一)公費接運泰北難胞子弟回國升學，自一九七九年開始有五十六人，一九八〇年有九十四人，一九八一年有一百三十二人，經協調教育部先分發師範、農業、醫護及商工等五年制專科學校或高級職業學校就讀，學成後回難民村服務。(二)籌措教育補助經費新臺幣六百六十萬元，分配給三十四所難民子弟學校，修建校舍及添置桌椅之用。(三)設置清寒學生助學金八百名，每名每月二百銖，協助貧苦難胞子女就學。(四)供應四萬株果苗，分配給各難民村栽種。商請陳惠藏專家來泰服務，教導難胞種茶。(五)工作團農業小組有林武玄、林廣煌二人，一位是果樹專家，一位是一般農作物專家；教育小組有林景春及羅翼二人，分別指導國中及國小教學；醫療小組有醫師黃寶凱、陳天龍及護理長鄭雲。手工藝組有吳麗琴，輔導技藝。全團先集中駐在美斯樂，輪流巡迴各難民村推展工作。」

我在會中提出幾項應該特別注意的事項：「(一)救總派工作團前來救助泰北難胞，這是我多年的願望，今天得以實現，衷心感到歡喜，並表示熱烈歡迎。(二)泰北山區是一個艱苦地區，泰北難民村又是一個複雜的環境，工作團前往服務，盼能本諸愛護難胞的熱心，做份內的救助工作，幫助他們改善生活；要入境隨俗，不要觸犯當地法令，捲入糾紛，引起麻煩。(三)我們這次能以組團前往泰北難民村工作，是應泰方要求而來，我們應配合泰國自衛村計畫，儘量與管轄難民村的泰軍二二五指揮部合作，協助難胞發展農業，就地生產，改善他們的生活。(四)在推行救助工作時，應尊重三、五兩軍領導人的意見，及各村村長的領導權，凡事應與他們協調溝通；得到共識後，才能去做，工作始能順利。」

工作團於二十一日抵達清萊美斯樂難民村，醫療組立即開辦免費醫療服務。第一天，難胞前來看病的，有一百五十多人，多數患的是營養不良、腸胃病、肺病、瘧疾、貧血、寄生蟲等病，使得黃寶凱醫師與鄭雲護理長兩人忙得應接不暇。後來爲了擴大醫療服務的需求，就地遴選資質優異的青年難胞，在晚間開班訓練檢驗及護理課程，培植醫護幹部，巡迴各個難民村，爲難胞治療疾病，甚受歡迎。

手工藝組於十一月間，在美斯樂難民村先後舉辦傷殘難胞及婦女手工藝訓練班，教授皮雕及編織技術。繼又開辦縫紉及車繡訓練，村中婦女踴躍參加，增進家庭副業。一九八三年六月中，工作團移駐清邁地區熱水塘新村，繼續開辦縫紉及皮雕手工藝訓練班，增加難胞謀生技能。

一九八三年五月七日，宋慶雲場長偕同種茶專家陳惠藏抵泰。十日清晨，我與他們同行，飛抵清邁。這時救總工作團兼任團長湯振熹因工作繁忙，已辭去團長之職，改由執行秘書龔承業接任。我們會同龔團長乘專車轉往清萊，當晚抵達美斯樂。次晨，雷雨田將軍陪同我們參觀新近設立的香菇培育場，在一段一段的木頭上，生長出黑色香菇，收集起來出售，有很好的經濟效益。這時雷將軍對農業生產已發生興趣，講述香菇培育方法，要求設立一座菇菌場，大量培植香菇。接著我們去看示範農場，栽種的果樹，已有三千多株，在專家們細心指導下，桃李杏梅，各種果樹，都生長良好，並傳授難胞培育果樹及施肥的技術。陳惠藏專家攜來臺灣優良的茶種，計劃在美斯樂山坡地，大量分配給難胞栽種。同時計劃在美斯樂設立小型製茶工廠，救總提供所需的製茶機器及技術人員。後來美斯樂生產的茶葉，非常有名，行銷泰國，對難胞生活的改善，有很大的幫助。

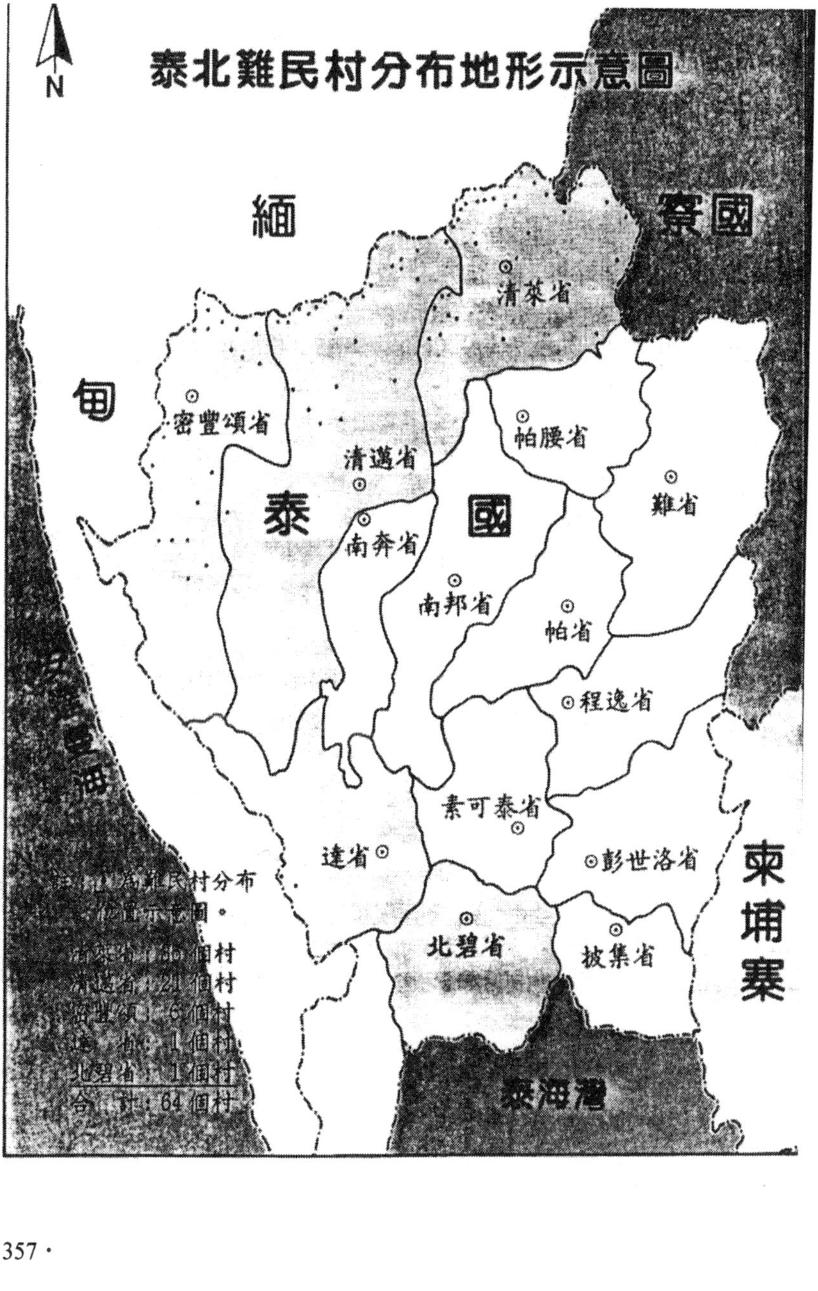
N
泰北難民村分布地形示意圖
緬
甸
寮國
清萊省
密豐頌省
清邁省
泰
國
帕腰省
難省
南奔省
南邦省
帕省
程逸省
素可泰省
達省
彭世洛省
北碧省
披集省
東
埔
寨
泰海灣
合 計：64 個村

十二日，我們一行人員，又轉往清邁安康農場。中午，途經馬康山，見到全村桃李花開，紅白繽紛，呈現一片新景象。村長王志明，陪同我們參觀示範果園，見已粗具規模。他說：「全村難胞現在都已種植果樹，桃李售價很好，一斤可賣二、三十銖，山下前來遊玩的旅客，爭著搶購，有的難胞，一年可以賺到數萬銖，生活已有顯著改善。惟因種樹過多，水源不夠，且因缺乏肥料，所結果實不夠碩大。」龔承業承允：救總將設法改善水源，並分給難胞肥料，同時在示範果園內，大量培育果苗，分送給難胞栽種。王村長盛情，堅留我們在他家中午餐，吃的是豐盛的雲南菜，看到他家的房舍，已改為磚墻瓦頂，家中桌椅陳設，煥然一新，家人都面帶笑容，不像我當初所見那種愁眉苦臉的樣子。

㈣興建水電道路

我國民間團體近年如火如荼推動「送炭到泰北」的活動，救總泰北工作團救援難民的範圍，超出了泰國軍方最初指定的十三個自衛村。泰文報紙不時報導，泰緬邊區的不法分子，從事販毒及軍火交易，有時利益衝突，大打鴉片戰爭，甚至說自衛村的居民，持械不許泰國政府官員前往某些據點，形成「國中有國」的惡意攻擊。一九八四年六月十二日，泰國政府發表措詞強硬的聲明，限令清萊、清邁及密豐頌三省十三個自衛村的自衛武器，一律繳械，交第三軍派兵駐紮監管，並關閉設在自衛村的華文學校。消息傳出，引起我政府的重視。

我為澄清泰軍對我方的誤會，特往泰北彭世洛第三軍區司令部拜會副軍長天猜

（Thienchai Sirisamphan），談及我國對泰北難民的救助工作，他說：「你們的救助工作，實際是在搞民族主義。」我回答說：「中國人散佈全世界，倘搞民族主義，一定會受到各國人民的排擠與歧視。我們期盼民族融和，像中國人在泰國一樣，相互通婚，融合爲中泰一家親。我國政府對泰北中國難民的救助，完全是應泰國政府的請求，協助他們發展農業，增加生產，興建水電道路，改善難民生活，對於泰北地方的安寧與繁榮，有百益而無一害。泰方將自衛村內的學校改授泰文，對於難民子弟將來在泰國的生存發展，有很大的幫助，他們自會接受。不過這些學生在課後，學點中文母語，也是泰國教育法規所容許的。」我說完這番話，天猜不再有異議。

爲使今後救助難胞工作能以順利進行，我建議救總及輔導會俟機邀請清邁、清萊及密豐頌三省省長和第三軍區司令及二五指揮官分批訪華，以加深他們對我國的瞭解，並增加雙方的友誼。

自一九八三年開始，救總透過本處居間聯繫，先後邀請泰國最高統帥部主管難民委員會主任委員瓦拉溫中將，及其所屬主管泰北難民事務的二五指揮官畢差少將、第三軍軍區司令等高級將領，以及清萊省長蒙特里（Montri Tnangarn）、密豐頌省長孔塞（Kongsag Lowmanomong）與清邁省長等地方首長多人，分批前往臺灣訪問農村建設，受到熱誠接待。他們看過臺灣鄉村經濟建設的情況之後，對於中泰合作，協助難胞，發展農業，建設地方，更具信心。自是之後，雙方合作關係，極爲良好，各項救助難胞工作，進行至爲順利。一九八四年二月十日，我去會見泰國最高統帥柿育上將，將我國對泰北難民自衛村救助工作提出簡報，說明帕當公路業已修建完成，發展山區農業，有了顯著進步，同時邀請他於二月十九日訪臺。柿育上將深表欣慰與感謝。

泰北難胞散居在泰、緬、寮邊境山區，綿延長達一千五百多公里，經四十多年來休養生息，逐漸發展，人數約有五、六萬人，形成六十四個難民村，佔地面積約有七萬餘平方公里。泰北山區有半年以上爲乾季，難胞飲水、灌溉均極困難。救總先後洽派水利專家前往考察，分別在美斯樂、大谷地、唐窩、熱水塘、帕當、正德、新寨、丙弄、景乃、密額、回達、回鵬、回莫、盤龍、三努茶房、孟安、賀肥、米索及密窩等難民村，興建大小蓄水池、水壩、水井及埋設輸水管等水利系統，解決難胞飲水與農業灌溉的需要。

難民村原有山徑小路，崎嶇難行，每逢雨季，泥濘不堪，對外交通，幾乎隔絕。救總工作團，經實地勘查測量，整修萬養、唐窩、帕亮、密額、熱水塘、新寨、大谷地、聯華、老象塘、美斯樂、帕當、回莫等難民村的對外交通道路，鋪設碎石及柏油路面，便於行走，亦利於農產品的運銷。

泰北各難民村所在的位置，均屬偏遠山區，普遍缺乏電力。救總工作團依照難民的請求，經洽泰國電力公司，配合泰國輸電系統主幹，提供資金，裝接大谷地、孟安、滿星疊、回鵬、回莫、唐窩、新寨、帕亮、老象塘、帕當、密額及聯華等難民村的電力供應系統，使得家家有了電燈照明，村裡有了電力供應農工生產。

爲因應難胞要求，救總工作團在唐窩、帕當、密額、密額、永泰、回莫、回鵬、大谷地、正德九個難民村興建診療所，並整修原設在熱水塘及美斯樂難民村醫務所的設備，提供藥品及必需醫療器材，派駐醫護人員，爲難胞診治病患。後經工作團協調，將其納入泰國地區醫療系統管理，由泰方指派醫療人員駐診。

歷年協助泰軍勦共受傷殘廢的難胞，他們曾經流落街頭，生活陷於絕境。經救總先請國內德林義肢公司，爲傷殘難胞裝配義肢一百八十八人，使他們重新站起來，恢復正常生活。後在熱水塘難民村，興建收容所一處，收容一百名傷殘難胞，供給食住，並按月補助生活費用。

(五)農業專區、旅遊景點

一九八六年十月三十一日，外交部政務次長丁懋時伉儷，應泰王山地計畫畢沙迪親王邀請，飛抵曼谷訪問。次日，我陪同丁次長飛赴清邁，當晚，畢沙迪親王以

畢沙迪親王（右五）陪同外交部丁懋時次長（左六）訪問美斯樂，在堅塞紀念館前，與沈代表（左四），巴文教授（左五），雷雨田將軍（右六）楊國光將軍（右二），張象錡諮議（左二），馮漢章專家（左一）合影

泰國傳統晚餐歡宴，並觀賞泰國傳統民俗舞蹈表演。十一月二日上午，我們乘皇家直昇機，先參觀皇家會日農場（Huai Luk Station），十時飛抵美斯樂難民村，由雷雨田將軍陪同，巡視果園茶場，沿途種植櫻花。中午在「梅花賓館」午餐，吃雲南菜。席間，丁次長與雷將軍以雲南鄉音交談，倍感親切。雷將軍說：「美斯樂原是孤軍設在泰緬邊境一個軍事基地，山野窮鄉，與世隔絕。近年獲得政府支助，興建道路水電，公路可直通清萊，家家有了水電，每當春季，櫻花盛開，桃李爭艷，引來許多遊客。爲了適應旅客需要，開設『梅花賓館』，供應食宿。限於資金缺乏，所能興建的房舍，既簡陋，又不夠用，擬向政府貸款美金五萬元，加建客房，俟有收益時，分期償還。」丁次長認爲此議可行。回國提出報告，經外交部批准。雷將軍運用這筆貸款，依靠山邊，建築十幾棟獨立客房，內有水電及新式設備，山色景觀幽美，招來更多遊客。美斯樂成爲泰北旅遊的一個景點，來遊玩的旅客，多少買點村中出產的茶葉水果及手工藝品，村民因而多了一項觀光收入。過去死氣沉沉的難民村，現今變成爲生機蓬勃的觀光旅遊勝地，這是當初未曾想到的。過去左派人士常以國民黨殘餘部隊在此走私販毒誹謗中華民國政府，現今旅遊界人士，把美斯樂稱爲國民黨村，用來號召中外旅客前來欣賞山中美景。有好奇的旅客，來到此地，想一睹罌粟花的風貌，而遍尋不得，舉目所見，滿山遍野，盡是茶樹果林。

美斯樂原來就是產茶的地方，後經我方提供茶菁及臺茶十二號優良茶種，並請製茶專家陳惠藏前來泰北服務，巡迴美斯樂、回宗坡、熱水塘、密額及茶房等難民村，指導難胞改進茶樹栽培、茶青採收、製茶及茶葉包裝等項技術。後來產量大增，救總提供製茶機器十二套，分配在各村中設立製茶工廠，提高製茶品質，每日產量數百公斤。村中設有茶館，供旅客憩息品茗，茶味香純可口。因而美斯樂茶名聞遐邇，行銷全泰國，甚至有一部分茶葉，外銷到臺灣及中東國家，成為村民主要收入來源。

永泰難民村距離美斯樂不遠，車行約二十分鐘可達，居民有百餘戶，多是從雲南逃出來的佤族，會說漢話，村長是艾曉石太太李玉仙，她不愧是巾幗英雄，對村中事務管理得很好。二十多年前，從臺灣來了王季雄和黃煌岳兩對夫婦，他們都是虔誠的基督徒，住在村裡獻身傳教，開辦小學，教導村民子弟唸書，並指導村民開荒農耕，增加村民收入。由於他們熱誠的服務，村民多受感動，改信基督，聽從指導。當時我聽到之後，就把臺灣善心人士送來的慈善捐款，分配一部分給永泰難民村，發展養豬畜牧事業。一九八七年獲得我國畜牧專家余如桐博士義務贊助，由永泰難民村選派青年五人，前往甘烹碧省卜蜂公司現代化養豬場，學習科學養豬技術，余博士親自教導。半年學成之後，返回永泰，成立種豬繁殖場。向救總借貸泰幣二百萬銖，作為開辦經費，余博士親自前往設計豬舍，指導養豬技術。村中缺水，余博士騎馬上至山巔尋找到一處水源，下山路陡，不幸跌下馬來，腿骨受傷，但仍力撐著教導村民如何引導水源，供應村民，他這種奉獻精神，實在令人感動。由於村長領導有方，讓村民以勞力入股，每人輪流為豬場工作一天，每戶分得股權六十股。開始引進優良純種母豬五十頭，所生小豬，每戶分配二十頭飼養，一年可以賺泰幣一萬銖。豬場收入除償還貸款外，每戶每年也可分紅泰幣三千銖。豬隻如遇滯銷，卜蜂公司承諾按市價收購，不讓難民虧損。永泰原本是一個最貧窮落後的難民村，現在家家都是萬元戶，茅舍都已改建成爲漂亮的住宅，屋頂架設電視天線，過著不愁衣食的安居生活。他們能有今天，如說是出自余如桐和王季雄兩人經過多年辛勞經營的愛心，所結的成果，實不爲過。

一九八七年十二月五日，我與宋慶雲場長再度飛往泰北各難民村巡視。八日，我們到達清邁省景佬縣大谷地難民村，由村長王世俊及王朝海、降廷樑諸人接待，陪同參觀救總出資興建的牧場，畜有黃牛一百六十八頭，良馬十餘匹。牧場佔地三百畝，周圍種植從臺灣運來的牧草。從牧場走到農場，只需要短短數分鐘，通路兩旁種植了臺灣農友公司在泰國培育出來的木瓜樹，樹枝上結滿了碩大青翠的木瓜。農場種植桃李果樹六千株，都已開花結果，枝葉扶疏。走到大谷地水池旁，在有山有水的陪襯下，天然的風景，更是迷人，來遊玩的旅客日增。池畔設有「龍鳳餐廳」，到此飲食坐息，還可欣賞山光水色，對釣魚有興趣的旅客，亦可享受垂釣的樂趣。此地距離緬甸邊界衹有二公里之遙，我們順便到泰緬兩國交界的關卡看了一趟，兩邊都有戍兵看守，中間僅隔著一道柵欄，車輛行人不斷，將來大谷地可以發展成爲泰緬兩國人民交往通道與貿易的城鎮。

一九八六年，救總爲了唐窩、新寨、華亮三個村子的難胞，在華亮公共造產，闢建了一個農場，場內遍種梅、櫻桃、李樹，收入爲這三個村內的難胞所共享。另在山邊種植茶樹，一年又可增加收入十多萬銖。華亮副村長楊耀枝，是一位年輕肯苦幹的難胞，他不辭勞苦，經營華亮農場，爲三村難胞謀福利。他自己還在山坡地種芋頭，每年收入有二三十萬銖。他家原在路邊的破草房，現已翻修成爲水泥鐵皮房舍，開小店，賣飲料，多了一份收入。他有四個小孩，唸書衣食不愁。他滿臉笑容，對目前的生活相當滿意。華亮位於山谷之間，行走其中，映入眼簾的是一片碧綠的菜園，有「小武陵」的美名。

八、落地生根

我國爲配合泰國政府的需求，由救總對泰北難胞實施各項救助計畫，派工作團長期住在各難民村積極推行。十多年來，泰北大多數難胞的衣食住行教育醫療等等問題，大致獲得解決。村村有道路，家家有水電，每戶人家農耕生產收入，已能自給自足過溫飽的生活。對於殘障、年邁、鰥寡、孤獨、生產能力羸弱的難胞，經全面調查，共有五百五十貧戶，救總每月發放每戶三十公斤食米。對於多年住在殘破茅屋內的三千貧戶，自身無能力翻修，救總發動各界善心人士捐款贊助，每戶提供泰幣五萬五千銖，將其茅屋改建爲磚瓦房，圖樣一律是兩房一廳，紅瓦磚墻，排列在翠綠的林蔭中，紅綠相映，充滿生趣。在整個泰北各村中，共建磚瓦戶三千戶。我曾走訪這些貧戶與他們晤談，他們無不同聲感戴祖國的恩情。過去我曾夢想：「安得廣廈千萬間，蔽護泰北難胞盡歡顏。」而今竟獲實現，我內心的歡喜，不言可喻。

對於在異域奮戰一生的孤軍官兵，經僑務委員會委員長章孝嚴向政府力爭，依照「戰士

沈代表訪問泰北永樂村，與山胞及學童合影

授田憑證」補償金發放的規定，發給流落在泰緬邊區的老兵們及其遺屬補償金，全部金額約達新臺幣兩億元。他們獲得這筆補償金，不但改善了生活，更可告慰他們一生爲國的忠心。

救總對泰北難胞的救助工作，至一九九四年十二月底，功德圓滿完成。經事先安排，商請「慈濟功德基金會」以民間社會力量接替，繼續實施「濟貧」、「教育」、「醫療」等項濟助工作，並請救總仍派龔承業團長留在泰北，配合慈濟，辦理各項未完的救助事項。

龔承業係雲南梁河人，大陸淪共時他十八歲，隻身逃難到緬甸，參加雲南救國軍，後隨軍撤臺，進陸軍官校畢業，在軍中歷任排連營長及上校師政治部主任。救總成立泰北工作團之初，被徵調任該團執行秘書，工作努力從不懈怠，不久即接任團長。由於他是雲南人，又在孤軍裡當過兵，我初次與他見面時，就勉勵他說：「一個人能爲鄉親服務，這是一生中最大的榮譽，何況是爲流落異域的孤軍袍澤服務，更加是義不容辭。」他具有一副強壯的身體，堅忍刻苦的天性，不畏艱險，帶領農牧專家，深入山嶺地角，教導難胞從事農藝畜牧，使他們脫離貧窮，步入小康佳境。泰北環境複雜，我一再提醒他，要順利推展救助工作，必須先能獲得泰國地方軍政首長的支持與合作，更要得到難胞領導人的信賴。龔團長是一位爽直急性的漢子，但他確能忍氣受謗，終使救助難胞工作圓滿達成。

我的同事莫藍玉小姐，泰國僑生，在臺灣大學唸社會學，是一位有愛心而又有熱誠服務精神的社會工作者。曾翼璋兄因胃癌去世後，他主管的難民事務，我勉強她接下這份吃力而不討好的工作。她身體瘦弱，但卻不顧艱險勞累，跑遍泰北山區各個難民村，爲難胞解決各項困難，因而難胞都知道辦事處有位莫小姐。難胞有事到了曼谷，都去找她幫忙。她有求必應，絕不推拖敷衍。每年難胞子弟回國升學，從申請到回國，所有手續，她一手包辦，好像是旅行社工作人員對顧客那樣的熱心，使得人人滿意，眞不容易。爲了尋找一個在曼谷打工的泰北學生來領分發書，準備回國升學，她一天打幾十通電話，甚至回到家仍繼續撥電話，直到她把全部回國升學的學生，一一送上飛機，她才能喘一口氣。對於這一份要與中泰各方打交道的工作，她盡心盡力做了十幾年，工作上沒有任何差錯，難胞沒有任何怨言。經管的經費多到數億元，不但沒有短少一分一毫，而且運用轉撥期間，把經手的經費存入銀行生息，增多一分救助金，就可對難胞多一分救助。但在我調離之後，竟有同事要查她經管的難民經費，雖然沒有短缺一分，可是此舉傷了她的自尊。後來又說：「泰北工作經費龐大，不宜由聘雇人員辦理，馬上要換人。」她憤而辭去這份盡瘁了十幾年的工作，令人惋惜。

泰北難胞，都是有家歸不得的中華兒女。他們爲了逃難，輾轉來到泰國。到了外邦，祇好聽人擺佈。初到的時候，泰國政府想把他們趕走，後來有所顧忌，恐怕發生衝突，傷亡太大，遂把他們收編爲傭兵。這是唯一的生路，他們拚命爲泰國戍守邊疆，用血汗換取泰國政府的同情。

一九七〇年，泰國政府決定對這批中國難民實施泰化政策。凡是參加泰國自衛隊的官兵，一律發給居留證，讓他們在泰國有永久居留權，退伍之後，還分配土地給他們耕種，但禁止他們的子弟學習中文，必須學會泰文，始能入籍爲泰國人。老一代的難胞中，縱然有人內心不願意，但流落到此，也祇有入境隨俗了。

大陸開放之後，許多泰北難胞，還鄉掃墓祭祖，看到雲南家鄉親友們生活的艱苦，遠不如住在泰北山區的難民，雖然骨肉親友，堅留他們，最後他們還是含淚離開，與家鄉告別。一九九七年，我重遊美斯樂，雷雨田將軍告訴我：「我現在已是泰國人了，不再爲生活而求人了！」說完一陣笑聲。又說：他曾應邀返回雲南，受到中共黨政幹部們的熱烈歡迎。他在筵席上，大談發展美斯樂的經驗，講述種植果樹、茶葉、香菇的技術。共幹們請他留下，指導雲南扶貧計畫。他捨不得離開一生經營的美斯樂。回泰之後，他在山上選擇一個風水優美的地方，預築作爲他的墓地，把根留在這裡。我對他說：「我們泰北難胞，要落地生根，根札得愈深，將來枝葉才會愈繁茂。」

拾壹　越高寮難胞淚

一、西貢淪亡　怒海逃生

一九七五年四月三十日，越共軍隊開進西貢。我在電視新聞螢光幕上，看美國大使館從大使樓頂上搭乘直昇機倉皇逃出，越南人民驚慌失措，扶老攜幼，不知逃亡何方。此一場景，驚心動魄，在我腦海中，永難磨滅。

立法院於五月十四日下午三時，召開外交暨僑政委員會聯席會議，邀請我國駐越南大使許紹昌報告「越南情勢及撤僑情形」。我因兼任外交部國會秘書，陪同許大使前往參加。當我走進會場，立即感受到會場氣氛凝重。我在立法院工作多年，這却是我從未看到過的。在許大使報告後，各委員紛紛發言，交相譴責許大使未曾善盡撤僑的工作。許大使報告說：「越南有一百五十萬華僑，百分之九十八都入了越南籍，成爲越南人，越南政府嚴格禁止越南人出境，大使館雖發給他們我國護照，如無從他國入境證明，也不能出境。我國政府派有四艘登陸艇停泊在頭頓港口，在兵荒馬亂危急之時，祇救出八百五十五人。」不管許大使怎樣解釋，立法委員們指責的聲浪此落彼起。我深感中華民國外交官難為，在國外受盡委曲，忍辱負重，回到國內，還要為政府揹黑鍋。許大使是一位卓越的外交人才，從此退出壇坫，息影美國舊金山，客死異邦。

越南變色後，人民不堪越共清算鬥爭及強迫勞動種種迫害，四處逃生，有的從陸地偷越邊境，遁往毗鄰的泰國，有的由水路偷渡逃亡，遭致漂流海上，都是九死一生。據越南難僑對我說：「越共進佔西貢後，沒收公私財產，強迫城市人民到農村勞動，並嚴禁人民外逃。他們不得已，祇有大家集資買條漁船，打通海防關卡，黑夜從河口乘船逃到海上。遇到大風暴雨，船隨海浪顛簸飄流，幸運的漂到馬來西亞或菲律賓，住進難民營，不幸的為怒海吞噬，葬身海底，最慘的被海盜搶劫姦殺，死無葬身之所。」我曾在電視螢幕上，看到一葉孤舟，擠滿男女老幼越南難民四、五十人，在驚濤駭浪的茫茫大海中漂流，船上沒水沒吃，遙遠望見一艘商船經過，群起舉手呼救，此情此景，一幕緊接著一幕播映，眞是怵目驚心，令人不忍卒睹。

二、接運越南難僑

一九七六年春，我初以華航代表身份到曼谷履任不久。一天黃昏時分，華航曼谷機場經理維蒙來電話說：「越南青年商會主席郭瑞川全家老小七八人，今天下午搭法航班機從西貢飛抵曼谷，要轉搭華航飛臺北，因他家人沒有臺灣入境許可證，無法上機。郭瑞川遂到華航機場辦公室大吵大鬧，揚言他們九死一生好不容易從西貢逃出，華航如不准他家人登機赴臺，他將撞墻死在這裡。」問我怎麼辦？我說：「你帶他們到我住處，讓我來處理。」約半個小時，維蒙帶他們到我家客廳中坐下。我見郭瑞川一臉焦慮神情，便委婉安慰他說：「我住這棟房舍，原是前越南駐泰大使的官邸，院內有一棟獨立的客房，今晚你們全家就住進去。你有入境證，明天你可先去臺北，代你家人申請入境，經有關機關核准之後，你的家人就可去臺。在這幾天中，他們住在我這裡，飲食起居完全由我供應，你放心好了。」郭瑞川聽完話後，怒氣全消。我續對他說：「西貢淪亡前，我政府曾派四艘登陸艇停泊在頭頓港口，請你們回臺，你們都不願離開你們辛苦在海外建立的家業，現在受不了越共的迫害，千方百計設法逃了出來，你們不責怪越共對你們的迫害，反要責怪我政府不援救你們，未免有失公平吧？」郭瑞川無話可說，我就招待他們晚餐。一宿無話，次日郭瑞川飛往臺北，我立即電請外交部從速發郭瑞川全家人的入境證。這次國內有關行政效率特別快，未過三天，覆電核准，我遂派車送郭瑞川全家到機場，飛臺團聚。

後來政府對於接運越南難僑，指示三項處理原則：

(1)身陷在越南境內的難僑，過去領有我國護照及入境證者，一律完全無效，均不得入境。

(2)須重新申請，經核發入境者，始可持以入境。
(3)過去我政府駐越南機構工作人員，可呈請其服務機構擔保，方能核發新入境證。
這項新規定，致使越南難僑無法返臺，引起越南華僑的不滿，紛紛來我辦公室查詢及申訴。記得有一天，中國國際商業銀行曼谷分行襄理魏立強兄陪同他的一位女同事來看我，這位女士說：「我和我的丈夫同在中國商銀西貢分行工作，時局吃緊時，我先撤回臺北，我的丈夫留守西貢分行，未能逃出。我到處奔走營救我的丈夫，得不到一點門路。今天特從臺北飛到曼谷，請問有何辦法，可以營救我的丈夫？」我祇有婉言安慰。她說：「我一個女人家，丈夫和孩子就是我的生命，沒有丈夫，我個人活著有何意義。」滿臉焦慮神情，不停向我申訴，一句一淚，我深受感動。

一九七六年五月十二日，我返國述職。二十四日上午八時，僑胞委員會委員長毛松年約我早餐，談及接運越僑問題。毛委員長說：「僑委會主張繼續接運越僑返國，惟國家安全局顧及國內安全，持不同意見。這個問題，你最好去和王永樹局長談談。」

同天上午十一時，我去國安局拜會王局長，遂提出接運越僑回國問題。王局長一再強調國家安全的重要。我說：「現今越南華僑受不了越共的迫害，四處逃亡，引起全世界的關注，各國紛紛伸出援手，已成爲國際人道問題，我政府不能見死不救。而且越南華僑不願回大陸故鄉，而願投奔自由祖國，我國爲了政治號召，象徵性也要接運一些忠貞僑胞回來。」王局長認爲尚未能說服我，他說：「現在我要去臺北市區開會，我送你回外交部。」同車途中，王局長又說了許多共黨利用難民向我國滲透的事例，威脅到國內的安全。他這番大道理，我還是未能聽進。

這時國際社會對於越南難民問題極表關切，呼籲各國儘量收容，美、法、英、澳等國收容越南難民最多，認爲我國亦應酌情收容一部分滯留在越僑民。國際紅十字會駐西貢代表特於七月十九日飛臺，向我政府說明現在越南的中國僑民紛紛到國際紅十字會求救，呼籲我國政府接運他們回到自由祖國。我政府終於同意凡在臺或在第三國有親人出具擔保者，我國可核發其新入境證，憑持來臺。過去法航因載運越僑抵達曼谷因無我國新入境證致不能轉機赴臺，引起許多困擾，此時法航西貢分公司已不許單獨越僑搭載，今後祇能向法航包專機整批載運至曼谷，再由華航用專機載回臺北。雙方協議法航由西貢至曼谷包機費用，由我國與紅十字會分擔，每一梯次我方分擔專機費六千美元，至於華航由曼谷至臺北專機費用，完全由我國提供。

當初我政府核准陷越難僑第一批名單共有三百八十三人，由我處轉交給國際紅十字會駐曼谷代表，再由他轉送給國際紅十字會駐西貢代表。這時越共禁止越南人民出國，國際紅十字會駐西貢代表須將我國核准入境的越僑名單，送請越共逐一審核批准，然後再分別通知其本人，有的通知到，有的因地址改變已找不到他本人，等到湊齊一百五十多人，一架專機的載客人數，始向法航包機，日期確定後，須於事前通知我處，再由我處呈准國內有關機關核定並包好華航專機後，始能按預訂日期起程。

一九七六年九月十五日，第一梯次接運越南難僑共有一五三人，由法航專機於傍晚飛抵曼谷機場，我與簽證組同仁都到機場迎接。他們攜老扶幼一一下機，在曼谷機場一間大倉庫內休息，事先由華航機場人員準備好餐飲供應。我曾和年紀大的越僑談話，他們說：「在西貢登機前，越共曾將他們所攜帶的私人財物搜索一空，連藏在鞋底的一枚金戒指，都被搜走。看他們滿臉驚慌的神情，我祇有安慰他們說：「你們終於脫離苦海，可以平安回國了。」他們對於政府這一「仁德」措施，無不感激涕零。他們說：「我們已經陷身在地獄裡，好像被老天爺從天上伸出援手，把我們救出來。」

政府決定接運陷越難僑回國的消息傳出之後，在國內及海外越南華僑的親人紛紛提出申請，後來經批准的入境證，陸續送到曼谷，由我處簽證組將影本送給國際紅十字會，該會即依照雙方協議的方式接運。一九七七年五月十八日，接運一百四十二人。二十三日，又接運一百四十一人。次日，中國商銀魏立強兄再度陪同他的女同事前來查詢，她的丈夫何日能接運出來？她說：「中國商銀西貢分行未能逃出的同事約有一百多人，均由魏宗鐸董事長出面擔保，政府業已發給入境證，有的已經接運出來，爲何我的先生沒有消息？」我爲了安慰她，我說：「今天中午，我宴請國際紅十字會代表商談接運問題。我邀請妳同去參加，當面請他們協助，儘快將妳先生接出來。」午餐席上，國際紅十字會代表說：「越共對於中國商銀西貢分行的職員，必須將全部財務移交清楚，始准離境。」在同年八月二十七日、二十九日及九月五日又接運三個梯次的越僑，她的先生終於安全飛回臺北。

西貢淪陷時，我國有許多在越南工作的技術人員未能逃出，單單越美紗廠一家公司，就有我國技術人員三十多人，逃出來的祇有十七人，他們留在越南的眷屬有九十二人。有一位年輕技術員陳家豪常常到我辦公室哭訴說：「我在西貢與一位越南女子結婚，甫生下一個男嬰，西貢淪陷前夕，我隻身逃出，留下妻兒，現今生死不知。」我告訴他說：「現在政府已經開始接運越僑，你可回臺，依照程序申請，待核准入境證後，由我處送請國際紅十字會駐西貢代表，可以代你尋找你的家人。」他回臺申請到入境證之後，又來到我辦公室催詢。每次我看到他那種落魄失魂的樣子，引起我無限同情，覺得亂世妻離子散的家庭悲劇，其痛苦實非筆墨所能形容。一九七八年五月十三日、六月八日、二十二日、七月十三日、八月二十四日、十一月九日，分批接運越僑六個梯次。有一次，我得知陳家豪的妻兒可以接出，特別安排他進入機場接待越僑的房間，他看到他的妻兒，歡喜若狂，上前去抱他已有三歲的幼兒，可是他的兒子怕生，竟不讓他擁抱。我看到此一情形，心中亦同感欣喜。

接運越南難民回國工作，成為我處一項額外重要業務。簽證組同仁事前要與國內機關及國際紅十字會商洽妥當，接運當天，國際紅十字會派專人由曼谷前往西貢迎接，陪同難僑專機飛返。每一批難僑飛抵曼谷後，驚魂未定，除供應飲料食物之外，還要做情緒上安撫工作。再由簽證組同仁逐一核對名冊，發給每個人入境證，華航同仁發給機票，忙到深夜，辦完一切手續，專機始能起飛。

政府此項「仁德專案」，實施到一九八六年，十年來共計派遣專機四十一架次，接回越南難僑六千六百二十人。現今他們都與家人團圓，分居在世界各國，過著自由安樂的生活。政府此一德政，他們將永不會忘懷，國際社會亦深表讚揚。

三、高棉淪陷前後

高棉古稱吳哥、眞臘、扶南，位於中南半島，是東南亞一個文化和物產豐富的國家。現有人口一千一百萬，華人約有六十多萬。一八六三年，高棉國王被迫簽下保護國條約，接受法國保護，後來成爲法國殖民地。一九四一年，法國扶立十八歲的施哈努王子（Prince Norodom Sihanouk）爲高棉國王。一九五四年，法國勢力退出中南半島，「高棉王國」正式宣佈獨立。一九七〇年三月十六日，龍諾將軍趁施哈努國王訪問中國之際，發動政變，取得政權，改國號爲「高棉共和國」。一九七五年四月十七日，波樸（Polpot）領赤柬（Khmer Rouge）攻陷金邊，推翻龍諾政府，改國號爲「柬埔寨人民共和國」。一九七九年六月七日，由越共扶植的韓先又趕走波樸，接掌政權，將流亡在中國長達十年的施哈努王子迎接回柬，又改國號爲「柬埔寨王國」，二十五年間，四易國號，政局反覆變化，人民不得安寧。（註一）

註一　吳南風撰越棉寮與越柬寮一文，載於二〇〇一年九月二十七日舊金山世界日報。

在龍諾執政期間，曾與我國正式建立邦交，我政府選派駐泰大使館公使董宗山爲駐高棉大使，董大使於一九七〇年七月二十三日赴任。十一月二十八日，我曾陪同立法院張希哲委員率領的東南亞職業教育考察團由曼谷飛往金邊，考察高棉的華僑教育。在高棉停留三天，我們曾參觀高棉華僑所辦的中小學，他們都可使用中文教學。市區內的王宮及施哈努王子在河邊的行宮，富麗堂皇。市容整潔，建築富有法國色彩，飲食亦有法國風味。街市上的商行攤販，多爲華僑經營。白天人民生活尚稱安謐。到了夜晚，可以聽到隆隆的砲聲。據說：「赤柬軍隊已距金邊不遠了。」

一九七五年四月十二日，在赤柬兵臨金邊首都指日可下之時，美國駐高棉大使丁約翰（John Gunther Dean）曾要求高棉外交部長馬達克（Sirik Matak）與他同乘直昇機逃出。馬達克部長當即覆信說：

「大使閣下：我非常誠懇的感激你的來信，邀我同機飛往自由，但我不能如此懦弱地離開。我從無一刻相信，你和你偉大的國家會背棄一個選擇自由的民族。你們拒絕保護我們，我們也無可奈何。你平安離開，我祝福你和你的國家將在藍天之下安享快樂。如果我在這裡爲我愛的國家而死，那太好了，因爲人有生必有死，留待日後死，就不值得了。我一生唯一的錯誤，就是相信你和你們美國人。親愛的朋友，請接受我的誠信和友情。」

四月十七日，赤柬大軍進城，馬達克被捕，當場槍決，他終於如願以償的死在自己的國

土裡。（註二）

一九七五年四月十七日，赤柬打著解放柬埔寨人民的旗幟進佔金邊時，廣大的市民載歌載舞，奉茶送飯，慶祝解放來臨。誰知沒有過了幾天，這些烏衫兵（因他們都穿黑衣）便以欺騙的手段，到處用喇叭廣播說：「美國飛機要來轟炸」，命令市民立即疏散到農村去躲避，有的家人不願離開，便慘遭殺害。他們強迫金邊二百萬居民，其中華僑約有四十萬人，全部被趕到農村去。一個星期後，向來人煙稠密的首都市，頓時變成了一座死城。

眾多金邊市民被迫離家時，不許攜帶財物，他們在熱帶炎日的煎烤下，顛沛流離，忍飢受累，被驅往偏僻的農村和山區，不知有多少人死於途中。尤其是華人，他們在城裡都是商販，這時扶老攜幼隨著人潮逃亡，沒吃沒喝，禁不起飢餓疾病的折磨，陳屍於途中的，更是不計其數。

強迫「疏散」行動，一直持續了好幾個星期，倖存的被指定在荒無人煙的山區或偏僻的農村去勞動，從事農耕。規定每天凌晨四點鐘就要下田幹活，夜裡九點半鐘才准收工，一天必須從事繁重勞動十五、六個小時，說這是爲了不分晝夜盡快建成社會主義。爲了防止人們偷懶，他們還設立騎自行車的監視隊，除吃飯外，不准人們聊天或歇息。華人多不勝任繁重的體力勞動，被視爲偷懶怠工的人，常被殘酷批鬥致死，甚至華人講幾句中國話，也會被認

註二　高棉外長馬達克覆函內容，係經美國駐高棉大使丁約翰向國會作證時所透露。

爲搞特務活動而遭慘殺。「烏衫兵」很多是十幾歲的兒童，把殺人當成兒戲，甚至剖人心剮人肝來吃，簡直是一群野獸，雙眼發著紅光，柬埔寨在赤柬血腥統治下，竟成了殺戳戰場，有上百萬人死亡，華人喪生者高達半數。

四、中泰支援難民服務團

赤柬的暴政，終於激起人民的憤恨與反抗。一九七九年六月七日，越共扶植的韓先，率兵趕走了波樸。被困在山野裡的柬甫寨人民，乘著雙方相互爭戰之際，冒著砲火生命危險，大舉競向泰國逃亡。首批難民潮湧進泰國邊境時，又被防守邊境的泰軍趕回。難民在扁擔山交界地帶輾轉進出，觸到地雷被炸死的無數。最後泰軍擋不住大批難民潮的一湧而進。泰國政府決定在邊境各地設立難民營，暫時予以收容，僅考伊蘭（Koa I Dang）一地難民營，就收容了近二十萬高棉難民。

赤柬屠殺人民滅絕種族暴行，令各國震驚，高棉難民潮的慘狀，更震撼人心，各國政府及人民群起予以譴責，並伸出援手予以救助。我國行政院孫運璿院長曾於一九七九年十一月十五日宣佈：再收容印支難民二千名，捐助白米三萬噸及捐款一千萬美元。當年美國政府決定收容印支難民十六萬八千人。國際紅十字會及各國人道組織，亦紛紛派出救援隊，前往泰國各地難民營，爲難民服務，從事各項救援工作。

泰國駐高棉大使差納將軍（右四）陪同沈代表夫婦（右五、二），中國人權協會秘書長劉介宙（右六），及亞洲理工學院教授衣復得夫婦（右三、一）訪問考伊蘭難民營

一九八〇年三月十九日，泰國駐高棉大使差納將軍（Gen Chama）邀我夫婦前往考伊蘭難民營探訪，同行有國大代表劉介宙、美國駐泰大使夫人及她在難民營服務的兒子。我們車行約三個多小時，看到一個廣漠的荒野，在乾旱的黃土地上，搭蓋了許多茅草小棚，周邊有刺鐵絲網圍著，這就是難民營。營門有泰軍守衛，進去之後，看到成群結隊的難民，擠坐在一個廣場地上。難民都是蓬首垢面，衣衫襤褸，難童赤身露體，圍繞著我們乞討。美國大使夫人帶來許多糖菓，當即分給他們。她的兒子看到難童們一湧而上，前來搶食，忙在旁連聲喊著：「媽媽，不要給了，越給小孩來的越多，給不完的。」大使夫人不理，照樣分發糖菓。今天是高棉難民慶祝萬佛節，我們被招待坐在臺前，看臺上少女表演高棉歌舞，她們的服飾舞姿，幾與泰國歌舞相同，眞是在苦中作樂，我卻無心欣賞，與坐在身旁的美國大使夫人談話。她說：「這些難

民營的孤兒，失去了父母的疼愛。我握著每一個孤兒的手，他們會感受到母愛的溫馨。」

過了一個月，四月二十二日，前駐泰大使杭立武偕國大代表劉介宙連袂同來曼谷，這時杭大使身任中國人權協會理事長，劉代表是總幹事，專程前來採訪高棉難民。次日，我邀請泰國駐高棉大使差納將軍與杭大使共進晚餐。席間，我請差納將軍代爲安排我們前往考伊蘭難民營探訪手續。差納將軍這時任泰國難民救助委員會主席，知道杭大使有意援助高棉難民，他滿口答應。他說：「只要電話通知難民營指揮官就可。」

二十四日上午八時，我陪同杭大使和劉代表乘車前往。四月間，是泰國天氣熱的季節，天空中的驕陽，把大地晒得乾裂，溫度在華氏一百度上下，我們坐在冷氣車裡，仍揮汗如雨。杭大使拿下他的禮帽，不停地搧動，也掀不起一點涼意。他在車中對我說：「抗戰初期，日軍進南京城大屠殺，當時我留在南京不走，協助美國傳教士，成立「南京安全國際委員會」，開辦一個難民安全區，救了無數的難胞。我想，他已八十高齡，要不是有救人的熱誠，怎會從萬里飛來，去探望陷身在難民營裡的難胞。

中午時分，我們的座車，直接駛進考伊蘭難民營。高棉難胞已在得知杭立武大使前來探望，早已聚集在廣場上等候多時。當我們下車時，難胞舉起歡迎的紅布條，熱烈鼓掌歡呼，隨即被難胞包圍住，向我們哭訴他們所遭受的苦難。高棉華僑聯合會會長黃志雲報告說：「考伊蘭難民營裡，收容了十幾萬高棉難民，其中華人約有五、六千人。我們華人在高棉受盡赤柬的殘殺迫害，現今同困在難民營裡，還要受高棉人欺凌。我們都是從中國大陸逃到越南謀生，越南淪陷，我們又逃到高棉。赤柬對待華人更爲殘酷。我們現今逃到泰國，沒有一個家庭是完整的，不是父死母喪，就是妻離子散，今後不知道逃到何方？」杭大使忍不住大聲安慰他們說：「我知道你們所受的痛苦，今天特從臺灣飛到曼谷，又由曼谷趕了數百里路，就是來看望你們，待我回到臺北之後，我一定想辦法來救助你們，早日脫離苦境。」難胞們聽到這幾句話，在苦難中像是遇到救命的親人，都熱淚盈眶。

回程之後，杭大使提出一個構想，有意組織一個救援隊，前來爲難胞服務。我建議合募臺灣志願青年輪流前來難民營服務，讓他們親身體驗戰亂的苦難。而且須與泰方聯合組織，始可解決人員來泰的入境、居留及在營區工作等項問題。

杭大使回臺，召集有關單位舉行「援助泰國辦境難民專案」會議，決定由中國人權協會組織「中泰支援難民服務團」，以民間社團方式進行。籌備有了頭緒，遂邀請差納將軍於五月二十七日訪華協商，議定由我國人權協會遣派人員，請差納將軍在泰國支援各項行政事務，並提供經費，前往難民營服務。

中泰支援難民服務團第一梯隊，由韓定國領隊，團員中有臺大醫院名醫師方中民、郭維租及民歌手侯德健，於七月二十八日飛抵曼谷，當晚我設宴爲他們接風，並解說泰國風俗政情及難民營情況。次日，我指派泰國僑生臺大社會系畢業的莫藍玉同事爲聯絡人，協助他們去拜會差納將軍，辦理入營手續。

他們進入考伊蘭難民營服務一個多月，又回到曼谷。我問他們爲難胞服務的情形。侯德健對我說：「我幹不下去了。」我問是何原因？他說：「我每天都聽到難胞訴說他們家人慘遭殺害的情形，白天聽得太多了，晚上睡不著，仍然在想這些難胞被殺的慘狀，後來連吃飯也在想這些事，飯也吃不下去了。這樣下去，我的精神會崩潰的。」侯德健正在國立政治大學肄業，自願休學前來為難胞服務。他自彈自唱他自作的民歌「龍的傳人」，這一首歌很快的傳遍了難民營及泰華僑社，給海外華人精神上莫大鼓勵。我勸他回國復學，待學業完成後，再為社會服務。

韓定國意志堅定，具有辦事和領導能力，他放棄自己的一份很好的工作，專心來擔任服務團團長的職務，全力為難胞服務。第二梯隊新來了幾位熱心女青年，她們都是經過挑選出來的大專學生。中泰服務團在難民營裡開辦語文教學中心，教導難胞學講英法語，教導兒童唸中文。開辦各種職業技藝中心，教導難胞學習木工、手工藝品、水電及汽車修護，教導婦女縫紉、編織、理髮，使他們習得一技之長，以便將來到第三國謀生。最急要的工作，是幫助他們與海外親友聯絡，協助他們申請到其他國家的擔保及移民，以及各種急難救助。難胞們困住在難民營裡，就像一個大監獄，完全與外面世界隔絕。這些熱情青年，活躍在難民營裡，不顧自身辛苦危險，全心全意，替難胞作各種服務，給難胞們帶來祖國的關愛，心靈上的慰藉，和移居第三國的希望。

泰國東部邊境設有十幾個難民營，韓定國帶領男女隊員走遍了四圖、考伊蘭、西隘、西壁、西克、邁律難民營，這裡收容三、四十萬高棉難胞。他們也去帕那尼空、四球難民營，爲從越南逃出的難胞服務。他們看到難胞們衣不蔽體、病無醫藥、缺乏飲水食物，隊員們就把自己穿的衣服送給難胞，甚至掏出自己的零用錢。在八〇年代初，泰軍常時與越共交戰，砲火連天，這些隊員不顧自身安危，冒險在前綫爲難胞服務。

沈代表（右三）偕中國人權協會秘書長劉介宙（右二）及中泰支援難民服務團團長王福邁（右一）與越高寮難兒合影

我要求中泰服務團每一批團員到難民營服務一個月後，要回到曼谷休息兩天。每次他們回到曼谷時，我都與他們聚餐，聽他們講述難胞們的情況。我曾和他們開玩笑的說：「你們的任務是去爲難胞服務，邊境發生戰事，你們一定要撤回到曼谷，絕不能自身變成難民，到時要我去救你們。」我一再的用這些話去警告他們，所幸他們之中，僅曾有過因車禍受傷的，尚無人被戰火殃及。

一九八一年一月二十七日中國人權協會理事長杭立武來泰，視察中泰支援難民服務團的業務。三十日他要去看邁律難民營，我陪同前往。一早出發，到了營裡，已是中午，正是太陽最烈的時候，杭大使脚不停步的察看服務團員們開辦的語文教學，中文班有三百多學生，英文班有上千名學生，英文打字班有三十名學生。職業訓練有電工班、人造花班、刺繡班、木工班、肥皂製作班、汽車修護班，每班二十人，結業發給證書，憑此證書可以申請移居第三國。難胞們飽受戰亂浩劫，心靈創痛，難以撫平。服務團員策劃他們成立潮劇團、中華國樂團、柬埔寨民族舞蹈團，常時排練演出，並提倡籃、排、足球、羽毛球、乒乓球各項運動，以恢復他們身心健康。杭大使看後，甚表滿意。他還不停的對難胞們說：「你們有何需要，可以告訴我或是服務團員，我們將設法改進。」

泰國考伊蘭難民營東埔寨難僑華聯會臨時辦事處

杭大使在曼谷時，曾和我商談今後支援難民服務的業務。他說：「我曾商請蔣夫人同意，由我國收容若干名高棉孤兒，送到臺北婦聯會辦的孤兒院唸書，培養下一代高棉人對我國的情誼。」他又說：「政府有關機關同意在臺有親友擔保的高棉難胞，可以申請回國定居。」

經中泰支援難民服務團代為申請，第一批核准赴臺定居的難胞有十九戶，計七十一人，無依難童四人。

後來又核准三批，赴臺定居難胞六戶，共二十五人，另有無依難童陳瑞萊和陳瑞鳳兩姊妹，送往臺北華興中學唸書。

杭大使回國之後，決定中泰支援難民服務團第一階段工作，於一九八一年八月結束，十一月開始第二階段工作。今後難民服務團的業務，須視難胞實際需要，分階段依照計畫實施。全般工作由國內遴選的團員擔任外，還可就地取材，遴選具有學識及技能的難胞，予以聘用，以工代賑方式，擔任自治會幹部及各種教職。

一九八二年初，韓定國因個人另有事業發展，辭去中泰支援難民服務團職務，改由王福邁繼任領隊。中國人權協會爲配合青年救國教育活動，廣爲甄選大專畢業男女優秀青年，輪流赴泰服務，第一階段每一梯次服務二個月，第二階段以後，每一梯次均改爲三個月，團員以服務一個梯次爲原則，亦有因任務需要或工作興趣，延期服務兩三個梯次的。十二年中，臺灣曾有近三百位熱情青年志願投入這項爲難民服務的工作，輔導在營難胞，適應逃難的生活，移民出國的，能以自立新生。

中泰支援難民服務團，初以服務華裔難胞爲主要服務對象，因其服務成果及表現優異，獲得國際救濟機構及泰國政府主管機關的肯定與承認，要求成爲一國際性服務隊，不分種族爲營區所有難民服務。

滯留泰國境內之越、高、寮難民，經第三國不斷收容，陸續由美、法、加、紐、澳、日、丹麥、瑞典等國收容的難民，已超過七十萬人，單以美國來講，就收容四十多萬難民，大多

數華裔難胞都已移居自由國家，另謀生路！（註）

泰國邊境各難民營關係位置略圖

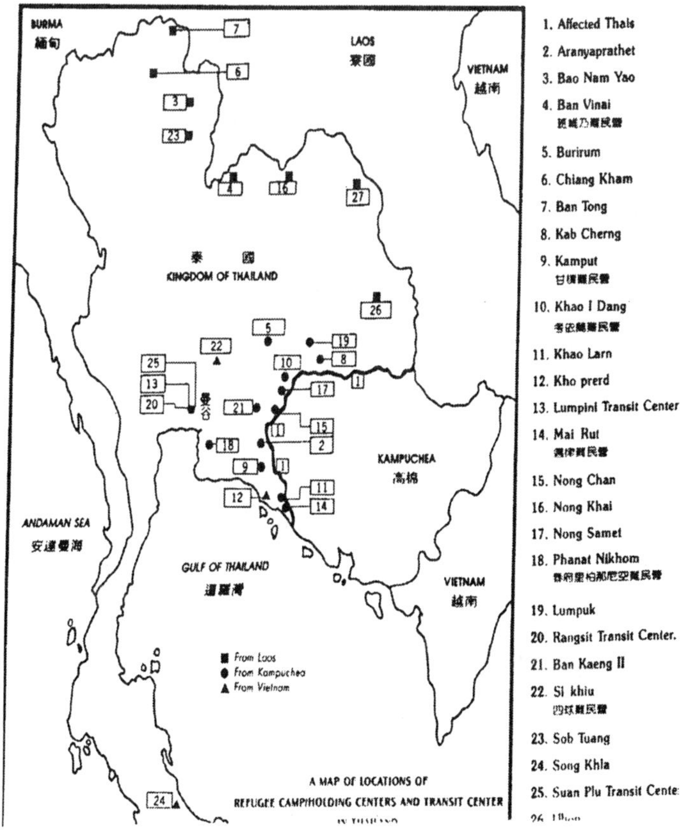

註　參考中國人權協會發行的「中南半島泰境難民救助實況」專刊

五、難民專刊

赤柬殘暴統治高棉三年八個月，把高棉六十萬華僑，完全驅逐到荒山僻野，並嚴禁他們與國外親友通訊聯絡，彼此生死不明。一九七九年二月十七日，中共突對越共發動戰爭。中越共原本是多年親密戰友，一旦反目成仇，發生戰事，使得陷身在戰火中的華僑處境更加艱險，令在自由國家的親友更加懸念。

同年四月二十五日,僑務委員長毛松年偕羅路興副處長由歐洲飛來曼谷,次日下午四時，我陪同他們拜訪世界日報，由饒廸華社長與李唯行副社長接待。毛委員長說：「我此次在歐洲訪問，許多華僑都非常關心他們留在越南及高棉的親友下落，無處可以探聽。因而想請世界日報辦一份難民專刊，完全報導越、高、寮難民消息，所需紙張、印刷及郵遞費用，僑務委員會可以提供。」當經研商，難民專刊於每星期天發行一大張，一年五十二期，約需經費三萬八千美元，毛委員長當即承允全部提供，盼望從速籌備發行。

不久，曼谷世界日報發行的難民週刊問世，稱爲國際航空版，寄發給世界各地的華僑團體。難民週刊每期一大張，分爲四個版面，第一版報導泰國各地印支難民營的情況，難民逃亡的實情，各國救助難民的情形，以及各國收容難民的政策。第二版作爲難胞與政府以及難民團體與政府的聯繫橋樑，溝通意見。第三版發抒難胞心聲，交流情感。第四版爲海外僑胞

及棉越難胞辦理尋親服務，使流離的骨肉得以團圓。（註）

難民專刊出版以後，深受散居歐、美、澳、紐僑胞的愛護，紛紛來函訂閱，或來函查詢他們親友的消息，賴此得以尋獲父母子女者，爲數甚多。在臺灣大學電機系讀書的葉偉華，從難民專刊中，得知他的父親逃到邁律難民營，他遂報名參加中泰支援難民服務團工作，隨團來泰，在難民營裡父子重逢，抱頭痛哭。中央社駐泰分社舊任主任陳先澤，從難民專刊中得知他的姐姐從越南逃到考伊蘭難民營，他專程趕往探望，姐弟相見，恍若隔世。他說：「我從事新聞工作一輩子，不知道一張小小的報紙竟會發揮如此偉大的功效。」

難民專刊創辦之初，我即指派我處主辦難民事務的莫藍玉小姐，前往世界日報，協助饒社長，辦理難民專刊與難民間的聯繫工作。莫小姐是臺灣大學社會系畢業的泰國僑生，她既富熱情與愛心，又有一枝生花妙筆。每期難民專刊出版後，都由她攜往難民營，分發給難民閱讀，難民專刊成爲難民的精神食糧。她在營區裡看到難民們的生活苦況，寫成專文報導，她的文筆帶有感情，說出了難民們的心聲。她不辭長遠路途奔波辛苦，代難民寄發信函，代打電話電報，尋找親人，代辦匯兌轉款，代購物品書籍，因此她與難民們建立了深厚的感情，難民們對於難民專刊更是讚不絕口。

註　參考曼谷世界日報創刊三十週年紀念特刊饒迪華所撰「三十年披星戴月」一文

六、寮國華僑

我國先在寮國首都永珍設立總領事館，一九六二年五月十六日，與寮國建立邦交，乃設置駐寮國大使館，政府任命駐泰國大使杭立武兼任駐寮大使。不久，寮國局勢發生急劇變化，同年九月十日，駐寮大使館關閉，杭大使遂在永珍對岸泰國境內設立廊開辦事處，辦理寮國僑務。

一九六九年十二月一日，外交部人事處幫辦杜元方來泰考察人事行政。在泰期間，我曾陪他前往廊開察看辦事處業務。我們於清晨乘火車前往，車行緩慢，抵達廊開已是傍晚，馬連捷參事夫婦設宴歡迎，席間談及療國僑務。他說：「廊開辦事處僅爲寮國僑胞辦理僑胞赴臺簽證及保送寮國僑生回國升學，業務單純。至於寮國局勢複雜，寮國政府採取中立政策，能夠維持多久，殊難逆料。越共及巴特寮（寮共）擁有兵力約六萬人，隨時可以進襲永珍。」廊開與永珍僅一水之隔，我們商定次日赴永珍一行。

次日清晨，我們步行到湄公河邊，兩岸相距不過三、四百公尺，岸邊有渡船供泰寮兩國人民自由來往。我們上了渡船，擠在人群中，約十幾分鐘，即到達彼岸。寮國僑領雲昌鎊等人前來迎接，乘車進入永珍市區。看到市容與泰國內地城市相仿，市區內到處是廟宇和披著黃袈裟的和尚，但王宮則不能夠和泰國皇宮的輝煌莊麗相比，街市人煙稀少，生意清淡，沒有高樓大廈。我們往訪永珍中華會館，雲昌鎊任理事長，他說：「寮國華僑約有十萬人，大多數是從泰國移居過來做商販生意，最富有的是製賣煙酒的僑商。」我們繼去參觀寮都中學，約有學生四千人，校舍建築，粗具規模，是寮國最完善的一所中學。校長陳亞聰是僑務委員會選派來的，完全依照臺灣標準課程教學，學生唸完高中，可以保送赴臺升學。永珍沒有像樣的旅館，當晚我們住在人家中，因爲局勢不安穩，有勞雲昌鎊理事長盛情，夜間僱用安全人員，在住房四周保護。

我國駐紐約辦事處處長鄧權昌夫婦（右一後前）新聞處處長江德成（右二後）沈克勤夫婦（右三後前）政大教授雷飛龍（右四後）紐澤西州立拉格斯大學教授陳慶夫婦（右五前後）聯合國官員張復禮夫婦（右六後前）相會於紐約合影

一九七五年四月十七日，高棉淪亡，四月三十日，越共攻進西貢，五月五日，寮國變色，到了年底，寮王遜位，寮共政權開始清算鬥爭。寮國華僑多從事小商販，寮共說他們是「騎在人民背上耕田」的資本家，清算他們財產，迫使他們向外逃亡。所幸寮國與泰國僅隔一條湄公河，冬季水淺時，人民可以涉水而過。而且寮國華僑多數是潮州人，逃到泰國，有親友照顧安置，被分別收容在泰國東北部廊開、拿坡、班維及難民營裡，祇有八百多人。

中泰支援難民服務團，曾於一九八五年五月二十七日進駐班維乃難民營服務，設立圖書室，開辦文康活動，創辦中文班、機械班、木工班、英泰文打字班，難民學習興趣濃厚。經過第三國家人道收容，全部難胞最後祇留下近百人，可能面臨被遣返的命運。整體而言，寮國華僑遭此浩劫，在越棉寮三邦中，算是不幸中的大幸了。我曾開車，長途跋涉，到廊開及班維乃難民營探望，營裡收容的難民，苗族佔百分之九十，他們自認原居中國西南各省，後來逐漸移居寮國山區，許多人能說漢話。因爲他們曾支持美軍在越南作戰，多被美國收容，移居到美國去了。

七、越高寮難胞的新生

自一九七五年，越高寮三邦易幟變色之後，約有一百多萬華僑從虎口中逃出，現今散居在世界各地，怒海餘生，從新重建家業。他們逃出時，都是一身如洗，赤手空拳。初到外邦，開始靠救濟金生活，繼而憑著雙手去做勞工，每天賺四、五十美元，維持家庭。生活安定之後，送兒女去學校讀書，經過二十多年的刻苦奮鬥，許多人已經創出一片新天地，買了房子汽車，過著安居的自由生活。

一九九五年，我退休後，移居舊金山南灣，依靠兒女生活。我的左隣右舍，都是越南華僑，他們有的開餐館，有的經營超級市場。他們的兒女，有的是醫師，有的是工程人員。使我深深感到：中華民族具有堅強的耐力和韌性，不論遭遇多麼惡劣，環境多麼艱危，祇要有一線生機，一片生存空間，他們都會茁壯發展，創造出光明的前途。

附錄 我的外交生涯
感念沈昌煥先生

今（一九九八）年七月二日，接到紐約友人一通長途電話，驚悉沈昌煥先生因敗血症逝世。我簡直不敢相信，去年底我回臺北還和他同席晤面，他和往常一樣，談笑風生，看不出有何衰老，而今竟人天永隔，令我哀痛不已，多日不能釋懷。

一九六〇年，他出任外交部長，當時我在立法院外交委員擔任秘書。記得他首次來外交委員會報告我國外交政策，有一位委員恭維他說：「沈部長，你現在正當盛年，好自爲之，將來定可爲我國外交前途開創新局。」沈部長從容的站起來，用手拉一拉領帶，眼睛上望，歷數民國以來外交部長王寵惠、王正廷、陳友仁、林森、胡漢民、顏惠慶、顧維鈞、張群、黃郛、葉公超等先輩，出任外交部長時，均比他年輕。答辯中充滿了自信和自負，使這些老委員們對他有所敬重。其後他常向外交委員會提出外交施政報告，我有幸坐在主席臺旁，聆聽他的雄辯，目睹他的風采，但很少與他有過交談。

一九六二年夏，同班好友舒梅生兄，時任外交部條約司幫辦。一天約我到他家晚宴，席間他邀我到外交部工作。年輕時，我有很多夢想，但從未想過做外交官，乍聽之下，我不知如何答覆，但又未便當面拒絕他的好意，祇好託辭說：「讓我回家和內子商量。」我妻任培眞知道後，極爲贊成。她說：「進了外交部可以出國。」當時國內生活艱苦，大家都想出國，我也感受到政治氣壓低沉，有意乘桴浮於海，就這樣糊里糊塗進了外交部，分在條約司工作。一天中午，我趕著下樓，在轉角處，巧遇沈部長和僑務委員周書楷委員長一同上樓。沈部長對我說：「是我要你進外交部，並派你在條約司工作，望你好好學習。」當時我一頭霧水，部長怎麼會認識我這個小職員。

沈部長是外交部科班出身，曾任外交部政務次長六年，對部內外業務極爲熟習，辦事又極爲細心認眞，從最低的一個人事任命，到重大的國家外交決策，他都要斟酌再三，非至十分妥適確當，決不輕易放過，因而他肆應外交變局的艱辛，以及審閱公文的負擔，日益沉重。這段期間正是國家局勢最艱險的時候，一方面要設法維持與我國友邦的關係，並爭取新興國家與我建交，以確保我在聯合國的代表權，因而他夜以繼日，廢寢忘食，有時工作至凌晨三四點鐘，精力不支時，喝杯咖啡提神，天快破曉，他才回家休息。聽說，一天清晨八時許，老總統信步至外交部查勤，未見到沈部長上班，大爲不悅。從此之後，沈部長一早就要準時上班，睡眠更是不足，心血耗費，六年下來，他竟因血壓過低，臥病榮總醫院。老總統體念他的辛勞，外放他出任教廷大使。

一九六六年十月，我調任駐泰大使館一等秘書，主辦僑務及領務，在彭孟緝大使嚴格要求下，經過兩年多辛勤工作，我對華僑最多的泰國僑社，逐漸有了認識，與重要僑領多已建立良好的友誼。及至一九六九年春，沈昌煥大使由羅馬調來曼谷，我對所主管的業務已很熟習。沈大使履任之初，我陪同他拜會泰華各大僑團。在車行途中，我爲他講述各個僑團的概況及僑領們的歷史背景，沈大使聽了很是欣賞。有時他覺得疲累，便邀我一同喝杯咖啡，再繼續拜會行程。

沈大使到任不久，適值時任國防部副部長蔣經國先生以老總統特使身份訪問泰國。一九六九年五月十二日中午，蔣特使乘專機抵達曼谷空軍機場，沈大使陪同泰國總理他儂元帥在機場迎接，檢閱三軍儀隊，禮儀壯盛。當晚他儂總理設國宴歡迎，次日拜謁泰王，接著巴博副總理邀請蔣特使一行及駐泰沈大使及館員，同乘海軍軍艦遊覽湄南河風光，前後均有戰艦護航，航行至泰國海軍官校上岸，巴博元帥在該校大禮堂盛宴款待。席間有泰國歌舞助興，巴博夫人起立邀請蔣特使婆娑共舞，象徵著中泰邦誼及人民友情達於峰頂。五月十六日下午，沈大使在曼谷摩天酒樓舉行茶會，邀請泰華僑領百餘人，與蔣特使茶敘。沈大使陪同蔣特使站在門前迎賓，各僑領魚貫入場，由我一一唱名介紹僑領與蔣特使握手寒喧，從中華總會主席黃作明開始，如數家珍，沒有一人錯失。沈大使對我這次表現，事後一再稱揚。實際上，我與泰華僑領每月都有聚會，經過兩年多交往，大家都已成爲老朋友了，那有見面不記得姓名的。當晚泰華各僑團在介壽堂恭宴蔣特使，席開百餘桌，僑胞擁護政府及元首的熱情洋溢，給蔣特使留下了深刻的印象。

一九七一年一月三十一日，沈大使陪同我國陸軍總司令于豪章將軍，飛往清邁行宮晉見泰王。泰王談及泰北山族生活困苦，特成立「御助泰北山族發展農業計畫」，請我政府支援。沈大使感於泰王勤政愛民之德意，並為增進我政府與泰國王室間之關係及加強中泰間之友誼，遂向政府建議，予以全力支援。

當時我政府鑑於國軍退除役官兵在臺灣中部山區栽培溫帶果樹績效卓著，爰請輔導會負責進行援助泰王山地計畫。輔導會乃選派福壽山農場副場長宋慶雲先生赴泰實地勘察。宋副場長以兩週時間，乘泰國皇家提供之直昇機，遍飛泰北山區各主要地點，選定位於泰緬邊區之安康，闢為示範農場。我政府旋於一九七一年選送桃、梨、柿、梅等果苗及菜種，由宋副場長親自在安康農場試種，經七個月之開荒耕耘，運來之果苗已栽種成活，十八個月後，「鶯歌桃」即開花結實，不僅為泰北山區種植果樹展開光明遠景，並為中泰友誼播種下永恒的種籽，而今枝葉繁茂，結果纍纍，造福泰北山族。

在泰追隨沈大使工作期間，公私往還，朝夕相處，時受教益，如沐春風。我感到他這時特別和藹可親，他又肯教導部屬，遇事指點處理方法，有時講述辦理外交訣竅，使我這個半路出家的外交學徒，得到他的不少寶貴眞傳。煥公才華超眾，善於言詞，不論公開演講或私人談話，無不面面俱到，聽眾皆大悅服。我個人從觀察與感受中，也想學點技末。一次在館務會議中，一位同仁質責證照簽發不夠嚴緊，影響國家安全。我被迫提出辯解，說明承辦人員依章核發證照，絕不敢對國家安全事項有所疏失，詳爲解析，僵局爲之化解。

煥公對我確有一番錯愛，但我始終不知因何緣故。在有些公私場合中，他常稱道我之長，使我自感愧赧，煥公也明知我之短，但他卻能用我之長，並善予培植，使我這個馬前小卒，能在外交壇坫上爲國效力，這是我終生最感念的。

一九七一年春，外交部人事處副處長杜元方兄，奉派來曼谷考察泰國外交人事行政，公畢向沈大使辭行。沈大使與其談及館內人事，囑其爲我安排至英語國家學習。適我國在澳洲布律士班增設領事館，部令派我擔任首任領事。我在澳洲兩年工作期間，常應昆士蘭州民間社團扶輪社、獅子會邀請，講述臺灣經濟發展。我用英語演講，最初恐有錯失，臨場照本宣讀講稿，幾次有了經驗之後，我可隨機應變了。

一九七二年十二月二十二日，澳洲政府宣佈與我政府斷交。一九七三年一月中，我下旗閉館攜眷歸國，心中沉痛莫可言宣。時值沈煥公復任外交部長，派我任條約司副司長。未久，又派我兼任國會秘書，隨侍他左右，出席立法院會議。沈煥公擔任外交部部次長十餘年，肆應國會外交答辯，老練有方，深獲立委們讚賞。立法院又是我的老家，上下人員我都熟識。追隨沈部長這段期間，工作勝任愉快，絕不想外放，離開他遠去。

一九七五年七月一日，中泰斷交，兩國爲繼續民間交往，雙方協議，各以其航空公司名義，在對方首都互設辦事處，辦理護照簽證事宜。八月二十八日，沈部長在辦公室召見我，派我爲駐泰代表。我因在泰有四年多工作經驗，深知泰國外交靈活，僑社複雜，心想我如何能勝此重任。乍然聆悉，我楞住了，不知所對。煥公反應敏捷，他忙改換輕鬆語氣對我說：「你不是喜歡打高爾夫嗎？泰國一年四季，無日不可打球。」我心想你派我去是辦外交，難道要我去打球嗎？當時我深感惶恐，沈部長乃面授機宜，告訴我辦外交要「謀定而後動」。

九月七日，我偕同五位館員飛抵曼谷，經兩天籌備，十日即開始辦理簽證業務。泰華僑領我都認識，開展僑務沒有問題。唯獨在無邦交的情況下，如何開展外交，我確不知從何處著手。兩國有邦交時，一切交涉，均可透過外交部進行。中泰斷交後，泰國外交部與我交往多所顧忌，有意和我疏遠，我到泰之初，無法進泰國外交部大門，洽談公務，那只有另闢門路了。

我乃藉著過去政府支援泰王山地計畫之便，開始與泰國王室交往，友誼逐漸增加。我政府高級官員訪泰，泰國外交部不願出面安排接待，乃請王室接待。泰王聲譽崇隆，他的言行，泰國朝野無人敢表異議。有一次政府派外交部次長楊西崑偕亞太司司長沈仁標訪泰，泰王及皇后在清邁皇宮設宴款接，談至深夜，並安排楊次長、沈司長與我三人，當晚住宿在皇太子寢宮，這是極大的殊榮。後來我與王家人員都熟識了，有一次泰王宴請輔導會主任委員趙聚鈺一行訪泰，趙主任委員被安排坐在國王右邊的首位，同席有奧地利駐泰大使夫婦則敬陪末座，可見兩國縱有正式邦交，尚不如實質關係的重要。

泰國軍人思想多屬反共，且有權勢。我透過各種管道，設法與軍方高級將領交往，其中對我最爲友好的，是泰國最高統帥部參謀長堅塞上將，一九七七年十月二十五日夜間，泰國發生軍事政變，堅塞爲策劃這次政變的核心人物。二十六日清晨，堅塞電召我到統帥部他的辦公室內面商要公，我赫然見到政變主將曼谷首都衛戍司令第一軍軍長育上將，他因通宵調兵遣將一夜未眠而現時仍躺睡在堅塞辦公室的地板上。當時局勢仍很緊張，堅塞顯得鎮定自若，具有充分信心。他告訴我政變已經成功，爲清除泰共勢力，他詢問華僑親共分子的活動情形。我爲維護僑社安寧著想，說明華僑在泰多爲謀生，很少參與政治活動，他們僑居泰國，不能不順從泰國政府的意向，現今泰國政府與中共建交，泰華僑社自然隨之向左，僑報中自不免會爲共黨宣傳。堅塞上將處事果斷明快，立即下令關閉泰國所有親共的中泰文報紙雜誌。華文日報中被關閉的有星暹日報幾家，星暹日報是星系報社，立場尚屬中立，這次受到池魚之殃。社長李益森是胡文豹的快婿，在曼谷社交圈中極爲活躍，他乃商請英國駐泰大使向堅塞上將說情，准許該報復刊。堅塞又來徵詢我的意見，因李社長是我多年朋友，爲求圓滿解決問題，我建議堅塞，指示李社長，由其自行免去報社中左傾職員後，即可恢復出報。堅塞掌權後，與我交往更爲密切。堅塞喜好烹飪，有時邀我家宴，他親自下廚，做出一手好菜。他在每道菜中，都加添極品白蘭地，味道鮮美。一九七九年五月，堅塞出任泰國總理後，中泰友誼益加敦睦。他應我方之請，在內閣會議中通過，將我駐泰機構名稱，由「中華航空公司代表處」，升格爲「駐泰國商務處」。一天晚上，堅塞總理與我閒談，無意間透露，他從日方得知，美國將於半年後與中共建交。我將此一重要訊息，用密函報告沈部長。我想他得知後，自會預作因應。及至年底美國突然宣佈與我斷交，各方責難紛至。沈部長從不爲自己功過辯解，甘願爲國家忍辱，代領袖受謗，一肩負起政治責任，引咎辭去外長職務。他這政治家的風範，深獲兩位蔣總統的賞識，未久轉任國家安全會議秘書長。七十三年調任總統府秘書長，翊贊總統處理政務，續爲外交政策貢獻心力。

我自知才學平庸，又拙於言詞，其所以能獲任駐泰代表，實乃謬承沈部長栽培之德意。故我履任之初，即竭盡心力，開展與泰國朝野之關係。深恐因個人有何疏失，而有傷煥公知人之明。經過三四年的努力，我與泰國政府各部高層官員多已建立良好友誼。一九七九年八月中旬，全國各大專教授訪問團，由戴東雄教授領隊抵泰訪問。他們訪問東西亞各國後，回國所提出的報告，對訪泰行程最感滿意，並推崇我在泰國之成就。蔣經國總統甚爲重視教授們的意見，指示外交部，召我回國，面予嘉獎。沈部長知悉後，也表欣慰。

我任駐泰代表達十四年之久，中泰邦誼益臻敦睦，僑情更加融洽，但仍不免有人訾議，甚有不明情況的人，說沈部長任用私人，指我是沈氏家人。沈煥公任駐泰大使時，即曾有此詆毀。有一次他在非正式場合中聲明，泰館職員中，雖有五位姓沈的，但都不是一家人，與他沒有任何親屬關聯。可是迄至我自外交部退休，仍然有人問我是沈煥公家甚麼人？煥公任外交部部次長先後達二十年之久，經他一手培植提拔的人才甚多，現今仍在政府各部門中擔任重要職位，爲國家前途在打拼。

中華民國政府自一九四九年撤至臺灣，迄今已達半個世紀。政府外交工作，可以劃分爲兩個階段。一九七二年以前，政府外交重要任務，在維護我國在聯合國的代表權，達二十三年之久，其間所經歷之艱辛折衝，誠屬不易。政府退出聯合國之後，各國與我紛紛斷交，這時政府外交主要任務，在開展與各國的實質的關係。在中共強大的壓力下，我政府現在世界上一百多個國家中，均設有辦事處，與當地政府維持著良好的友誼，對我國的經貿發展有莫大助益。在此國勢困頓期間，身負外交重任的沈煥公，爲開創對外關係，其身心所受的折磨煎熬，不言可喻。但他所表現的風範，是捍衛國家尊嚴的一位勇者，也是開創國家前途的一位智士，光風霽月，無憂無懼，給世人留下美好的形象。

書後

我以四年時間，撰寫在泰國工作二十年的經過。書稿送請國立政治大學名教授雷飛龍先生審核，他看完之後，提出三點疑問，建議我加寫一章，就泰國之政治文化、歷史地理、社會結構與經濟生活有關背景，說明泰國爲何會發生不流血軍事政變，以及泰王享有崇高地位。因爲手邊缺乏文獻資料：未能詳加研究，僅就個人在泰親身體驗，提出粗淺的觀察，作一扼要說明，以符老友期望，亦可爲讀者釋疑：

問題一：

「泰國軍事政變頻仍，但都以在曼谷取得政權更易少數領導人物而止，不似他國政變後，一則須將對方殺害，甚至斬草除根，滅門誅族；二則雖一方掌握中央政權而各地反對勢力仍在，兵連禍結，難於速了，其故何在，(1)是否與政變結果只涉及少數職位之變更，有似民主國家選舉後政權易手之涉及少數職位，更無將對方斬盡殺絕之舉。(2)地方小，首都控制各地，故政變只及首都，各地安謐如舊？」

說明一：

一九七五年秋，我到泰國履任之初，適值泰國內憂外患，人民關心國事。每與泰國友人晤談時，常常聽到他們在談論政變消息，說何人要在何時發生政變，我在一旁不敢發一言，深怕引起麻煩。因爲身爲外交官最禁忌涉及駐在國的內政，尤其是軍事政變，捲入政權爭奪戰，在有些國家可能會引起殺身之禍，不能不愼。但我在泰親身經歷幾次軍事政變之後，使我深深感受到，泰國軍事政變，誠如雷教授所言，有似民主國家選舉，政權易手，只及於更易少數領導人物而止，絕無殺害對方之舉。在軍事政變期間，雙方爭持不下，箭拔弩張，大有一發不可收拾之勢，只要泰王出面說一句話，或者一方承認失敗，則立即風吹雲散，恢復正常。甚至勝利一方，預爲失敗者設想，安排他出國消遙法外，待風頭過後，仍可回國，安享清福。泰國每次發生軍事政變，我看到曼谷街頭，人民生活照常，市場商店照開，學生上學，公務人員上班，都照常進行，可以說軍事政變，對於政府行政運作以及人民的日常生活，並不發生多大影響。其故何在？我認爲有四個根源：第一，泰國是佛教國家，全國人民都是虔誠的佛教徒，佛教第一戒殺生，一般人民連蚊蟲螞蟻都不願殺害，怎肯忍心殺傷自己的袍澤，因此泰國雖常發生軍事政變，但多屬不流血政變，和平告終。第二，泰王是泰國的領導中心，受到全國軍民的衷心擁戴，在政變雙方爭執不下時，只要泰王出面說一句話，無人敢不遵從，爭端立即得到化解。第三，泰國建立有良好的文官制度，任何政變之後，只涉及政務官的更迭，絕不影響常務官，因此行政運作可以照常進行。第四，泰國軍人都出身於皇家軍官學生，終身從事軍職，負有相同報國使命，在泰國形成具有權威的團體。軍事政變首腦人物，都是多年軍中袍澤，相互間情誼深厚，如爲爭奪政權，殺害對方，則得不到軍中袍澤的諒解與支持，故無人敢犯此大不韙。

泰國位於中南半島中心地帶，面積有五十一萬三千平方公里，約大於臺灣十六倍，不能算小。在八十年代之前，泰國可說是一個城市國家，全國精華集中於曼谷，無論政治軍事經濟文化都以曼谷馬首是瞻。即以人口而論，根據泰國內務部一九六七年的統計，全國總人口爲五四、九六一、〇〇〇人，曼谷及其近郊城市的人口即佔八、五〇九、三八六人，達六分之一強。北部的清邁，中部的呵勒，南部的合艾，無論在那一方面都不能與曼谷相比，而且相差甚遠。

在八〇年代，泰國總兵力約二十七萬五千人，其中陸軍十六萬人，海軍三萬五千人，空軍四萬三千人，警察三萬七千人，所以每次軍事政變，都以陸軍爲主，海空軍附從。全國分爲四個軍區，第一軍區管轄曼谷及其週圍城市，第二軍區管轄中部地區，第三軍區管轄南部地區，第四軍區管轄北部地區。重兵都佈署在北部京都地區，因此每次軍事政變，第一軍區司令是關鍵人物，必須得到他的支持，至於其他軍區無力敢與中央抗衡。所以京都發生政變，其他各地安謐如恆，不受任何影響。祇有一次例外，是在一九八一年四月一日，由陸軍副總司令訕上將領導少壯派軍官發生政變，第二軍區司令阿提中將率軍進京敉平政變。主要原因還是泰王出走呵勒，站在現政府秉總理方面，不贊成這次政變，所以能迅速和平解決政爭。

問題二：

「世界上虛君政體之出現，多經長期鬥爭演變，日本天皇之虛位，乃是多年幕府大將軍執政之結果，英王原皆威柄自專，但與貴族鬥爭。自一六八八年光榮革命，其後維廉（William）及瑪麗（Mary）死後無嗣，由漢諾威（Hanover）王朝自德國入繼，喬治（George）一世及二世均以盛年來英繼位（喬治一世五十四歲來英，喬治二世三十一歲來英，仍兼漢諾威侯），自以爲是德人，又不諳英語，於是形成內閣政治。第三代喬治三世自幼在英長大，企圖收回政柄，但國會內閣權勢已成，難於改變，遂成虛君。泰王何以失權？其歷史發展如何？又其在今日仍享有崇高地位，其故何在？作用如何？」

說明二：

現今泰王蒲美蓬，是一位賢明的君主，受到全國軍民忠誠的擁戴，在位已五十六年，其在國內享有的崇隆的地位，爲當今世界上任何國家元首所不及。

蒲美蒲於一九二七年十二月五日在美國麻州劍橋誕生，當時他的父親正在哈佛大學習醫。他兩歲時，父親去世，母親帶著他兄姐三人回曼谷。一九三二年，六月二十四日清晨五時泰國發生革命，革命黨人多爲英法留學歸來的軍政精英份子，他們舉事的目的在改變政體爲君主立憲的民主制度，當即由鑾巴立瑪努採起草臨時憲法，建立立法、行政、司法三權政府，成立人民議會，起草永久憲法，於同年十二月十日頒佈施行，並由七世王諭令任命德高望重的拍耶瑪努巴功出任總理，甚眾人望，獲得各方支持。泰國從君主專制到立憲，迄今已七十年，其間雖曾數度修改憲法，但仍保持泰王爲國家元首的民主制度，泰王過去所享有的尊榮地位，一切如舊，貴族的爵位與財富也不受影響。

一九三二年泰國發生革命時，蒲美蓬才五歲，隨母親到瑞士洛桑定居，他在那裡入學唸書，學習法、德、英等國語文。一九四六年六月九日，他的哥哥八世王安南達遇害，當天由蒲美蓬繼承王位，爲節基王朝九世國王。

蒲美蓬承繼大位時，年僅十九歲，同年八月，隨同皇太后返回瑞士洛桑，繼續學業。他原先攻讀理工，後改習法政。一九五〇年五月五日，正式舉行加冕典禮，諭示「將以公道安治全民。」

蒲美蓬國王就位後，勤政愛民，關懷民生疾苦。他每年定期至泰國北部、東北部、中部及南部行宮駐蹕，排定日程，巡視窮鄉僻壤，所到之處，鄉民無不載歌載舞，跪地合掌恭迎。有時泰王席地而坐，與農民閒話桑麻，眞是一幅美好的親民圖。

泰王蒲美蓬平時不過問政府施政，但遇到國家發生重大變亂時，他是泰國的領導中心，一言九鼎，無人敢不遵從，維護著泰國政局的穩定與發展。

問題三：

「上述二者，皆與泰國之政治文化、歷史地理、社會結構與經濟生活有關，如佛教文化、經濟生活容易，不需拚命苦鬥，但社會結構如何？有如地方勢力，足與中央及軍事寡頭抗衡？如能在此諸點，作點分析探討，可能更引人入勝。」

說明三：

泰國地處熱帶，全年天氣炎熱，在過去沒有冷氣機及電風扇時，人民從事勞作，汗流不止，因此泰人工作，都是慢慢來，急不得，遇事會說「莫冰來」（沒有關係）。華人初到泰國，每天要沖涼三次（洗冷水澡），否則會中暑，受此環境影響，泰人養成隨遇而安的樂觀天性。

泰國是魚米之鄉，有水就有魚，有田就有米。而且到春耕之時，天就會降甘霖，播下稻種，不用勞作，就可豐收。泰國是東南亞米倉，泰國人吃不完的泰國米行銷各國。

泰國盛產各種熱帶水果，由於陽光充足，水土肥沃，所有水果都美味香甜。水果之王榴槤，名聞世界，水果之后山竺，亦入口鮮甜。椰子林，芭蕉樹，到處皆是，椰汁不但可以解渴，其肉亦多富營養可以製成椰油。甘庶製成糖，鳳梨製成罐頭，外銷賺取大量外匯，其他如芒果、柚子的香甜多汁，也爲他處水果少能與之相比。

泰人生活簡單，全年只需一襲紗籠（一條薄布），圍著下體。每餐吃糯米粑和辣椒，即可維生，因此泰國人沒有飢寒衣食問題。住在用木板架起的高腳屋中，透風涼爽，坐臥其中，有如葛天氏之民，安享清閒快樂。

泰國又稱佛國，全國人民虔信佛教，泰國男人一生必須剃度出家，至少一次，出家沒有期限規定，隨時可以還俗。無論是三數天，或一週、或一月、或一年皆可。出家有的爲了還願，有的爲了報父母養育之恩，有的爲了祈福，有的爲了贖罪。不管是兒童、成人或老年，皆以剃度出家爲榮，鄉間兒童出家，在寺廟中可以接受佛教教育，戒殺生，慈悲爲懷，養成泰人和善好禮，人民相見，合掌微笑行禮世稱微笑國度。

泰國社會結構，以我個人觀察，泰國社會上層爲貴族官吏，下層爲工農階級，中間階層多爲華人，經營工商貿易，掌握泰國經濟命脈。多年來泰國軍警人員，具有特殊權勢，在社會上享有優越地位，形成一種特殊階級，普遍受到人民的尊重。

九〇年代，泰國工商業發展迅速，國民教育普及，民主思想蓬勃，民選議會足可與軍事寡頭抗衡。一九九二年六月十日，泰王任命文人安南出任總理。安南鑒於民意反對軍人專橫，開始削減軍權，強化以文人主導政府。今後泰國恐難再發生軍事政變，即使再發生，亦難得到人民的支持。

國家圖書館出版品預行編目資料

使泰二十年

沈克勤著. – 初版. – 臺北市：臺灣學生，2002 [民 91]
面；公分

ISBN 957-15-1157-9 (平裝)

1.沈克勤 – 傳記　　2.使節 – 泰國
3.華僑 – 泰國　　4.泰國 – 政治與政府

578.2382　　91019715

使泰二十年（全一冊）

著作者：沈克勤
出版者：臺灣學生書局
發行人：孫善治
發行所：臺灣學生書局
臺北市和平東路一段一九八號
郵政劃撥戶：○○○二四六六八號
電話：（○二）二三六三四一五六
傳真：（○二）二三六三六三三四
E-mail: student.book@msa.hinet.net
http://studentbook.web66.com.tw

本書局登記證字號：行政院新聞局局版北市業字第玖捌壹號

印刷所：宏輝彩色印刷公司
中和市永和路三六三巷四二號
電話：二二二六八八五三

定價：平裝新臺幣四二〇元

西元二〇〇二年十一月初版

57801

ISBN 957-15-1157-9 (平裝)